THÈSE POUR LE DOCTORAT

DU DOL

ET DES ACTIONS AUXQUELLES IL DONNE NAISSANCE

EN DROIT ROMAIN ET EN DROIT FRANÇAIS

PAR

Raoul de RAISMES

Avocat à la Cour de Paris

PARIS

IMPRIMERIE DE L'*ÉTOILE*

1, RUE CASSETTE, 1

BOUDET, DIRECTEUR

1883

THÈSE POUR LE DOCTORAT

DU DOL

ET DES ACTIONS AUXQUELLES IL DONNE NAISSANCE

EN DROIT ROMAIN ET EN DROIT FRANÇAIS

L'ACTE PUBLIC SUR LES MATIÈRES CI-APRÈS SERA SOUTENU
EN SÉANCE PUBLIQUE

Le 8 juin 1883, à 3 heures du soir

PAR

Raoul de RAISMES

Avocat à la Cour de Paris

Président : M. VILLEY

Suffragants :
MM. Jouen, *Professeur.*
Laisné-Déshayes,
Lebref,
Duguit. *Agrégés.*

PARIS

IMPRIMERIE DE *L'ÉTOILE*

1, RUE CASSETTE, 1

BOUDET, DIRECTEUR

1883

DROIT ROMAIN

CHAPITRE PRÉLIMINAIRE

SECTION PREMIÈRE.

Généralités sur les vices du consentement.

Avant d'aborder l'examen du dol qui fera l'objet
spécial de cette étude, nous croyons devoir, en guise
de préface, dire quelques mots des vices du consentement.

Le premier élément des contrats est l'accord des
volontés des parties contractantes, car une volonté
unilatérale ne peut pas en principe produire d'obligation : c'est ainsi qu'une simple pollicitation n'oblige
personne. Il est donc impossible de méconnaître
l'importance du rôle joué dans les actes juridiques par
le consentement : de lui dépend la validité des actes
et par lui se déterminent leurs effets. Il existe,
il est vrai, quelques actes juridiques où le consentement des parties ne joue aucun rôle : tels sont
les engagements qui se forment sans convention,

telles sont encore les aliénations forcées, l'adjudica-
tion et l'usucapion par exemple. Mais, en dehors de
ces hypothèses qu'on pourrait qualifier d'exception-
nelles, on a eu raison de dire que « le consentement
est l'âme des actes juridiques ». C'est ainsi par exemple que le consentement des parties est nécessaire
pour qu'un droit réel résulte d'une mancipation ou
d'une tradition.

Veut-on savoir si l'effet juridique qu'on se propose
de produire a réellement eu lieu, il faut tout d'abord
se demander s'il y a eu consentement de la part des
parties. A-t-on constaté l'existence du consentement,
faut-il pour que l'acte juridique produise son plein et
entier effet que le consentement ait été irréprochable ?
A première vue on est, ce me semble, tenté de
répondre que le consentement vicié ne doit pas produire plus d'effet que le consentement inexistant, cette
assimilation rigoureuse n'a cependant été faite ni en
droit romain ni en droit français. A Rome même, dans
le droit primitif du moins, on ne tenait aucun compte
des vices de la volonté. Cette rigueur était jusqu'à
un certain point justifiable dans une société naissante :
les affaires se traitaient en plein air, devant des
témoins : les erreurs étaient alors peu probables ; car
les objets des contrats étaient bien connus des
parties, se trouvant tous dans un espace très restreint,
la cité (1). Plus tard, des tempéraments furent introduits, mais le principe subsista : l'existence de l'action

(1) M. Labbé, à son cours.

et de l'exception de dol prouve que l'acte juridique a produit un effet, puisqu'il faut l'attaquer pour le détruire.

Donc, pouvons-nous conclure, le consentement fait-il absolument défaut, l'acte est nul ; existe-t-il, mais vicié, l'acte est annulable.

Il importe, du reste, de remarquer que l'assimilation du consentement nul au consentement vicié aurait été contraire à la vérité juridique ; une personne, sous l'empire de la violence, signe un acte ; en signant, elle a consenti, car elle a fait un choix : elle a préféré un mal à un autre.

Aussi les Romains ont-ils pu dire avec raison : *coacta voluntas, voluntas est; qui mavult, vult.*

S'il est logique de dire que le consentement vicié par la violence n'en existe pas moins, il est certain que la morale proteste : de là, au profit de celui qui a été violenté, des moyens de défense et des moyens d'action, afin de détruire les effets de l'acte.

Pratiquement il eût été dangereux d'assimiler le vice du consentement à l'absence du consentement. Je suppose qu'il y ait eu dol dans un contrat, si ce dol avait été considéré comme destructif du consentement, il en serait résulté : 1° que la partie qui allègue le dol n'aurait pas eu besoin de prouver la vérité de son allégation, car c'est à celui qui invoque un acte juridique à prouver la régularité de l'acte, et par conséquent qu'il n'est point entaché de dol ; de là, de sérieuses difficultés pratiques.

2° Celui qui se serait plaint d'un dol aurait pu produire son allégation à une époque quelconque, car si le dol avait annulé le consentement, le laps de temps n'aurait pu le faire revivre, « *quod ab initio vitiosum est, tractu temporis convalescere non potest.* »

En admettant, au contraire, que le consentement vicié n'empêche pas l'acte de produire ses effets juridiques, on aboutit aux deux conséquences suivantes :

1° C'est à celui qui se plaint du dol à en prouver l'existence, sans cela l'acte juridique produit ses effets ordinaires ;

2° Si la victime du dol garde le silence pendant un certain temps, son inaction purgera l'acte du vice qui l'entachait à l'origine.

Nous savons quels effets peut produire un consentement vicié. Voyons dans quels cas le consentement sera altéré.

Les causes qui peuvent vicier le consentement sont au nombre de quatre : l'erreur, le dol, la violence, la lésion.

L'erreur consiste dans l'ignorance, de la part de l'une des parties contractantes, des véritables conditions dans lesquelles elle a fait un acte juridique.

Quand l'erreur a été provoquée par des manœuvres, des mensonges, elle prend le nom de dol. Le vice du consentement, en cas de dol, est donc en réalité, l'erreur.

Il y a violence quand le consentement a été déterminé par des menaces ou des voies de fait. Il y a ici une volonté éclairée, mais non indépendante, violentée en un mot.

Le droit français reconnaît un quatrième vice du consentement : la lésion, c'est-à-dire le préjudice éprouvé par l'une des parties. Il est vrai que la lésion ne vicie les conventions que dans certains contrats ou à l'égard de certaines personnes (art. 1118).

Quand on parle de lésion, on suppose que le consentement de la partie lésée n'est entachée ni de dol, ni de violence, ni même d'erreur. En elle-même, la lésion n'est qu'une différence dans la valeur de ce qu'une personne donne et la valeur de ce qu'elle reçoit ; c'est assez dire que la lésion porte sur des choses absolument distinctes de consentement. On objecte, il est vrai, que le consentement de la partie lésée a été entaché d'erreur sur la valeur respective des choses, que la volonté de la partie victime de la lésion n'a pas été libre, qu'il y a jusqu'à un certain point dol de la part de l'adversaire qui profite du malheur d'autrui.

Ce raisonnement est faux, car il est en contradiction avec la donnée de l'hypothèse ; si on parle de lésion, il faut nécessairement faire abstraction du dol, de la violence et de l'erreur. Mais hâtons-nous d'ajouter qu'au point de vue de l'équité, dans telle ou telle circonstance, il est juste de rescinder une convention dans laquelle il y a eu lésion.

Doit-on considérer la démence, l'ivresse complète, ou le délire provenant d'une cause quelconque comme constituant autant de vices du consentement ? Nous ne le pensons pas : il y a alors absence de consentement et non consentement vicié. « Dans ces divers états, dit fort bien M. Accarias, l'homme peut entendre des sons vides, prononcer des mots sans idée ; mais n'ayant pas la possession de son intelligence, il n'a pas, il ne peut pas avoir de volonté. Donc le contrat où ces personnes figurent est nul, quelque rôle qu'elles y jouent (1). »

SECTION DEUXIÈME.

Aperçu sur l'erreur.

Après avoir indiqué quels effets peut produire un consentement vicié, nous avons recherché très brièvement quelles causes peuvent altérer le consentement. L'une d'elles, l'erreur, se rapprochant beaucoup du dol, nous devons, sans avoir la prétention de l'examiner en détail, lui consacrer quelques minutes d'attention.

L'erreur peut quelquefois exclure le consentement, l'acte ne produit point alors d'effet juridique; parfois, au contraire, elle laisse subsister le consentement, et dans ce cas, l'effet juridique se produit.

Au premier abord on pourrait être tenté de croire que toute erreur est exclusive du consentement, et on invoquerait à l'appui de cette manière de voir les lois 116, 2, L, XVII et 57, XLIV, VII, ainsi que les maximes : *Errantes nulla voluntas est; non videntur,*

(1) Accarias, *Précis de droit romain,* t. II, n° 800.

qui errant, consentire. Ces propositions sont trop absolues pour être exactes, car, malgré leur erreur, il se peut que les parties soient parfaitement d'accord au fond ; mais comment faire la distinction ?

Primus stipule de vous l'esclave Stichus ; vous répondez : « *Spondeo* », ayant en vue Pamphile, « *quem Stichum vocari credideris* » : il y a erreur sur l'objet du contrat, et par conséquent pas de consentement ; aussi « *nulla contrahitur obligatio* » (Inst. l. 3, XIX, XXIII ; l. 9-XVIII, I).

Vous accomplissez une tradition, mais en vous trompant sur la chose qui en est l'objet ; il n'y a pas de consentement, partant pas d'obligation (l. 34-XLI-II).

Dans ces deux hypothèses, l'erreur était dite « *essentialis* ». L'erreur peut porter sur les motifs du contrat : un individu achète un cheval pour remplacer le sien qu'il croit mort, mais qui existe ; le contrat se formera. De même, si je remets une somme d'argent à une personne que je crois, à tort, mon créancier, malgré mon erreur, la translation de propriété a lieu.

L'erreur sur les qualités secondaires de l'objet n'empêche pas le contrat de se former ; c'est ce que décide la loi 10-XVIII-I : J'ai promis Stichus et je le livre empoisonné ; la translation de propriété sera efficace et le payement libératoire.

Dans ces diverses hypothèses, l'erreur était dite « *minus essentialis* ou *concomitans*. »

Voici un exemple où sont réunis les deux erreurs : Je remets une somme en dépôt irrégulier, l'accipiens croit la recevoir en mutuum ; aucun contrat ne se forme, car, en ce qui concerne les contrats dont il s'agit, l'erreur a été exclusive du consentement.Donc pas de contrat, mais les deniers ainsi remis deviendront la propriété de l'accipiens. Il y a eu, en effet, concours de volonté, en ce qui concerne l'acte translatif de propriété, puisque, dans le dépôt irrégulier, l'accipiens devient propriétaire, comme en cas de mutuum (l. 36-XLI-I). Telle est, du moins, l'opinion de Julien. Ulpien, il est vrai, examinant la même question, n'admet pas qu'il y ait transmission des deniers. Mais l'opinion de Julien me semble préférable, les deux parties étant d'accord pour rendre l'accipiens propriétaire, peu importe « *quod circa causam dandi atque accipiendi dissenserimus* ».

Pour nous résumer, disons qu'il est des hypothèses où l'erreur est telle que le consentement n'existe pas, l'acte juridique ne produit pas alors d'effet ; il en est d'autres, au contraire, où le consentement existe, mais vicié, l'acte juridique produit alors ses effets ordinaires. Mais cet acte peut-il être attaqué ?

En principe, il faut répondre négativement ; car il est juste que celui qui s'est trompé subisse et supporte les conséquences de son erreur. Ce principe, du reste, n'est pas sans exception, « *neminum æquum est alterius detrimento locupletari* » ; en vertu de cette maxime, on pourra empêcher l'acte juridique de produire ses effets ; on se fondera alors non pas sur l'erreur, mais sur le résultat de cette erreur. C'est ainsi qu'en cas de payement de l'indu, on permet à celui qui a payé, se croyant débiteur, de répéter la somme indûment versée; sans cette tolérance, l'accipiens s'enrichirait aux dépens d'autrui. C'est ce que dit Justinien aux *Institutes* : « Sous l'empire de la crainte, du dol ou de l'erreur, vous avez promis, à Titius stipulant, ce que vous ne lui deviez pas; selon le droit civil, il est certain que vous êtes obligé, et l'action, par laquelle il se prétend votre créancier, est fondée. Mais il serait injuste que vous fussiez condamné ; aussi vous donnera-t-on l'exception de crainte ou de dol, ou une exception *in factum*, pour repousser l'action intentée contre vous. » (Just., 1. IV-13-1.)

Ainsi Justinien prévoit le cas d'une promesse faite à Titius par quelqu'un qui n'est pas, mais se croit son débiteur. La stipulation existe, et par conséquent l'action pourra être exercée; mais le consentement ayant été peu éclairé, il serait injuste que cette action aboutît, de là une exception contre laquelle se brisera l'action. En cas de violence, ajoute-t-il, ce sera l'exception *metus ;* en cas de dol, l'exception *doli ;* en cas d'erreur, l'exception *in factum*. Est-ce bien exact? Oui et non : d'une part, l'exception *in factum* n'est pas spéciale à l'hypothèse de l'erreur, et peut fonctionner en cas de dol ou de violence; d'autre part, en cas d'erreur, ce ne sera pas le plus souvent l'exception *in factum* qui sera donnée.

Tout d'abord, disons-nous, l'exception *in factum* n'est pas spéciale au cas d'erreur. Il est certaines personnes à qui on ne peut opposer un dol, ni par conséquent les exceptions tirées du dol ou de la *metus*. Ces personnes sont les patrons, les ascendants. Dans

le cas où un demandeur exercera une action à laquelle
le défendeur ne pourra pas, vu la qualité de la personne, opposer l'exception *doli aut metus*, il invoquera
l'exception *in factum* (l. 4-16-XLIV-IV ; l. 7-2-XXXVII-
XV). La seule différence qui existe du reste entre l'exception *doli, vis metusve* et l'exception *in factum*, c'est
que, dans cette dernière, on dissimule les faits sous une
forme plus polie. Remarquons en outre que, même en
dehors de l'hypothèse que nous venons d'examiner,
lorsque le fait qui sert de base à l'exception est facile
à établir, le défendeur aura intérêt à ce que l'exception soit rédigée *in factum*, car il fera facilement la
preuve, et échappera aux appréciations du juge qu'il
aurait eu à subir, si l'exception de dol lui avait été
accordée.

En cas d'erreur, avons-nous ajouté, ce ne sera pas
le plus souvent l'exception *in factum* qui sera accordée ;
il nous reste à démontrer cette seconde partie de notre
proposition.

Ce sera ordinairement, en effet, à une autre exception, à l'exception de dol, qu'on aura recours. Mais
comment se fait-il qu'en cas d'erreur il y ait lieu à l'exception de dol, alors que nous avons supposé le contrat exempt de dol, et entaché seulement d'une erreur
spontanée ? Je croyais vous devoir de l'argent et, par
votre ordre, je suis allé promettre cette somme à l'un
de vos amis, à qui vous vouliez faire une donation. Il
n'y a pas eu dol de votre part, et cependant « *exceptione
doli mali potero me tueri, et præterea condictio mihi
adversus stipulatorem competit, ut me liberet* » (l. 7,

XLIV-IV). Je croyais, par erreur, vous devoir de l'argent ; vous-même, vous pensiez, à tort, devoir de l'argent à Titius. Je suis allé par votre ordre promettre cette somme à Titius ; s'il agit contre moi, je pourrai le repousser par l'exception de dol (l. 7-1-XLIV-IV). L'exception de dol peut donc fonctionner en cas d'erreur. Sans doute, lors du contrat, il n'y a pas eu de dol de la part du stipulant ; mais plus tard, lorsque le stipulant prétend agir en vertu de cette promesse, faite par erreur, il commet un dol, en voulant réaliser, au préjudice du promettant, un bénéfice injuste. L'équité est donc intéressée à ce que le payement n'ait pas lieu, car s'il avait lieu, l'équité voudrait que ce payement fut annulé, et « *melius est non solvere quam solutum repetere.* »

Les Romains disaient, en ce cas, qu'il y avait *dolus præsens*, opposé par eux au *dolus præteritus* (l. 2-4 et 5-XLIV-IV) ; ce dol portait aussi le nom de *dol re ipsa* (l. 36-XLV-I).

Ainsi, en cas d'erreur, l'exception que peut opposer le promettant est d'ordinaire l'exception de dol. Par exception, le défendeur emploiera l'exception *in factum*, quand la *reverentia* ne lui permettra pas d'employer l'exception de dol, ou encore lorsqu'il y trouvera intérêt au point de vue de la preuve.

Enfin, l'exception *in factum* que les *Institutes* semblent réserver pour le cas d'erreur, peut aussi servir dans le cas de violence et de dol.

En principe, avons-nous dit, le contrat vicié par l'erreur ne peut pas être attaqué ; l'exception de dol et l'exception *in factum* sont des dérogations à cette règle. La *restitutio in integrum* offre en outre au préteur un moyen de réparer l'erreur sans qu'on puisse dire qu'il y ait pour l'autre partie un bénéfice injuste. Ce moyen du reste est fondé sur l'erreur seule, et non sur le principe : « *Neminem æquum est alterius detrimento locupletari* ». Mais il y a, dans l'admission de ce moyen, quelque chose d'anormal ; aussi le préteur romain n'a-t-il pas basé une action sur l'erreur ; il donne seulement une *restitutio in integrum*, qu'il n'accorde, du reste, que *cognita causa*.

Les créanciers d'une hérédité ont demandé la *bonorum separatio*, se croyant en présence d'un héritier insolvable. Ils se sont trompés dans leurs calculs, l'héritier est solvable. Ils pourront demander la *restitutio in integrum* (l. 1-17-XLII-VI).

Une *plus petitio* a été commise, dans des circonstances où on ne pouvait l'éviter ; une exception a été, par erreur, omise par le défendeur : dans tous ces cas, Gaïus nous enseigne que la *restitutio in integrum* pourra être obtenue.

En résumé, l'erreur n'étant imputable qu'à celui qui l'a commise, il en supportera presque toujours les conséquences. Ce principe n'est pas absolu, nous avons indiqué les tempéraments qu'il y faut apporter. Ceci revient à dire, en d'autres termes, que le vice du consentement, appelé erreur, ne donne pas en général lieu à réparation.

Tout autre est la thèse romaine, en ce qui concerne le dol, dont, sans plus tarder, nous allons aborder l'étude.

Cependant, un mot encore. Dans tout le cours de ce travail, nous ne nous occuperons que du dol, laissant absolument de côté la fraude proprement dite. Ces deux locutions, en effet, quoique souvent employées l'une pour l'autre, ne sont pas synonymes. Sans prétendre définir ici le dol, nous pouvons dire dès à présent que ce mot sert plus spécialement à désigner les manœuvres pratiquées par l'une des parties contractantes envers l'autre ; le mot fraude, au contraire, sert surtout à désigner les manœuvres ou actes de mauvaise foi commis au préjudice d'un tiers, c'est-à-dire au préjudice d'une personne hors sa présence et sans son concours; la fraude consiste dans le seul fait de poursuivre et d'obtenir un résultat à l'aide de moyens illégitimes. Il y a fraude, en d'autres termes, toutes les fois que l'on cause sciemment et volontairement un préjudice à autrui; c'est dans cette acception qu'on emploie le mot fraude quand on parle d'action paulienne.

Le dol, au contraire, du moins en général, suppose l'intention de tromper manifestée par des manœuvres déloyales.

CHAPITRE PREMIER

DÉFINITION DU DOL. — MOYENS DE RÉPARATION

Section première.

Définition du dol.

Le mot *dolus*, dans son sens propre, désigne le fait de tromper quelqu'un, en vue d'un résultat quelconque. Le résultat peut être licite, le dol est alors *bonus*, ou illicite, le dol est alors *malus*. Le dol, en lui-même, n'est donc ni bon ni mauvais, il est neutre, et devient licite ou illicite suivant le but en vue duquel il est pratiqué. Stratagèmes employés contre l'ennemi, ruses dirigées contre les brigands, voilà le *dolus bonus :* c'est en ce sens que Virgile dit : « *Dolus an virtus, quis in hoste requirat* » (Æneid. II, v. 390). « On peut également comprendre dans le *dolus bonus*, dit M. Accarias (1), soit les ruses non prohibées que deux contractants emploient pour obtenir l'un de l'autre de meilleures conditions (l. 16-4 *De min. vig. quin. an.*), soit celles qui ont un but absolument honnête : par exemple, celles dont on use pour faire prendre des médicaments à un malade. (Lucret. *De rer. nat.*, I, v. 934 et suiv.) ». Quant aux exemples de *dolus malus*, ils abondent ; en voici quelques-uns ; manœuvres frauduleuses pour amener

____

(1) Accarias, t. II, p. 1067, n° 3.

quelqu'un à vendre ou à acheter, à accepter une hérédité mauvaise, à répudier une succession avantageuse, etc., etc.

Peu à peu, la deuxième acception du mot *dolus* a prévalu ; *dolus* pris seul a signifié *dolus malus*. Ce résultat s'explique facilement : les cas de dol illicite étant de beaucoup les plus fréquents, on était en quelque sorte fatalement conduit à désigner tout acte mauvais, commis dans l'intention de tromper, par le mot *dolus* non suivi d'épithète. La langue juridique seule est restée quelque temps fidèle au sens primitif ; c'est ce qui ressort clairement de la loi 1, p. 3 *De dolo malo* : «*Non fuit autem contentus Prætor dolum dicere, sed adjecit malum : quoniam veteres dolum etiam bonum dicebant, et pro solertia hoc nomen accipiebant ; maxime, si adversus hostem latronemve quis machinetur.*

Les jurisconsultes ne tardèrent cependant pas à suivre l'exemple que leur donnait le langage familier, et, dans les textes classiques, nous les voyons employer le mot *dolus* dans un sens défavorable, et dire, par exemple l'action *de dolo*. On peut, du reste, les justifier, en faisant remarquer que le droit n'a pas à s'occuper du *dolus bonus*, ce genre de dol ne donnant lieu à aucune espèce de réparation.

Lato sensu, on qualifie de dol tout acte intentionnel contraire au droit, toute injustice. C'est ainsi qu'en matière de délit on emploie le mot dol, on dit par exemple que le vol est un dol ; de même, l'inexécution volontaire d'une obligation est qualifiée dol.

On a pu dire, en prenant le mot dans un sens très large, que la violence n'est qu'un dol aggravé.

Le mot *dolus* est souvent pris, dans les textes, dans le sens large que nous venons d'indiquer ; la loi 14-15-IV-II, pour ne citer que cet exemple, permet l'emploi de l'action de dol contre toute personne passible de l'action *quod metus causa*, quoiqu'il n'y ait pas eu tromperie de sa part. Le mot dol est donc pris ici dans un sens large. On le prend encore dans la même acception quand on dit que le demandeur s'expose à être repoussé par l'exception de dol lorsqu'il réclame ce qui lui a été promis par erreur.

Nous devons cependant ajouter que les jurisconsultes romains, dans les définitions du dol et les exemples qu'ils en donnent, se réfèrent presque toujours au sens strict de ce mot, au dol consistant dans une tromperie.

Trois définitions du dol nous sont parvenues :

La première est l'œuvre d'*Aquilius Gallus* ; elle est rapportée par Cicéron dans deux passages de ses œuvres : «*Dolum Aquilius tum teneri putat, cum aliud sit simulatum, aliud actum* (1) ». — « *Cum ex eo (Aquilio) quæreretur quid esset dolus malus, respondebat : cum esset aliud simultātum, aliud actum. — Hoc quidem sane luculenter, ut ab homine perito definiendi* (2) ». Le dol consiste donc, selon ce jurisconsulte et selon Cicéron, à simuler une chose et à en faire une autre. Cette définition n'est pas irréprochable, elle a le tort

(1) *De natura deorum*, l. 3, 30.
(2) *De officiis*, l. 3, 14. — *Pauli sent.*, l. 1, t. VIII, p. 1.

de s'appliquer aussi bien au *dolus bonus* qu'au *dolus malus*, et de supposer qu'on ne peut commettre de dol sans feindre ce qui n'est pas. Ceci n'est pas exact, car le dol pouvait consister, à Rome, dans une dissimulation frauduleuse de la vérité. Le premier de ces défauts fut seul remarqué par Servius Sulpicius, qui corrigea sur ce point la définition de son maître; pour lui, le dol est «*machinatio quædam, alterius decipiendi causa, cum aliud simulatur et aliud agitur.* — C'est une machination en vue de tromper quelqu'un, consistant à simuler une chose et à faire une autre».

Cette nouvelle définition, plus exacte que celle d'Aquilius n'échappe cependant pas aux critiques de Labéon : « *Labeo autem, posse et sine simulatione id agi, ut quis circumveniatur: posse et sine dolo malo aliud agi, aliud simulari; sicuti faciunt, qui per ejusmodi dissimulationem deserviant, et tuentur vel sua, vel aliena*». (L. 1 p. 2, *De dolo malo.*)

La première critique formulée par Labéon est très juste : on peut, en effet, circonvenir quelqu'un sans avoir recours à la simulation; il suffit pour cela d'user de dissimulation, de réticences. Vous me proposez de m'acheter un anneau que vous croyez en or et qui est en cuivre; je connais votre erreur et n'ai garde de vous détromper. Si le marché est conclu, mon silence et mon inaction constituent un dol qui donnera naissance à l'action *de dolo*; il est donc vrai qu'on peut *sine simulatione id agi, ut quis circumveniatur.* «Mais, fait remarquer avec beaucoup de raison M. Accarias, ceci n'est vrai que du silence gardé par une partie contractante ou de l'inaction d'une personne déjà obligée. Hors de là, notre action *de dolo* suppose toujours des manœuvres proprement dites, c'est-à-dire des actes ou des paroles ; car c'est un principe général que le législateur, compétent pour nous empêcher de nuire à nos semblables, est incompétent pour nous forcer à leur faire du bien (1). »

Lorsque Labéon ajoute qu'on peut user de simu_lation sans commettre un dol illicite, cette seconde critique, il faut bien le reconnaître, n'est pas fondée. Servius Sulpicius ne disait pas, en effet, que toute simulation constitue un dol, mais toute simulation faite « *alterius decipiendi causa* », en vue de tromper quelqu'un, de lui nuire. Peut-être Labéon, et ce serait là son excuse, s'attachait-il à l'expression littérale du mot *decipere*. *Decipere*, pris à la lettre, signifie bien tromper, mais n'implique pas nécesairement l'intention de nuire, et de là la critique de Labéon. Peut-être aussi la critique de ce jurisconsulte visait-elle la définition d'Aquilius Gallus et non celle de Servius Sulpicius, car la première, nous l'avons dit, n'exigeait pas l'intention de tromper.

Nous pouvons à notre tour, aux critiques formulées par Labéon, ajouter une observation : pour S. Sulpuicius le dol nécessite toujours une tromperie ; or ce n'est pas exact, quand on envisage le dol *lato sensu*.

Voici enfin la définition de Labéon : «*Dolum malum esse omnem calliditatem, fallaciam, machinationem ad*

(1) Accarias, t. II, p. 1047, n. 1.

*circumveniendum, fallendum, decipiendum alterum
adhibita.* »

Cette définition est préférable aux autres, car, pour
constituer un dol, elle n'exige pas une simulation,
mais seulement une tromperie par dissimulation,
simulation ou réticence ; on peut cependant lui
adresser certaines critiques : 1° elle n'indique pas que
la tromperie doit avoir pour but de nuire à autrui,
tombant ainsi dans le défaut que signalait lui-même
Labéon ; 2° comme les précédentes, elle n'embrasse
que le dol *stricto sensu* ; 3° enfin et surtout, elle est
tellement vague qu'on est tenté de dire, avec Paul, que
tout se réduit, en somme, à une question de fait;
« *sed an dolo quid factum sit, ex facto intelligitur* »
(L. XLIV-IV).

Ulpien cependant se déclare satisfait et fait sienne
la définition de Labéon ; cette indulgence a fait accuser
Ulpien de contradiction. Dans la loi 7-9-II-XIV dont il
est l'auteur, Ulpien donne une définition du dol semblable à celle de Servius Supicius; or nous avons vu que
dans la loi 1-2. *De dol. mal.* il critique celle de ce jurisconsulte. Nous ne croyons pas devoir attacher une
grande importance à cette contradiction : Ulpien, dans
la matière des pactes, donne une première définition
du dol, dont il parle incidemment; plus tard, étudiant le
dol d'une façon spéciale, il traite cette matière plus
sérieusement et plus sévèrement, et corrige alors ce
qu'avait d'erroné sa première définition.

Nous avons cru devoir nous appesantir quelque peu
sur la définition du dol, car il était indispensable de

bien préciser le sens et la portée de ce mot, avant de passer aux conséquences du dol; terminons cette matière par une dernière observation : quand désormais nous parlerons du dol, nous prendrons ce mot *lato sensu.*

SECTION DEUXIÈME.

Conséquences du dol ou moyens de réparation du préjudice.

Quand un acte a été accompli, un contrat passé sous l'influence du dol, l'acte, le contrat n'en existe pas moins, mais il est juste que la victime puisse se soustraire à ses conséquences. Nous devons donc rechercher quels étaient les moyens mis, par la loi romaine, à la disposition de la victime du dol, pour lui permettre d'échapper aux conséquences d'un acte auquel elle n'a pas librement consenti.

A l'origine, la personne victime d'un dol devait, en principe, en supporter toutes les conséquences, le droit civil ne lui accordait, en effet aucune défense. Il y avait toutefois quelques exceptions :

1° La loi des Douze Tables punissait le dol du tuteur vis-à-vis des pupilles;

2° Il en était de même, d'après la loi Plætoria, pour le dol pratiqué envers les mineurs de 25 ans;

3° Il y avait également réparation, lorsque le dol avait été commis dans un acte régi par la bonne foi (Cic. *De Offic.*, 1. 3, chap. 15).

Quels étaient, dans ces différents cas, les moyens de réparation accordés ?

En ce qui concerne le tuteur, cn en est réduit aux conjectures. Peut-être était-ce l'action de *distrahendis rationibus* : un tuteur s'est rendu coupable de détournements; le mineur devenu pubère intente une action contre lui à l'expiration de ses fonctions. Cette action aboutit à un double résultat : 1° elle emporte condamnation au double de la valeur des choses détournées, moins rigoureuse en cela que l'action *furti*, où le double se calcule toujours d'après l'intérêt de la personne volée (l. 1-20-XXVII-III) ; la moitié de cette somme est destinée à indemniser le pupille ; l'autre moitié à constituer une peine (l. 2-2-XXVII-III) ; 2° elle entraînait en outre l'infamie pour le tuteur.

Peut-être était-ce le *crimen suspecti* qui suppose le uteur encore en fonctions (l.7-1-XXVI-X) et coupable soit de dol, soit d'une négligence assez grossière pour être assimilée au dol. Le *suspecti crimen* n'était pas une action pécuniaire, mais une véritable poursuite criminelle pouvant être exercée par tous ; dès qu'il était intenté, il emportait provisoirement, pour le tuteur, interdiction absolue de faire aucun acte d'administration. S'accusation échouait, le tuteur reprenait ses fonctions ; si elle réussissait, il était remplacé par un tuteur atilien, et pouvait encourir l'infamie et même des peines corporelles.

Ce n'était pas là, du reste, des innovations de la loi romaine, car le *suspecti crimen*, et l'*actio de rationibus distrahendis* existaient déjà à Athènes.

A l'origine, le mineur de 25 ans ne jouissait d'aucune protection spéciale; aussi abusait-on souvent de son inexpérience. Il fallut bientôt mettre fin à cet état de choses, ce fut une loi Plætoria (1) qui y remédia. Cette loi, dont la date est inconnue, mais qui est antérieure au milieu du vi^e siècle, car Plaute y fait plusieurs allusions (Pseudolus, act. I, sc. III, v. 84, et Rudens, act. V, sc. III, v. 24 et suiv.), dans le but de défendre les mineurs contre le dol, organisa un *judicium publicum*, contre quiconque aurait frauduleusement abusé de leur inexpérience. Cette poursuite, ouverte à tous, entraînait l'infamie pour le condamné. Cette procédure présentait, on le voit, de nombreux traits de ressemblance avec celle du *suspecti crimen* : cela peut tenir à ce que la loi Plætoria a sans doute été rendue peu de temps après la loi des Douze Tables.

Le mineur n'avait-il pas une action pour rentrer en possession de ce qu'il avait livré ? On l'ignore encore, mais il est presque certain que le mineur *circumscriptus* pouvait opposer, par voie d'exception, la nullité de ces engagements (l. 7-1-XLIV-I), peut-être même pouvait-il agir par voie d'action (Rudens, acte V; sc. III, v. 24 et suiv.).

La loi Plætoria autorisait en outre les mineurs à se faire nommer un curateur spécial, toutes les fois qu'ils avaient un acte juridique à faire; le consentement de

---

(1) C'est du moins le nom qui lui est donné dans la table d'Héraclée, monument trouvé en 1732 dans le golfe de Gênes et qui remonte au viie siècle de Rome; mais les auteurs la désignent souvent sous les noms de *lex Lætoria* ou *Lectoria*.

ce tuteur écartait toute idée de fraude et assurait la pleine validité de l'acte.

Le droit civil permettait enfin la répression du dol, se rattachant à la formation ou à l'exécution d'un contrat de bonne foi, parce que ces actes étant le résultat de relations complexes et réciproques, impliquent obligation de ne pas commettre de dol. Les actions qui en naissaient étaient soumises à la *judicis postulatio*, ce qui donnait au juge une certaine latitude d'appréciation : s'il y avait eu dol de la part de l'une des parties, le juge avait la liberté de la réprimer. Un acheteur est poursuivi en payement de son prix, il prouve qu'il y a eu dol chez le vendeur, le juge ne sera pas tenu de le condamner à payer son prix d'acquisition. Le témoignage fourni à deux reprises par Cicéron ne peut laisser de doute à cet égard : « *atque iste dolus malus etiam legibus erat vindicatus; ut tutela XII Tabulis, et circumscriptio adolescentium lege Lætoria; et sine lege, judiciis, in quibus additur, ex fide bona. Reliquorum autem judiciorum hæc verba maxime excellunt; in arbitrio rei uxoriæ, melius, æquius, in fiducia, ut inter bonos bene agier* (1). » Nous retrouvons la même affirmation dans son traité intitulé : *De Natura deorum* : « *Inde tot judicia de fide mala, tutelæ, mandati, pro socio, fiduciæ; reliqua quæ ex empto, aut vendito, aut conducto, aut locato contra fidem fiunt : inde judicium publicum rei privatæ lege Lætoria* (2). »

(1) *De officiis*, 3, 15.
(2) *De natura deorum*, 3, 30.

Il est donc bien certain que, même avant Aquilius Gallus, la victime du dol pouvait obtenir réparation lorsque le dol avait été commis dans un contrat de bonne foi. L'action *bonæ fidei* appartenait cependant au droit civil, mais au droit civil tempéré par l'équité, et jusqu'à la création des remèdes prétoriens, elle constitua certainement vis-à-vis du dol le mode de répression le plus important.

Il nous resterait à préciser l'époque à laquelle les contrats de bonne foi ont été introduits dans la législation romaine, car dès cette époque le dol a dû y être réprimé ; mais c'est là un point sur lequel on n'est pas encore actuellement fixé. « Je ne saurais passer complètement sous silence, dit M. Accarias, un système moderne d'après lequel il n'y aurait eu primitivement qu'une seule façon de contracter, savoir le *nexum* ou la solennité *per æs et libram* ; de telle sorte que la formation d'une obligation contractuelle quelconque aurait exigé invariablement deux choses, une vente fictive et des *verba certa*. Dans ce système, les contrats *re, verbis et litteris* ne seraient que des simplifications et, si je puis parler ainsi, des dégradations successives du contrat primitif. *Quant aux contrats consensuels, leur consécration daterait d'une époque très postérieure.* Je me garderai sans doute d'affirmer que la classification présentée par les Institutes soit née complète à un jour donné, ni que ses origines se confondent avec celles du droit romain ; mais je ne puis me faire à cette idée qu'il y ait eu une époque où les solennités du *nexum* fussent exigées pour la formation

de toutes les obligations, même les plus insigni-
fiantes... (1). » En présence de cette incertitude, et en
l'absence d'un texte décisif, nous devons nous borner
à cette affirmation vague : du jour où les contrats de
bonne foi ont été reconnus par la législation romaine,
de ce jour le dol a dû être réprimé dans ces sortes de
contrats.

Ajoutons que, dans les cas où le dol constituait un
délit déterminé, il était à ce titre puni, par les actions
spéciales : *furti, legis aquiliæ, injuriarum*, etc.

En dehors de ces hypothèses, le droit civil n'offrait
aucun remède contre le dol. Ceci a cependant été contesté : de Savigny a conclu à l'existence, dès l'époque
ancienne, de moyens analogues à l'exception de dol,
sortes d'actions préjudicielles qui auraient été introduites dans la procédure des *legis actiones*, dans le but
de protéger contre le dol. Cet auteur pense que, poursuivie par son adversaire, la victime pouvait engager
devant le magistrat une *sponsio prejudicialis* sur l'existence du dol (2). De Savigny invoque à l'appui de
son assertion un passage de Plaute auquel nous avons
déjà fait allusion : Un esclave, Gripus, a trouvé une
cassette appartenant à Labrax. Il consent à la lui restituer, si celui-ci lui promet sous serment un talent.
La restitution faite, Labrax refuse de donner la somme
promise, il excipe du dol de Gripus et lui offre d'engager une *sponsio* pour savoir s'il y a eu dol : « *Cedo*

(1) Accarias, t. II, n° 494, note.
(2) De Savigny, t. V, n° 227 et 228.

quicum habeam judicem, ni dolo malo instipulatus sis » (1).

Ce n'est là qu'une supposition que suffirait à réfuter le reste du texte invoqué par de Savigny, car aux mots :

« Ni dolo instipulatus sis... »

Plaute ajoute immédiatement :

« ...Nive etiamdum diem
Quinque et vigenti gnatus anno. »

Labrax dit : « Donne-moi un juge devant qui je puisse prouver que j'ai été victime d'un dol, et que je n'ai pas plus de vingt-cinq ans. » Il invoque donc le droit spécial aux mineurs, la loi Plætoria, réconnaissant par là que, s'il avait été majeur de vingt-cinq ans, il n'aurait eu aucune ressource.

Cicéron, s'il en était besoin, nous fournirait du reste un argument décisif : « C. Canius, chevalier romain, qui ne manquait pas d'enjouement et dont l'esprit était assez orné, alla passer quelque temps à Syracuse, où son unique affaire, disait-il, était de ne rien faire. Là, il parlait souvent d'acheter une maison de plaisance où il pût, loin des importuns, avoir ses amis et se réjouir avec eux. Sur ce bruit, un banquier syracusain nommé Pythius, vint lui dire qu'il a des jardins qui ne sont pas à vendre, mais dont il le prie d'user comme s'ils étaient à lui. Il invite en même

(1) Plaute : *Rudens*, acte V, scène III, v. 24 et 25.

temps son homme à y souper le lendemain. Canius accepte. Pythius, à qui sa caisse gagnait la complaisance des gens de toutes les professions, fait venir des pêcheurs, les prie d'aller jeter leurs filets le lendemain devant sa maison de campagne, et leur trace leur rôle. Canius est exact au rendez-vous. Il voit une table magnifiquement servie, une multitude de barques frappe ses regards. Chacun apporte sa pêche, les poissons tombent en tas aux pieds de Pythius. « Eh ! s'écrie Canius, qu'est-ce ceci? Comment Pythius ! Tant de poissons ! tant de barques ! — Faut-il, dit le banquier, que cela vous étonne? Tout le poisson de Syracuse est ici; on ne pêche que dans ces eaux ; ces braves gens ne sauraient se passer de cette maison. » Canius enthousiasmé l'achète. Le lendemain il vient dès l'aube : pas le plus léger esquif. Un voisin officieux lui explique l'erreur dans laquelle il est tombé. Ici je laisse la parole à Cicéron : « *Stomachari Canius. Sed quid faceret? nondum Aquillius postulerat de dolo malo formulas.* » Ainsi Canius ne peut invoquer le dol, il doit subir le contrat.

Donc, avons-nous le droit de conclure, le droit civil, à l'exception des hypothèses déjà indiquées, ne donnait aucun moyen de réprimer le dol.

On nous objectera peut-être : il s'agit cependant ici d'une vente, contrat de bonne foi; or dans les contrats de bonne foi le dol, vous l'avez vous-même reconnu, était réprimé dès cette époque. Oui sans doute, mais Pythius, en homme pratique, ne s'était pas contenté de l'engagement contractuel de Canius, il avait employé le contrat *litteris*, « *nomina facit,* » dit Cicéron.

On a, faut-il s'en étonner, cherché à concilier Plaute et Cicéron. Plaute, a-t-on dit, écrivait sous le système des actions de la loi, et Cicéron sous le système formulaire. Or il est possible qu'il y ait eu à l'origine un moyen de remédier au dol, c'était sous Plaute, que plus tard ce moyen ait disparu, c'était sous Cicéron, et qu'il ait reparu enfin sous le nom d'exception de dol.

Cette explication, fort ingénieuse du reste, ne repose sur aucune donnée précise ; aussi n'hésitons-nous pas à la repousser, d'autant plus qu'elle est inutile, car, nous l'avons montré, la contradiction entre Plaute et Cicéron est plus apparente que réelle.

On peut se demander si, sous le droit civil, la victime du dol n'avait pas au moins une *conditio*. Une personne a, sous l'empire du dol, promis de payer telle somme, elle paye et ne découvre la fraude que plus tard. Elle doit avoir la *conditio indebiti*, car d'une part, elle ne devait pas, puisqu'elle avait pour refuser le payement une exception perpétuelle, l'exception de dol, et d'autre part, il y a eu erreur. Donc, est-on en droit de conclure, avant l'action de *dolo*, la *condictio indebiti* offrait à la personne lésée un moyen assuré de faire rentrer dans son patrimoine ce qui en était sorti, par suite d'un dol.

Cette objection nous touche peu : nous verrons en effet qu'à l'époque de Plaute l'exception de dol n'était pas encore admise ; celui qui avait payé par erreur ne pouvait donc pas invoquer la *condictio indebiti*, puis-

qu'il n'aurait pas pu opposer une exception perpétuelle, ce qui était la condition nécessaire pour qu'il
y eût *indebitum*. Quand même (ce que nous ne saurions
admettre) la *condictio indebiti* eût été possible, elle
n'eût pas remplacé l'action de *dolo*. La *condictio indebiti* n'est donnée en effet que dans la mesure de
l'enrichissement du demandeur ; l'action de dol au
contraire était infamante, et on obtenait par elle réparation complète du préjudice causé.

Le système du droit civil ancien, qui ne songeait
pas à réprimer le dol, peut, au premier abord, sembler
injuste ; on se demande avec étonnement comment ce
peuple réputé pour sa sagesse a pu attendre jusqu'au
VIe siècle de Rome pour trouver un correctif au dol.

Sans prétendre justifier le législateur romain, nous
pensons qu'on peut tout au moins plaider en sa faveur
les circonstances atténuantes. A l'origine, le souci
principal, nous pourrions dire unique, du législateur
était de former des citoyens, des pères de famille, à
la hauteur du rôle qu'ils étaient destinés à jouer soit
dans le monde, soit dans la société. Or, dans le refus
d'annuler un acte juridique entaché de dol, il est facile
de retrouver la trace de cette double préoccupation :
rendre les procès moins nombreux, et créer de
bons pères de famille. Que les procès fussent
moins nombreux, ceci est évident, car, l'action est
l'exception de *dolo* n'existant pas, la validité des actes
entachés de *dol* ne pouvait être contestée. Que ce système formât de bons pères de famille, nous n'en
voulons pour preuve que ce qui se passait en pratique.

Les Romains, connaissant le formalisme rigoureux auquel était soumise l'exécution des actes régis par le droit strict, cherchèrent et trouvèrent d'assez bonne heure un moyen bien simple pour s'y soustraire. Il consistait dans une promesse formelle et légalement faite d'agir loyalement et sans tromperie « *dolum abesse abfuturumque.* » Cet engagement prenait le nom de *clausula de dolo.*

Si un dol venait ensuite à être découvert, la partie lésée avait l'action en *stipulatu,* et l'auteur du dol était condamné à des dommages-intérêts fixés d'avance par les parties ou déterminés par le juge. C'est ainsi que le rigorisme du vieux droit romain avait eu pour conséquence de développer l'initiative individuelle, résultat ordinaire de la liberté laissée à l'individu, et de son affranchissement d'une tutelle trop sévère de l'Etat.

Rappelons enfin que les Romains, dès l'époque à laquelle nous faisons allusion, avaient su mettre à l'abri des atteintes du dol les pupilles, les mineurs de 25 ans et les parties dans les contrats de bonne foi, c'est-à-dire en somme ceux qui étaient le plus excusables de s'être laissé tromper, et peut-être alors reconnaîtra-t-on que les reproches d'imprévoyance et de légèreté, adressés par certains interprètes au droit civil romain, sont au moins exagérés.

Les choses restèrent en l'état jusqu'aux dernières années de la république ; mais à cette époque les mœurs avaient perdu de leur pureté primitive : les Romains, trop occupés de leurs plaisirs pour songer à leurs affaires, étaient devenus imprévoyants, et le besoin d'une organisation nouvelle se faisait universellement sentir. N'est-ce pas le cas de rappeler le cri éloquent jeté par Horace (1) :

> .....Quid leges sine moribus
> Vanæ proficiunt ?

Et ne serait-il pas curieux de rechercher quelle a pu être l'influence vraie des mesures répressives édictées contre le dol. On arriverait sans doute à constater un résultat négatif, car la loyauté ne se décrète pas.

En l'an de Rome 688, le préteur Aquilius Gallus, le même qui a donné son nom aux posthumes aquiliens et à la stipulation aquilienne, imagina pour la première fois de protéger, abstraction faite de toute *clausula doli*, tous ceux qui auraient eu à souffrir d'un dol. Il offrit à ses concitoyens l'action de *dolo* comme suppléant à l'action en *stipulatu* que les pères de famille prudents se réservaient à l'origine ; l'innovation fut trouvée heureuse et tous les édits subséquents reproduisirent la formule de *dolo*. L'exception de dol date sans doute de la même époque ; car la partie lésée, ayant à sa disposition un moyen d'action, dut à fortiori avoir une exception. Il n'y avait du reste qu'à généraliser le moyen de défense existant déjà pour les mineurs de 25 ans.

Le préteur ne tarda pas à faire un pas de plus dans la voie ouverte avec tant de succès par Aquilius Gallus : il accorda une *restitutio ob dolum*.

(1) Horace, *Od*..., 3, 25.

Les Romains ont donc désormais à leur disposition trois moyens de réparation du dol : action, exception, *restitutio*; mais l'ordre que nous venons d'indiquer est-il bien celui de leur apparition? Ce point fait l'objet d'une controverse très vive entre les interprètes.

Selon M. de Savigny, dont l'opinion est du reste partagée par un grand nombre d'auteurs, la *restitutio ob dolum* serait apparue la première, et l'action de *dolo* ne serait qu'une dérivation de celle-ci. A l'appui de cette opinion on fait remarquer que la *restitutio ob dolum* est un procédé primitif, sans règles fixes, laissant au magistrat un pouvoir discrétionnaire, tandis que l'action de *dolo* est un procédé plus savant, témoignant d'une culture juridique plus avancée.

Enfin, ajoute-t-on, il est certain que c'est ainsi que les choses se sont passées pour l'action paulienne, et on a le droit de conclure que la répression du dol a suivi le même développement.

Nous pensons, quant à nous, que la *restitutio ob dolum* n'est apparue que postérieurement à l'*actio doli* et c'est encore l'histoire de Pythius et de Canius qui nous en fournit la preuve. Si la *restitutio ob dolum* eût existé à cette époque, Canius se serait hâté de se faire restituer contre le contrat en question ; or Cicéron nous dit que Canius n'avait à son service aucune voie de procédure pour se faire restituer : c'est donc que la *restitutio in integrum* n'était point encore admise à raison du dol. Sans doute la *restitutio in integrum* est un procédé en usage bien avant l'époque où vivait

Aquilius, mais son application à la repression du dol
n'a eu lieu que postérieurement à la création de l'action de *dolo*. Ce n'est que lorsqu'on vit quelquefois
rester inefficace ce remède, souverain au dire de
Cicéron (*everriculum malitiarum*), qu'on chercha dans
la *restitutio* le moyen de combler ses lacunes (1).

Quant à l'action et à l'exception de dol, nous pensons, contrairement à l'opinion de Savigny, que ces
deux moyens sont contemporains, et qu'avant Aquilius Gallus l'exception de dol était inconnue. Ce qui
nous fait admettre ce système, c'est que Savigny
n'apporte à l'appui de son allégation que des raisons
vagues (2), tandis que nous pouvons toujours lui
opposer le passage de Cicéron : Canius, n'ayant probablement pas encore payé son prix d'acquisition,
n'avait besoin que d'une exception de dol pour échapper aux conséquences du contrat; or Cicéron nous dit
qu'il ne pouvait s'y soustraire.

Voici donc quel serait, selon nous, l'ordre d'apparition des moyens de répression du dol: tout d'abord
l'action de dol créée en 688, puis, a une époque in-
déterminée, mais certainement au VIIe siècle de Rome,
l'exception de dol et la *restitutio propter dolum* appa-
rues à peu d'intervalle l'une de l'autre.

Remarquons, du reste, que la *restitutio ob dolum* ne
peut se concevoir que si l'acte entaché de dol a produit des effets juridiques, mais qu'elle est inapplicable
si l'acte a produit des effets matériels. Veut-on un

(1) Accarias, t. II, p. 1061, n° 2.
(2) Savigny, t. V, p. 194.

exemple : vous me persuadez par dol que mon esclave s'est rendu coupable d'un crime et je le fais mettre à mort; est-il besoin de dire que la *restitutio*, dans ce cas comme dans tous ceux analogues, est impossible !

Quant à l'exception de dol, c'est un moyen de défense contre les conséquences de l'acte; pour qu'on puisse l'opposer il faut :

1° Que le préjudice que doit causer le dol soit imminent, mais non encore consommé; 2o que l'acte entaché de dol ait donné naissance à une action, car l'exception ne peut être opposée qu'à une action.

L'action de dol est le remède le plus étendu, le plus efficace; elle se conçoit : que l'acte entaché de dol ait eu des effets juridiques ou matériels, qu'on m'ait déterminé par dol à tuer mon esclave ou à accomplir une aliénation. Son but tend bien moins à punir l'auteur du dol qu'à l'empêcher de s'enrichir, c'est surtout un moyen d'indemniser la personne lésée. Elle peut être intentée que le préjudice soit imminent ou réalisé : si la promesse faite *dolo* n'a pas encore été exécutée, l'action *doli* sert à éteindre l'obligation contractée par la victime du dol.

Tel est, à grands traits, le domaine théorique de l'action de dol; mais il se trouve restreint par le caractère subsidiaire de cette action, qui ne se donne qu'à défaut de tout autre moyen de réparation. Nous aurons du reste à revenir longuement sur ce point.

CHAPITRE DEUXIÈME

DE L'ACTION DE DOL

Nous nous occuperons, dans deux sections distinctes :

1° Des conditions requises pour qu'il y ait lieu à cette action;

2° Du demandeur et du défendeur à l'action de dol. — Nous aurons ensuite à rechercher, dans un chapitre spécial, les caractères, la procédure, et les résultats de l'action *de dolo*.

SECTION PREMIÈRE.

Des conditions nécessaires pour qu'il y ait lieu à l'action de dol.

Trois conditions sont exigées :

1° Un dol suffisamment caractérisé ;

2° Un préjudice;

3° L'absence de tout autre moyen de réparation.

La nécessité de ces trois conditions ressort des termes mêmes de l'édit qui accorde à la victime du dol une action spéciale : « *Hoc edicto prætor adversus varios et dolosos, qui aliis offuerunt calliditate quadam, subvenit : ne vel illis malitia sit lucrosa, vel istis simplicitas damnosa. Verba autem edicti talia sunt : quæ dolo malo facta esse dicentur, si de his rebus alia actio non erit, et justa causa esse videbitur, judicium dabo.* » (L. I pr. et p. I-IV-III.)

L'étude des deux premières conditions ne nous retiendra pas longtemps ; la troisième, plus difficile, exigera de longs développements.

§ 1er. — *Il faut qu'il y ait dolus malus suffisamment caractérisé.*

Le mot dol, nous le savons, signifie tantôt tromperie, erreur provoquée par des manœuvres, tantôt injustice ; il est ici pris dans le premier sens.

Que le dol soit nécessaire pour motiver une demande fondée sur ce vice du consentement, ceci est évident ; aussi n'est-ce pas là ce que nous avons voulu mettre en lumière. En disant que le dol est une condition nécessaire de l'action *de dolo*, nous avons voulu nous ménager l'occasion de faire remarquer que le dol, autorisant l'exercice de l'action, pouvait, en droit romain, résulter aussi bien de faits négatifs que de faits positifs. On peut citer, à l'appui de cette asser-tion, le passage du *De officiis*, où Cicéron raconte que Caton d'Utique consentit à donner l'action de dol contre un certain Clodius, auquel les augures avaient ordonné de démolir sa maison, et qui la vendit, sans avertir l'acheteur de cette circonstance. Il importe toutefois de remarquer que, même à Rome, tout fait négatif entaché de dol, toute réticence, n'exposait pas son auteur à l'action de dol ; pour que cette dernière fût possible, il fallait que le dol eût déterminé la vic-time à faire un acte juridique. Mais un individu voyant un esclave sur le point de se jeter à l'eau et ne l'empêchant pas, le pouvant, d'accomplir cette tentative de suicide, ne saurait être inquiété de ce chef ; ce point ne saurait être contesté.

Le caractère dolosif de l'acte incriminé doit, avons-nous dit, ne pas être douteux, c'est ce qui résulte de la loi 7-10 de *dolo malo*. Ce texte suppose un individu « *qui adfirmaverat idoneum esse eum, cui mutua pecunia dabatur* ». Or cette déclaration était inexacte, l'emprunteur était insolvable. Le préteur *Cœcidianus* ne voit là qu'une imprudence, préjudiciable il est vrai, mais qui n'implique pas nécessairement dol, car l'*adfirmator* pouvait ignorer l'insolvabilité de l'emprunteur ; aussi refuse-t-il d'accorder l'action de dol. Ulpien approuve sa décision, « *nam nisi ex magna et evidenti calliditate non debet de dolo actio dari.* » La solution serait toute différente, si la mauvaise foi de l'*adfirmator* était certaine ; le préteur, c'est Gaïus qui nous l'apprend, ne devrait pas alors hésiter à accorder l'action *doli*. (L. 8-IV-III.)

Il ne suffit pas, du reste, que le caractère dolosif soit incontestable, il faut encore pour obtenir l'action *de dolo* que le dol présente une certaine gravité. Nous savons que l'usage avait admis, dans les contrats synallagmatiques, certains petits dols, réprouvés par la morale, mais que la loi ne saurait punir. Ce genre de dol est celui que les commentateurs ont qualifié de dol toléré : *Sed aliter leges aliter philosophi tollunt astutias*, dit très bien Cicéron (1), *leges quatenus manu tenere possunt ; philosophi, quatenus ratione et intelli-*

____

(1) *De offic.*, liv. 3, n° 17.

gentia. Ratio ergo hoc postulat, ne quid insidiose, ne quid simulate, ne quid fallaciter.

La victime doit enfin préciser les faits qui, selon elle, constituent le dol. Ceci s'explique facilement : le préteur doit juger si les faits, en les supposant prouvés, présentent un caractère incontestable de dol ; or, pour que le préteur puisse prendre connaissance des faits, il est indispensable que ceux-ci soient indiqués d'une façon précise, nous dirions aujourd'hui qu'ils doivent être articulés. C'est ce qui ressort du reste de la loi 16 *De dolo malo* : « *Item exigit prætor ut comprehendatur quid dolo malo factum sit.* » Ceci sera facile au demandeur, car « il doit savoir en quoi il a été trompé, et, dans une action aussi grave, il ne peut rester dans le vague. » Cette condition était d'ailleurs fréquente dans le droit romain ; nous voyons, en matière d'injure, donner la même solution pour les mêmes motifs.

Du reste, et cette remarque a son importance, le demandeur n'avait point à faire devant le préteur la preuve des faits allégués ; il lui suffisait de les préciser.

§ 2. — *Il faut qu'il y ait eu préjudice causé.*

Cette condition n'est que l'application à un cas particulier d'un principe général bien connu : sans intérêt, pas d'action. Si les manœuvres dolosives n'ont fait éprouver, à la personne contre laquelle elles ont été dirigées, aucune espèce de dommage, il n'y a pas lieu à réparation, et par conséquent pas d'action de dol.

Il ne faudrait pas cependant prendre trop à la lettre le mot « préjudice », car ce mot a ici la même signification que le mot « lésion », lorsqu'il s'agit d'un mineur de vingt-cinq ans. En d'autres termes, on n'exige pas précisément que la victime des manœuvres ait éprouvé une perte, il suffit, pour qu'elle ait droit à l'action de dol, qu'elle ait laissé échapper une occasion de s'enrichir. Vous m'avez, par dol, déterminé à renoncer à une succession en me la présentant comme mauvaise ; il n'y a pas eu pour moi perte à proprement parler, et cependant j'obtiendrai l'action de dol, car il y a eu manque de gain (l. 9-1 *De dolo.*)

Un préjudice quelconque ne suffirait pas, du reste, pour obtenir la délivrance de l'action de dol, il faut qu'il offre une certaine gravité. C'est ce qui résulte des lois 9, p. 5, 10 et 11, p. 1 *De dolo malo.* « *Merito causæ cognitionem prætor inseruit : neque enim passim hæc actio indulgenda est. Nam ecce in primis, si modica summa sit, id est, usque ad duos aureos non debet dari.* » Pour avoir droit à l'action, la victime doit donc avoir éprouvé, au minimum, un préjudice équivalent à deux sous d'or. On s'est demandé à ce propos si cette taxation, cette limitation, était bien l'œuvre du droit classique, ou si on ne devait pas l'attribuer à une époque plus rapprochée de Justinien. Sans nous prononcer d'une façon formelle, car on ne peut raisonner ici que par induction, nous serions tenté de nous ranger à cette dernière opinion. On a fait remarquer, avec beaucoup de raison, qu'il était contraire à l'esprit du droit classique de fixer par avance un minimum invariable, le propre de ce droit étant de se régler sur l'équité, et de prononcer, sans règles bien fixes, suivant les circonstances. Le texte même vient corroborer cette manière de voir, car la loi 9, p. 5, est tout entière d'Ulpien, tandis que le membre de phrase : « *id est, usque ad duos aureos* », a été intercalé par Paul. Or, n'est-il pas probable que si Ulpien n'a pas parlé de ce minimum de deux auréi, c'est qu'il n'existait pas de son temps, et que la question de savoir si le préjudice, était ou non de nature à motiver la délivrance de l'action, était laissée à l'arbitraire du préteur?

Qu'était-ce que l'auréus? L'auréus était l'unité de la monnaie d'or des Romains ; c'est César qui, le premier, introduisit la monnaie d'or dans le commerce. On divisa la livre d'or en 40 auréi ; l'auréus valait 100 sesterces et pesait huit grammes (la livre d'or n'était pas chez les Romains égale à la nôtre ; dans le dernier état du droit, elle valait environ trois cent soixante-dix grammes). Sous Auguste l'auréus était l'étalon monétaire, mais son poids alla toujours en diminuant : sous Caracalla, son poids n'est que de 5 grammes. Sous Justinien, l'auréus n'est que la 72e partie de la livre, sa valeur est donc environ de 15 francs (L. 5, C. X, LXX). Le préjudice causé par le dol devait donc être d'au moins 30 francs.

Dans les Institutes, il est vrai, Justinien s'exprime ainsi : *Sic enim legis Papiæ summam interpretati summus, ut pro mille sestertiis unus aureus computetur.* On en a conclu que, sous Justinien, la valeur de l'auréus serait de 1,000 sesterces, c'est-à-dire de 100 francs. Celle conclusion, selon nous, n'est pas exacte : Justinien a voulu dire, mais il a mal exprimé sa pensée, que les règles qui, sous la loi Pappia Poppea, étaient applicables aux affranchis laissant 100.000 sesterces, le seraient désormais à ceux laissant 100 auréi.

Si le préteur se montre aussi sévère lorsqu'il s'agit d'accorder l'action de dol, c'est que cette action est infamante, et que le préteur ne veut pas prodiguer l'infamie. On pourrait, il est vrai, objecter que, malgré son caractère infamant, le préteur accorde l'action *furti* pour les vols les plus légers, et qu'on ne comprend pas sa sévérité quand il se trouve en présence d'un dol caractérisé.

Plusieurs réponses ont été faites à cette objection. On comprend parfaitement, ont dit quelques auteurs, que le préteur n'ait pas mis sur la même ligne la victime du dol et la victime d'un vol, car leur situation est bien différente. La victime d'un vol n'a rien à se reprocher ; aussi, quelle que soit l'importance du vol, lui donnera-t-on l'action *furti*. Il n'en est pas de même de la personne induite en erreur, par suite de manœuvres dolosives ; il y a toujours de la part de celle-ci, sinon faute, du moins imprudence. Aussi le préteur n'accorde-t-il l'action *doli* que quand la situation de la victime est vraiment digne de pitié, c'est-à-dire quand elle a souffert un préjudice d'une certaine importance.

Cette explication n'est pas généralement admise. On a fait remarquer, avec beaucoup de raison, que le dol ne suppose pas nécessairement une imprudence de la part de la victime. Celle-ci est irréprochable quand c'est l'auteur du dol lui-même qui a accompli l'acte causant le préjudice, sans la participation de celui qui le supporte. Vous avez en votre possession un testament qui m'institue héritier et vous le déchirez; m'accusera-t-on d'imprudence, moi qui ignorais jusqu'à l'existence de cet acte? Du reste, même dans les hypothèses où le dol suppose une imprudence, une faute de la part de la victime, est-ce une raison pour faire bénéficier de cette faute l'auteur du fait dolosif? Qu'on prenne cette faute en considération, lorsqu'il s'agit de régler les rapports de la victime du dol et de son cocontractant de bonne foi, nous le comprenons à merveille, mais, qu'on la fasse entrer en ligne de compte quand il s'agit de déterminer la position du délinquant par rapport à sa victime, ce serait une injustice dont un préteur romain n'a jamais dû se rendre coupable.

Deux autres explications ont été présentées :

Le but principal, direct, de l'action de dol n'est pas, a-t-on dit, de noter le coupable d'infamie, mais de réparer le préjudice éprouvé par la victime. Si ce préjudice est peu considérable, le préteur refusera l'action de dol qui entraînerait inutilement l'infamie, et accordera l'action *in factum*, grâce à laquelle la victime obtiendra satisfaction. L'action *furti* est, au contraire, pénale et ne tend pas à indemniser la personne volée, le préteur l'accorde donc, alors même que le vol serait peu considérable, car l'infamie qu'elle entraîne est un des éléments de la peine.

Nous ne contestons pas la justesse de cette explication, mais elle nous semble reposer sur une analyse bien subtile de la nature de l'action de dol et de l'action *furti*, et à laquelle n'a sans doute pas songé le préteur. Pour nous, nous dirons plus simplement que l'action *furti* étant d'origine civile, le préteur a pu l'accorder pour les vols les plus légers; l'action de dol étant au contraire d'origine prétorienne, le préteur a procédé avec une certaine hésitation, et ne l'a donnée que quand le préjudice lui a paru en valoir la peine.

Si le préjudice est insuffisant pour permettre d'obtenir l'action de dol, le préteur, nous l'avons déjà fait remarquer incidemment, donnera une action *in factum* qui procurera une indemnité pécuniaire à la victime, mais évitera au défendeur l'infamie.

Ne faut-il pas en outre pour obtenir l'action *de dolo* qu'il y ait eu enrichissement de l'auteur du dol? Ce sera le cas le plus fréquent, mais le contraire peut se présenter : une personne peut, par méchanceté pure, déterminer une autre à refuser une hérédité avantageuse, à accepter une hérédité mauvaise. L'action *de dolo* sera possible en ce cas, la loi 1 pr., suppose, il est vrai, une malignité profitable; il en est de même des lois 8 et 12 *De dolo*, mais ces textes statuent sur l'hypothèse la plus fréquente. Nous verrons que l'action de dol n'est donnée, contre les héritiers de l'auteur du dol, que s'il y a eu enrichissement de leur part, c'est donc que, pour l'auteur du dol, l'enrichissement n'est pas nécessaire.

§ 3. — *Il faut qu'il n'existe pas d'autre moyen de réparation.*

En d'autres termes, l'action de dol est subsidiaire; le préteur, pour nous servir d'une expression généralement employée par les auteurs, refusera de la délivrer, si le demandeur a, à sa disposition, une autre action. Ce mot « action » nous paraît ici amphibologique; il signifie d'ordinaire le droit d'agir en justice, de se présenter devant un juge, en ayant entre les mains une formule délivrée par le magistrat (L. 178-2-XVI-L.)

Or, dans notre matière, il s'emploie dans une acception toute différente. Il embrasse toute espèce de voies de poursuites, quelque nom particulier qu'on leur donne. Aussi croyons-nous plus exact de poser en principe général, que le demandeur se verra refuser l'action de dol, s'il peut disposer d'un autre moyen de réparation.

Cette proposition soulève de nombreuses difficultés et de graves objections; nous poserons donc tout d'abord la règle et nous en déterminerons l'étendue; nous étudierons ensuite les objections qu'on peut nous opposer.

A. — Position de la règle.

La règle « l'action de dol est subsidiaire », exprimée sous cette forme concise, ne laisse pas que d'être obscure; quatre propositions vont en déterminer la portée.

Première proposition : Il n'y a pas lieu à l'action *de dolo*, si la victime a contre l'auteur du dol ou contre une autre personne une *alia actio*, c'est-à-dire un autre moyen de droit, pouvant faire obtenir une réparation du préjudice souffert.

La vérité de cette assertion résulte de la loi I *De dolo*, p. IV et V: «*Si de his rebus alia actio non erit,*» dit le préteur.

Ainsi il n'y aura pas lieu à l'action *de dolo* si la victime peut compter sur la *denegatio actionis*, si la victime est certaine de voir refuser toute action à son adversaire, parce que la stipulation arrachée par dol est honteuse. La stipulation peut être honteuse par son objet, «*homicidium facere*» ; la stipulation étant alors nulle *ipso jure*, la personne abusée par les manœuvres dolosives, n'a aucun préjudice à redouter, elle n'aura donc pas droit à l'action de dol (L. 26 et 27-45-1).

La stipulation peut être immorale par son motif : vous me promettez une somme d'argent, si je commets un sacrilège. Cette stipulation n'est plus, comme la précédente, *nullius momenti, elle est valable,* car, dans une stipulation, on ne s'attache qu'aux paroles, sans s'occuper du motif qui les a dictées. Mais si ce contrat a été entaché de dol, et si vous me poursuivez en vertu de la stipulation, de deux choses l'une: ou le magistrat s'apercevra de l'immoralité du motif et refusera l'action, ou il ne s'en apercevra pas et délivrera l'action, mais avec une exception. Dans l'une comme dans l'autre hypothèse, je n'ai rien à craindre et n'ai, par conséquent, pas droit à l'action de dol.

L'existence d'une exception suffit pour écarter l'action de dol (L. 1. p. IV *De dolo*) : j'ai contracté sous l'empire du dol, vous agissez contre moi pour me contraindre à exécuter mon obligation. Si vous êtes l'auteur du dol, je peux vous opposer l'*exceptio doli*, et l'action *de dolo* se trouve par le fait même écartée. Ma situation, il est vrai, ne sera pas très favorable, car je suis obligé d'attendre vos poursuites et ne peux prendre l'initiative. Si vous n'avez pas participé aux manœuvres frauduleuses, il n'y aura pas lieu à l'exception de dol, qui est personnelle de sa nature, mais il pourra exister contre vous, par suite de circonstances étrangères au dol, d'autres exceptions qui feront obstacle à l'action *de dolo*. Un tiers m'a, par exemple, arraché en votre faveur une promesse gratuite qui excède le *modus Ginciæ*, contre vous donataire j'ai l'exception en *lege Cincia;* je n'aurai donc pas l'action *de dolo*, contre l'auteur du dol. Une femme, sous l'influence de manœuvres pratiquées par Secundus; s'est engagée à titre d'*intercessio* envers Primus; le préteur lui refusera l'action de dol contre Secundus car, aux poursuites de Primus, elle peut répondre par l'exception du sénatus-consulte Velléien.

Peu importe, du reste, que l'exception dont il s'agit soit, ou une de ces exceptions dont le défendeur doit demander l'insertion dans la formule, ou une de ces exceptions qui y sont sous-entendues: J'ai fait un achat, et j'ai été victime d'un dol que je découvre avant d'avoir payé mon prix d'acquisition. Je ne puis pas exercer l'action *de dolo* contre mon vendeur, car j'ai contre lui l'*exceptio doli* dont je n'aurai même pas besoin de demander l'insertion dans la formule : elle est sous-entendue dans les contrats de bonne foi.

Si une simple exception suffit à écarter l'action de dol, *a fortiori* devra-t-il en être ainsi d'une action proprement dite qui rentre forcément dans l'expression « *alia actio* » employée par le préteur.

Un contrat de bonne foi a été entaché de dol : un acheteur, par exemple, a été victime de manœuvres dont il ne s'aperçoit qu'après avoir payé son prix d'acquisition. Il n'aura pas l'*actio doli,* car il a l'action *empti* par laquelle il réclamera des dommages-intérêts, le vendeur n'ayant pas accompli son obligation de se comporter loyalement. Cette considération nous permet d'ouvrir une parenthèse et nous fournit l'occasion d'exposer les effets du dol dans les contrats de bonne foi.

Nous supposons un dol commis lors de la formation d'un contrat. Si le contrat est de droit strict, et si le dol est découvert avant toute exécution, il y aura lieu à l'exception de dol; si l'exécution du contrat a eu lieu le préteur délivrera l'action de dol. Par l'exception de dol, la victime se soustrait d'une façon définitive à l'exécution du contrat; celui-ci subsiste bien en droit civil, mais il est à tout jamais paralysé par l'exception de dol. Par l'*actio de dolo* au contraire, la vicime obtient une réparation pécuniaire, mais le contrat fait sous l'empire du dol n'est pas en principe anéanti.

Seulement, comme l'action de dol est arbitraire, le juge, avant de condamner l'auteur du dol, lui ordonnera de restituer ce qui a été donné, de remanciper, s'il y a eu mancipation, et l'auteur du dol ne sera condamné qu'à défaut d'exécution du *jussus judicis*.

Tels sont, d'une façon sommaire, les moyens de réparation du dol et les résultats auxquels ils aboutissent dans les contrats de droit strict; quels seront ces moyens et quels seront leurs résultats dans un contrat de bonne foi ?

Il y a, sur ce point, un grand nombre de systèmes; nous exposerons d'abord celui qui nous semble le meilleur et nous nous contenterons d'indiquer brièvement les autres.

Le dol commis dans un contrat de bonne foi donne lieu, croyons-nous, à d'autres moyens de réparation que ceux accordés quand il s'agit d'un contrat de droit strict, mais dans les deux cas les résultats sont les mêmes.

Supposons d'abord que la victime n'a pas exécuté, l'acheteur, par exemple, n'a pas encore payé son prix quand il découvre le dol. Il a alors l'exception de dol, mais cette exception n'a pas besoin d'être insérée dans la formule, elle y est sous-entendue, elle aura pour résultat de paralyser l'action *venditi* : en droit civil le contrat de vente existera, mais sera condamné à rester inexécuté, car l'action une fois repoussée par l'exception ne pourra être renouvelée.

Si la victime a exécuté, si l'acheteur a payé son

prix, il a droit, non pas à l'action du dol, mais à l'action du contrat. Le résultat de cette action sera une condamnation pécuniaire prononcée contre l'auteur du dol; mais le contrat subsistera et produira ses effets. Toutefois, comme l'action de bonne foi sera le plus souvent arbitraire, le juge ordonnera la remise des choses dans l'état antérieur à l'exécution ; ce qui n'empêchera pas le contrat d'exister en théorie.

Ainsi, selon nous, dans les contrats de bonne foi comme dans les contrats de droit strict, le résultat obtenu par la victime du dol n'est jamais la mise à néant du contrat, mais sa paralysie. Ce résultat est facile à justifier : le préteur corrige ici le droit civil, mais son pouvoir ne va pas jusqu'à déclarer nul un contrat que le droit civil reconnaît comme valable ; il ne peut qu'empêcher le contrat vicié par le dol de produire ses effets, et s'il les a produits, que remettre les choses dans l'état antérieur à l'exécution.

Selon un second système, aujourd'hui généralement abandonné, pour apprécier les résultats du dol dans un contrat de bonne foi, il faudrait distinguer entre le dol principal, *dolus dans causam contractui,* et le dol incident, *dolus incidens in contractum.* Le dol principal, pratiqué dans un contrat de bonne foi, en empêcherait la formation; le dol incident, sans porter atteinte à la validité du contrat, autoriserait la victime à se faire indemniser par l'auteur du dol.

Le principal argument invoqué par les partisans de ce système est la loi 7 pr. *De dolo malo,* loi que nous croyons devoir citer en entier à raison de son importance : « *Et eleganter Pomponius hæc verba, si alia actio non sit, sic excipit, quasi res alio modo ei ad quem ea res pertinet salva esse non poterit. Nec videtur huic sententiæ adversari, quod Julianus libro **IV** scribit, si minor annis vigenti quinque consilio servi circumscriptus, eum vendidit cum peculio, emptorque eum manumisit, dandam in manumissum de dolo actionem. Hoc enim sic accipimus, carere dolo emptorem, ut ex empto teneri non possit, aut nullam esse venditionem, si in hoc ipso ut venderet circumscriptus est. Et quod minor proponitur, non inducit in integrum restitutionem, nam adversus manumissum nulla in integrum restitutio potest locum habere.* »

Or, dit-on, « si la vente est nulle parce que le vendeur a été victime d'un dol qui l'a amené à vendre », on est en droit de conclure *a contrario* que si le dol n'avait pas déterminé le contrat la vente n'aurait pas été nulle.

Ce système invoque en outre la loi 16-1 *De min. vig. quinque annis*, la loi 3 p. 3 *Pro socio*, textes qui déclarent nulle la société contractée par suite de manœuvres frauduleuses *aut fraudandi causa*, et la loi 5-p. 2 *De auct. et cons. tut.*, aux termes de laquelle la vente contractée de mauvaise foi « *nullius est momenti* ».

Nous ne nous attarderons pas à réfuter l'argument tiré des mots « *aut nullam esse venditionem* » de la loi *Et eleganter*; disons seulement qu'il y a deux façons d'expliquer ce membre de phrase : d'après M. Vaugerow, Ulpien suppose que la vente est nulle à cause de l'erreur exclusive du consentement dont le vendeur a été victime, erreur qui a été déterminée par le dol; d'après Noodt, ces mots auraient été ajoutés par un copiste ignorant et devraient être supprimés. Quelle que soit celle de ces deux explications qu'on adopte, elle suffit à réfuter l'argument tiré de la loi 7 *De dolo malo.*

Quant à la loi 16, §1 *De min. vig.*, elle dit bien que la vente est nulle et la victime suffisamment protégée *ipso jure*; mais *ipso jure* signifie que la victime n'aura pas besoin de la *restitutio in integrum*, étant déjà protégée par le droit commun, c'est-à-dire par l'exception de dol si elle n'a pas exécuté, et par l'action du contrat si elle a exécuté.

La loi 3, § 3 *Pro socio* n'offre pas plus de difficulté, car il est plus simple d'entendre ce passage d'une société où les parties ont contracté librement, mais en vue d'opérations déshonnêtes (le contrat est alors nul, car il a un objet illicite), que de l'entendre de l'hypothèse où la société aurait été entachée de dol envers l'une des parties. Enfin, la loi 5, § 2 *De auct. et cons. tut.*, dit simplement que le contrat est et restera inefficace ; c'est ce que nous avons nous-même fait remarquer.

Les principes sont, du reste, absolument contraires au système que nous combattons en ce moment, car il est impossible de considérer comme inexistant un consentement entaché de dol : puisque le dol a déterminé le consentement, il ne l'a pas exclu, le contrat s'est donc formé. Du reste, si le dol qui a déterminé la volonté de l'une des parties émane, non pas de l'autre partie, mais d'un tiers, tous reconnaissent que le contrat se forme, la loi 7 ne peut pas laisser de doute sur ce point ; pourquoi admettre alors la nullité du contrat quand le dol a été pratiqué par une des parties, le consentement n'existe-t-il pas dans les deux cas?

Un troisième système, qu'il nous suffira de mentionner, car nous l'avons réfuté implicitement, enseigne qu'on ne doit pas faire de distinction entre les deux espèces de dol dans les contrats de bonne foi : dans les deux cas il y a nullité du contrat.

Un quatrième système, enseigné par Molitor et adopté par un grand nombre de romanistes, peut se résumer en deux propositions :

1° Le dol principal n'est, pas plus que le dol incident, une cause de nullité des contrats de bonne foi ;

2° Le dol principal, *causam dans contractui*, est une cause de rescision du contrat ; le dol incident ne donne ouverture qu'à des dommages-intérêts (1).

Nous ne pouvons admettre cette seconde proposition : sans parler des difficultés pratiques auxquelles ce système aurait donné lieu, nous pensons que la distinction qu'il propose n'est pas romaine. Tant que la victime n'a pas exécuté, il n'y a pas lieu de distinguer entre le dol dont on s'est rendu coupable à son égard : l'exception de dol lui permet de se soustraire au contrat ; pourquoi la solution ne serait-elle pas la

____

(1) Molitor, *Obligations*, t. 1, p. 147.

même quand, au lieu de rester sur la défensive, elle prend les devants? Aucun texte ne dit, du reste, que le dol principal ait pour conséquence nécessaire de forcer le juge à user de son *arbitrium*, et si la loi 13, § 4, *De act. empti et vend.* autorise le juge à condamner l'auteur du dol à des dommages-intérêts, elle ne lui défend pas de faire restituer par le vendeur ce qu'il a reçu, et de mettre, s'il le juge convenable, le contrat à néant.

Remarquons enfin, pour en finir avec les effets du dol dans les contrats de bonne foi, que l'action résultant d'un contrat de bonne foi est plus avantageuse pour la victime que l'action de dol; ces avantages, une rapide comparaison entre ces deux sortes d'actions va les mettre en lumière :

L'action qui naît d'un contrat de bonne foi est perpétuelle, l'action de dol est annale; la première est transmissible *contra heredes*, la seconde ne l'est pas.

La première, en général du moins, n'est pas infamante; la seconde l'est toujours.

Cette dernière différence n'est cependant pas absolue, car l'action *mandati directa*, l'action *tutelæ directa*, quoique naissant d'un contrat de bonne foi, n'en sont pas moins infamantes.

Fermons maintenant cette trop longue parenthèse, et revenons au caractère subsidiaire de l'action de dol.

Il n'y aura pas lieu à l'action de dol quand les parties auront stipulé *de dolo*, c'est-à-dire se seront

fait la promesse réciproque *dolo abesse abfuturumque.*
Nous avons déjà dit un mot de cette stipulation *de
dolo*, nous savons qu'elle a précédé l'action de dol,
quelques explications sont ici nécessaires pour faire
comprendre comment elle a pu survivre à la création
de cette action.

La stipulation peut être conventionnelle, judiciaire
ou prétorienne.

La stipulation *de dolo* conventionnelle était la plus
importante : Un contrat de droit strict, une stipulation, a été faite sous l'empire du dol, mais le contractant a eu soin d'ajouter au contrat principal la *clausula doli*, stipulation subsidiaire dont un texte nous
parle en ces termes : « *Doli autem clausula ad ea
pertineat, quæ in præsentia occurere non possint, et ad
incertos casus pertinent.* » (L. 53 et 119-XLV-I.)

Le promettant découvre le dol, après avoir exécuté
sa promesse, il n'a pas l'action *de dolo*, car la condition de la stipulation *de dolo* étant accomplie, il a
contre le stipulant l'action *ex stipulatu* (L. 7-3-IV-III).
Mais quel avantage a-t-il à agir par l'action *ex stipulatu ?* Ces avantages existent à un triple point de vue :
1° au point de vue de la durée, car l'action *ex stipulatu* est perpétuelle; 2° au point de vue de la trans-
missibilité, car elle se donne *contra heredes;* 3° au
point de vue de l'infamie, qu'elle ne fait pas encourir
au défendeur. Enfin, la stipulation *de dolo* aura le
plus souvent pour objet une somme déterminée, on
obtiendra donc les dommages qu'on aura soi-même
fixés, tandis que dans l'action de dol le juge ne con-

damnera que *quanti res erit*. Cette supériorité de la stipulation *de dolo* sur l'action de dol nous explique comment la *clausula doli* a pu se maintenir longtemps encore après la création de l'*actio de dolo*.

La *sipulatio de dolo*, avons-nous dit, pouvait être *judicialis* : dans une action *in rem*, une revendication par exemple, le juge a reconnu fondée la prétention du demandeur et a ordonné au défendeur, qui a usucapé *inter moras litis*, de restituer. Celui-ci y consent, mais le demandeur, craignant qu'il n'ait constitué des droits réels sur la chose objet de la revendication, exige qu'il prenne l'engagement *dolum abesse abfuturumque*. L'action *ex stipulatu* présentera ici, si le défendeur manque à sa promesse, les mêmes avantages sur l'action de dol que ceux qui ont été signalés à propos de la stipulation *de dolo* conventionnelle.

La stipulation *de dolo* prétorienne était d'une application fort rare, en voici pourtant un exemple : un esclave a commis un délit et son maître est actionné comme responsable ; usant du droit qui lui appartient, il déclare faire abandon noxal, afin d'échapper à toute poursuite. Le préteur peut craindre, étant donnée la mauvaise réputation du maître, que celui-ci ne livre l'esclave empoisonné ; aussi, avant l'abandon, peut-il exiger qu'il s'engage *dolum abesse abfuturumque*.

Pour que l'*alia actio* mette obstacle à l'action de dol, il importe peu qu'elle soit civile ou honoraire, perpétuelle ou annale, *rei* ou *pœnæ persecutoria*, *popularis* ou *privata ;* car si l'action pénale ne tend qu'à punir l'auteur du délit, en fait, cependant, elle indemnise le demandeur. Pour l'action populaire, un doute aurait toutefois pu s'élever, car l'action populaire appartenant à tout le monde, on aurait pu dire sans paradoxe qu'elle ne compte dans le patrimoine de personne et que la victime n'a pas d'*alia actio*. Cette solution avait été repoussée par la raison que, lorsque plusieurs personnes se présentent à la fois pour exercer une action de ce genre, la préférence appartient naturellement à celle qui peut justifier d'un intérêt personnel. (L. 3-1-XLVII-XXIII.)

Enfin il n'y aura pas lieu à l'action de dol, si la victime peut se faire indemniser en exerçant un interdit. En mon absence, un individu s'introduit chez moi et s'y installe ; puis-je, à mon retour, exercer l'action *de dolo?* Non, car j'ai les interdits possessoires : dans notre hypothèse, l'interdit *uti possidetis :* « *Et Pedius scripsit cessare hoc edictum etiam si interdictum sit, quo quis experiri possit.* » (L. 1-4 *De dol. mal.*)

La *restitutio in integrum* elle-même fait obstacle à l'action de dol : un mineur de 25 ans a accompli un acte, fait une *acceptilatio* sous l'empire du dol, il n'a pas l'action *de dolo*, car il a la *restitutio ob ætatem.* (L. 38, *De dol. mal.*)

Deuxième proposition. — Peu importe que cette *alia actio* existe contre l'auteur du dol ou contre un tiers, du moment où ce tiers est solvable.

En d'autres termes, la victime du dol n'aura pas droit à l'action *de dolo*, si elle a une *alia actio* soit contre l'auteur du dol, soit contre un tiers ; c'est ce

qui résulte des lois 1, § 8, 2, 3, 4, 5, 6, *De dolo malo* :
« *Non solum autem si adversus eum sit talia actio,
adversus quem de dolo quæritur, vel ab eo res servari
poterit non habet hoc edictum locum; verumetiam si
adversus alium sit actio : vel si ab alio res mihi servari potest.* »

Ulpien, dans la loi 5-IV-III, nous cite une application de cette hypothèse : un dol est pratiqué contre
un pupille avec la complicité du tuteur ; le pupille
a l'action *directa tutelæ* contre son tuteur. Si celui-ci
est solvable, l'existence de cette action, contre un
autre que l'auteur du dol, écartera l'action *de dolo* ;
mais si le tuteur est insolvable, le pupille aura l'action *de dolo* contre Titius, auteur du dol.

Le tuteur, on le sait, devait, à Rome, promettre personnellement *rem pupilli salvam fore*, et fournir un
ou plusieurs fidéjusseurs qui garantissaient l'exécution
de cette promesse. De cette façon, son insolvabilité
ne pouvait pas atteindre le pupille. On peut donc
se demander comment, dans l'hypothèse prévue par
la loi 5 *De dolo malo*, l'insolvabilité du tuteur peut
autoriser le pupille à intenter l'action *de dolo* contre
l'auteur du dol, puisqu'il n'est pas sans *alia actio*, car
il a un recours contre les fidéjusseurs. La réponse est
bien simple : tous les tuteurs n'étaient pas obligés de
fournir caution, les tuteurs testamentaires et les tuteurs nommés sur enquête n'étaient pas soumis à
cette formalité. A l'égard des premiers, on estimait
que le choix du testateur, éclairé par l'affection, pa-
ternelle, et déterminé sans doute par une connais-

sance personnelle du sujet, constituait une garantie morale, supérieure à la garantie toute matérielle d'un cautionnement. Pour les seconds, l'enquête fut précisément établie comme équivalent de cette sûreté. Or, le tuteur dont il est question dans la loi 5, appartient précisément à l'une de ces deux classes, comme il n'a pas fourni caution, son insolvabilité laisse le pupille sans aucun recours, et voilà pourquoi le préteur lui accorde l'action *de dolo* contre l'auteur du dol.

Mais, peut-on objecter, il n'est pas exact que, même en cette hypothèse, le pupille n'ait aucun moyen de réparation : il se trouve dans les conditions requises pour obtenir la *restitutio in integrum propter ætatem* ; que ne la demande-t-il ? Il est probable que, dans l'hypothèse à laquelle Ulpien fait allusion, la *restitutio in integrum* était : 1° ou impossible, et c'est ce qui arrivera si l'acte entaché de dol est, soit un affranchissement (car l'affranchissement est irrévocable), soit un acte passé avec le patron ou le père du pupille, car la *restitutio* n'était pas admise contre les patrons et les ascendants ; 2° ou insuffisante, parce que l'acte accompli par suite du dol de Titius, est une *acceptilatio* au profit d'un tiers, Primus, et que Primus est insolvable.

Troisième proposition. — La victime du dol n'aura pas droit à l'action *de dolo* lorsqu'elle aura eu une *alia actio* qu'elle a perdue par sa faute.

Cette règle résulte des p. 6 et 7 de la loi 1 *De dolo malo ;* ces textes supposent que la victime du dol avait contre l'auteur des manœuvres dolosives une *alia actio* qui a péri soit par négligence (p. 6), soit par un fait actif (p. 7) ; dans l'un et l'autre cas, l'action de dol sera refusée à la partie lésée, car c'est sa faute si elle n'obtient pas réparation « *De dolo experiri non poterit, quoniam habuit aliam actionem* ». Cependant il ne faudrait pas éxagérer la portée de cette règle, dont il s'agit de bien saisir l'esprit. Si le préteur assimile au cas où l'on a présentement une action pour se faire indemniser, celui où l'on a négligé de se servir de cette action, et où on l'a perdue par sa faute, c'est que, décidé à restreindre l'action *de dolo* dans les plus étroites limites, il veut voir dans cette négligence une ratification tacite. Mais quand, pour une raison ou pour une autre, ce motif ne pourra pas être invoqué, il y aura lieu à l'action de dol.

Ainsi la victime du dol avait à son service une action temporaire, et cette action a été éteinte par prescription. Peut-elle réclamer l'action *de dolo*, disant : Je n'ai pas d'*alia actio* ? En principe, il faut répondre négativement, car *sibi imputaturo eo qui agere supersedit.* Cependant il en serait autrement si la victime avait été empêchée d'agir par dol ; si, par exemple, l'auteur du dol lui avait proposé une transaction, avait fait traîner les choses en longueur, puis s'était dégagé une fois l'*alia actio* prescrite : *Nisi in hoc quoque dolus malus admissus sit, ut tempus eniret.* Il y aurait encore lieu à l'action *de dolo* si le dol, sous l'empire duquel a été fait le contrat, s'était prolongé assez longtemps pour que l'autre moyen fût prescrit.

D'après la loi 1, p. 6 et 7 *De dol. mal.*, pour que

l'action *de dolo* succédât à l'action antérieure qu'on a perdue, il faudrait que cette perte elle-même fût le résultat d'un dol. Ces textes, selon nous, n'ont rien de limitatif ; le motif qui a fait admettre cette première exception exige qu'on en admette une seconde. Il se peut que, pendant le délai qui lui est donné pour agir, la victime ait été dans l'impossibilité de profiter du moyen mis par la loi à sa disposition, soit par suite d'absence, de captivité, soit à cause de la fonction qu'elle occupait. Dans ces hypothèses, et plus généralement dans tous les cas où il avait été impossible à la victime de profiter de l'*alia actio*, le préteur accordait sans doute l'*actio de dolo* à celui qui avait perdu, sans sa faute, l'action par laquelle il aurait pu se faire indemniser des conséquences dommageables du dol. (L. 14, pr. xxxix, iv.)

Nous avons supposé jusqu'ici l'*alia actio* perdue par suite de la négligence de la victime du dol, et nous lui avons refusé l'*actio de dolo* ; il faudrait encore donner la même solution, si l'action avait été éteinte par suite d'un fait actif. Une personne a, sous l'empire du dol, fait un contrat, mais en ayant la précaution d'ajouter la stipulation *de dolo*. Plus tard, elle éteint par une *acceptilatio* le moyen de réparation qu'elle s'était réservé ; elle n'aura pas droit à l'action *de dolo*, à moins que l'*acceptilatio*, comme le contrat primitif n'ait été entachée de dol. (L. 1, 7. *De dol. mal.*)

Quatrième proposition. — L'action de dol n'est exclue par une *alia actio* que si celle-ci est certaine.

C'est Labéon, qui, le premier, a formulé notre

quatrième proposition : « *Non solum autem si alia actio non sit, sed et si dubitetur an alia sit, putat Labeo de dolo dandam actionem* » (**L. 7, 3, De dol mal.**), et voici l'exemple qu'il donnait à l'appui : Un esclave ou un fonds sont dus soit par suite d'une vente, soit en vertu d'une stipulation et le débiteur en transfère la propriété au créancier. Celui-ci s'aperçoit plus tard que l'esclave lui a été livré empoisonné, que l'immeuble a été grevé de servitudes, les édifices détruits, les arbres coupés ou arrachés. Sans distinguer s'il y a eu ou non *stipulatio de dolo* au moment de l'exécution du contrat, Labéon accorde l'action de dol, car, dit-il, *dubium est, an competat ex stipulatu actio.* D'où peut venir ce doute ? Si la stipulation de dol avait eu lieu au moment même du contrat, l'existence de l'action *ex stipulatu* serait incontestable, et l'action de dol se trouverait par là même écartée. Mais cette stipulation n'est intervenue qu'au moment de l'exécution du contrat ; le créancier a demandé au débiteur : *Spondesne dolum malum abesse et abfuturum* ? Et celui-ci, qui avait déjà manqué à la bonne foi, répond hardiment : *Spondeo.* Labéon hésite à accorder l'action *ex stipulatu* au créancier, car lorsque le débiteur livre l'esclave empoisonné ou l'immeuble grevé de servitudes, il ne commet pas de dol, il l'a déjà commis. Or, la stipulation (qui est de droit strict) a eu pour objet le dol présent et futur, mais n'a pas compris le dol passé. On peut donc considérer l'action *ex stipulatu* comme impossible, elle est au moins douteuse ; donc, conclut Labéon, le créancier a droit à l'action de dol.

Ulpien repousse la solution de Labéon comme trop générale; une distinction est, selon lui, nécessaire : la caution *de dolo* a-t-elle été fournie lors de l'exécution du contrat, l'action *ex stipulatu* est, non pas douteuse, mais certaine; car, en livrant la chose qu'il a détériorée, le débiteur ne fait que reproduire ou continuer son dol. L'action *ex stipulatu* étant possible, le créancier n'aura pas droit à l'action de dol. Si la caution *de dolo* n'a pas été fournie, une sous-distinction devient nécessaire : le dol a-t-il été commis dans un contrat de bonne foi, dans une vente, par exemple, pour reprendre l'hypothèse de Labéon, l'acheteur n'obtiendra pas du préteur l'action *de dolo*, car il a à sa disposition l'action qui naît du contrat, ici l'action *ex empto*, le vendeur n'ayant pas exécuté l'obligation née de son contrat. Mais si le dol a été commis dans un contrat de droit strict, si c'est en vertu d'une stipulation qu'a été livré l'esclave empoisonné, le créancier n'a aucun moyen pour se faire indemniser des conséquences dommageables du dol, puisque dans ces sortes de contrats la bonne foi n'est pas requise; aussi Ulpien n'hésite-t-il pas à lui accorder l'action de dol.

Mais, dans cette hypothèse, la seule dans laquelle Ulpien donne l'action de dol, l'existence de l'*alia actio* n'est pas douteuse, il est certain que celle-ci n'existe pas. Aussi en a-t-on conclu que Ulpien, contrairement à l'opinion de Labéon, rejette notre quatrième proposition et que, selon cet auteur, l'existence d'un moyen de réparation, fût-il douteux, suffit pour écarter l'action de dol.

Nous repoussons absolument cette conclusion. Remarquons tout d'abord que la loi 7, p.3, *De dol. mal.* ne saurait fournir un argument en sa faveur, car Ulpien, s'il repousse l'exemple présenté par Labéon, ne songe pas à contester le principe; nous serions donc bien plutôt fondé à invoquer le silence d'Ulpien comme un acquiescement à la doctrine de Labéon. Mais aucun doute sérieux ne saurait subsister en présence de la loi 15, XIX-V, qui est d'Ulpien. Un individu propose au propriétaire d'un esclave en fuite de lui faire connaître la retraite de l'esclave s'il consent à lui payer une certaine somme. Le propriétaire accepte le marché, puis, l'esclave une fois pris, refuse de tenir sa promesse. Le délateur aura-t-il une action contre le propriétaire? Oui, dit Ulpien, il a droit à l'action *pœscriptis verbis*; mais, si on la lui refuse, il pourra agir par l'action de dol. Pour comprendre cette solution, il faut se rappeler qu'à l'époque d'Ulpien l'action *prœscriptis verbis* n'était pas encore unanimement admise. Ulpien prévoit sans doute que certains jurisconsultes refuseront l'action *prœscriptis verbis*, mais ils devront alors donner l'action de dol : *Nisi et in hoc specie de dolo actionem competere dicat, ubi dolus aliquis arguatur*. Cette décision prouve bien, qu'en cas de doute sur l'existence d'une *alia actio*, Ulpien admet l'action de dol.

Nous avons terminé l'étude de nos quatre propositions tendant à établir le caractère subsidiaire de l'action de dol; ce caractère, nous l'avons vu, résulte du texte même de l'édit du préteur, il est commenté par les jurisconsultes, et ses applications sont si nombreuses dans le Digeste, qu'il semble être à l'abri de toute contestation. Il n'en est rien cependant, et nous devons maintenant examiner les objections qu'on lui adresse. Mais, avant d'aborder cet examen, remarquons que ces objections, quelque graves qu'elles puissent être, ne doivent pas ébranler notre conviction; tout au plus pourront-elles nous faire admettre quelques exceptions au principe que nous avons établi.

B. — Objections au principe : l'action de dol est subsidiaire. .

Ces objections sont fort nombreuses, nous n'avons pas la prétention de les passer toutes en revue. Trois seulement, par leur importance et leur caractère particulièrement spécieux, nous semblent dignes de retenir quelque temps notre attention.

I. — Objection tirée de la loi 14, § 13, IV, II.

Un individu, Primus, a déterminé par la violence Secundus à contracter, à consentir une *acceptilatio*. Secundus, la victime, peut, à son choix, agir contre Primus, l'auteur de la violence, par l'action *quod metus causa* ou par l'action de dol. C'est l'avis de Pomponius, et Ulpien nous donne cette solution comme incontestée. Mais le cumul des deux actions n'est pas possible; si, après avoir agi par l'action *quod metus causa*, Secundus veut intenter l'action *de dolo*, il sera repoussé

par une exception *in factum*, car « *certum est consumi
alteram actionem per alteram, exceptione in factum op-
posita.* » Quoi qu'il en soit, l'option entre l'action de
dol et l'action *quod metus causa* n'en est pas moins certaine; dès lors, dit-on, que devient le principe que
l'action de dol n'est admise qu'en l'absence de toute
autre voie de recours?

Plusieurs explications ont été proposées :

Selon Doneau, l'auteur de la violence étant coupable de dol, le demandeur le pourra poursuivre par
l'action *de dolo*, et n'aura pour triompher qu'à prouver
une chose : la violence. « *Sed si is, cum quo ex metus
causa agitur actione dolo, initio deprecetur hanc actionem et postulet potius actionem quod metus in se dari,
audiendus est, et juxta superiorem sententiam alia actione res restituenda potius, quam actio famosa consti-
tuenda* (1). » Ainsi, suivant cet auteur, le défendeur
pourra, sur la poursuite du demandeur, répondre
qu'il a commis, non pas un dol, mais une violence;
le préteur, refusant alors l'action de dol, accordera
l'action *quod metus*. En dernière analyse, c'est accorder
le choix entre les deux actions au défendeur, ce qui
n'est pas possible. L'explication de Doneau, fût-elle
exacte, ne ferait, du reste, pas disparaître l'atteinte au
principe « que l'action de dol est subsidiaire ».

En cas de violence, dit une autre opinion, il y a
dol *lato sensu*, car la violence n'est qu'un dol aggravé.
On conçoit donc, en théorie du moins, que la personne

____

(1) *Donelli opera omnia*, t. IV, p. 418 *in fine*.

qui n'a cédé que devant les menaces, se puisse prétendre victime d'un dol. Mais si théoriquement cette affirmation est exacte, en pratique les choses se passent tout autrement. En fait, la personne violentée ne pourra intenter l'action de dol, car elle a un autre moyen de réparation : l'action *quod metus*. Aussi si la victime de la violence, après avoir intenté sans succès l'action *quod metus* voulait agir par l'action de dol, se verrait-elle repoussée par une *exceptio factum*, car l'action *quod metus* contient implicitement l'action *de dolo* (L. 13-15, IV-2).

Cette explication, fort ingénieuse sans doute, préoccupée avant tout de sauvegarder contre toute atteinte la règle qui subordonne l'action de dol à l'absence de toute autre voie de procédure, nous paraît faire bon marché du texte de la loi 14-13, IV-2. *Eum qui metum fecit et de dolo teneri certum est*, nous dit cette loi, et rien ne nous prouve que ce soit là une vaine formule destinée à rester dans le domaine de la théorie, sans jamais passer dans celui de la pratique.

Selon nous, il faut voir dans la loi 14-13, IV 2 une véritable dérogation au caractère subsidiaire de l'action de dol ; mais comment expliquer cette dérogation ? Sur ce point, deux opinions sont en présence :

Selon quelques auteurs, l'explication de cette exception serait historique. L'action *quod metus causa* aurait été introduite postérieurement à l'action de dol ; celle-ci aurait donc été à l'origine la sanction exclusive du dol exercé avec violence. Plus tard, quand les progrès de la science juridique ont amené

la création d'une action spéciale destinée à réprimer la
violence, le domaine primitif de l'action de dol, soit
oubli, soit négligence, serait resté le même.

Nous ne pouvons partager cette manière de voir,
qui repose sur une base n'ayant aucune espèce de
fondement : il est, en effet, absolument certain que
non seulement l'action de dol n'est pas antérieure à
l'action *quod metus*, mais que c'est celle-ci qui a précédé celle là. Dans les Verrines, Cicéron mentionne
une *formula Octaviana* instituée au profit de ceux qui
ont été dépouillés *per vim et metum*, et ailleurs il nous
apprend que ce fut grâce à Cnæus Octavius que les
partisans de Sylla furent obligés de restituer les biens
qu'ils devaient à la violence et à la crainte (1). Or,
Cnæus Octavius fut préteur en 674 ; l'action *quod
metus causa* est donc certainement antérieure à l'action
de dol. Du reste, en admettant même l'antériorité de
l'action de l'action de dol, il est certain qu'Ulpien, auteur
de la loi en question, a vécu plus de trois siècles après la
création de l'action *quod metus* ; or comment expliquer que pendant trois cents ans on n'ait pas songé à
modifier un état de choses en désaccord avec un principe proclamé bien haut par le préteur ?

Selon nous, c'est avec intention que le préteur a
permis à la victime de choisir, en cas de violence,
entre l'action de dol et l'action *quod metus causa*, car
cette faculté d'option s'explique par le résultat différ-
rent des deux actions. « Dans l'action *de dolo*, dit

(1) *Verrines*, 2 act., 3, 63 ; E. ad frat., 1, n° 7.

M. Accarias, la condamnation ne dépasse par le préjudice, mais elle est infamante ; dans l'action *quod
metus causa* elle n'est point infamante, mais elle s'élève
au quadruple du préjudice. Ainsi l'une ne fait qu'indemniser le demandeur, l'autre peut l'enrichir ; l'une
atteint plus profondément le défendeur dans ses
intérêts moraux, l'autre dans ses intérêts pécuniai-
res (1). » L'auteur de la violence était-il solvable et
la victime voulait-elle ménager sa réputation, elle
choisissait l'action *quod metus* ; était-il au contraire
insolvable, elle intentait l'action *de dolo*, et le défendeur, en ce cas, encourait l'infamie.

Suivant quelques interprètes, l'option appartien-
drait, non pas à la personne violentée, mais au préteur,
qui, suivant les circonstances, accordait l'une ou
l'autre action.

II. — Objection tirée de la théorie de la *condictio sine causa.*

Le droit romain avait admis comme principe incontestable qu'un individu ne saurait, sans blesser l'équité,
s'enrichir aux dépens d'autrui : *Neminem æquum est
cum alterius detrimento locupletari.* Sur ce principe
était basée la *condictio sine causa*, action personnelle,
ayant sa plus remarquable application dans les cas où
quelqu'un s'est enrichi aux dépens ou par le fait d'une
personne qui ne lui a rien transféré, mais embrassant
la *condictio ex pœnitentia*, la *condictio ob rem dati*, et
enfin la *condictio indebiti*.

(1) Accarias, t. II, p. 1038.

On sait ce qu'était la *condictio ob rem dati* : une prestation a été faite au profit d'autrui, en vue d'une autre prestation qui n'a pas eu lieu ; l'aliénateur n'était pas autorisé à exiger la prestation convenue à son profit, mais il pouvait, du jour où elle aurait dû être affectuée, et aussi longtemps qu'elle ne l'était pas, redemander la chose qu'il a donnée.

La *condictio ob turpem vel injustam causam* n'était elle-même qu'une application de la *condictio sine causa* : on appelait ainsi la répétition de ce qui avait été reçu contrairement à une loi formelle ou aux bonnes mœurs. La répétition n'était admise que s'il y avait eu *turpitudo accipientis tantum*.

La *condictio sine causa* s'appliquait encore et conservait son nom toutes les fois que l'on ne trouvait pas l'application d'une de ces *condictiones* que nous venons de signaler et que la répétition semblait juste.

Un auteur, Vernet, s'appuyant sur les principes que nous venons de rappeler, a fait le raisonnement suivant : Un contrat *stricti juris* a été le résultat du dol du créancier.

Le débiteur est, tant qu'il n'a pas exécuté son obligation, garanti par l'*exceptio doli* (L. 56, LXV, I). A-t-il au contraire exécuté son obligation, de deux choses l'une : ou c'est en connaissance de cause qu'il l'a exécutée, et alors il est considéré comme ayant fait une libéralité ; ou il l'a exécutée sans connaître le dol et alors il a la *condictio indebiti*, car c'est la même chose de payer par erreur ce qu'on ne doit pas, ou de payer ce qu'on doit *ipso jure*, mais qu'on peut ne pas payer grâce à une exception perpétuelle (L. 40, pr. XII-VI). Il n'y aura donc lieu à l'*actio de dolo* que dans le cas où le créancier ne se serait pas enrichi par suite de ce payement (1). C'est dire, en d'autres termes, que toutes les fois que le dol aura procuré un enrichissement à son auteur, la *condictio sine causa* se concevant, l'action de dol sera refusée par le préteur, car la victime a une *alia actio*.

Si ce raisonnement est exact, il a pour conséquence nécessaire de restreindre considérablement le domaine de l'action de dol; mais est-il exact! Il est hors de doute en effet que l'action de dol a joué en droit romain un rôle considérable ; les nombreux textes que lui consacre le Digeste, seraient là au besoin pour le prouver. Il faut donc admettre ou bien que la *condictio sine causa* n'existait pas en cas de dol, ou bien que la *condictio sine causa* et l'action de dol étaient admises.

Nous croyons, quant à nous, qu'il y avait concours des deux actions : le préteur donnait l'action de dol dans des cas où la *condictio sine causa* eût été possible. Ce n'est même pas là, selon nous, une véritable exception au principe que l'action de dol est subsidiaire. La théorie de la *condictio sine causa* est en effet longtemps restée à l'état vague, car elle était fondée non pas sur une loi, mais sur un principe. C'est précisément à cause de ce peu de certitude d'obtenir la *condictio sine causa*, dans des cas où elle aurait pu se concevoir, que le préteur accordait l'action de dol;

(1) Vernet, *Théorie des obligations*, p. 236.

nous avons vu en effet que la certitude d'obtenir une *alia actio* exclut seule l'action de dol. On peut invoquer, à l'appui de notre solution, les lois 27 et 28 *De dolo malo*. L'action de dol, est-il dit dans ces textes, peut être exercée contre les héritiers de l'auteur du dol, dans la mesure de leur enrichissement. Or, dans cette hypothèse, on pourrait concevoir une *condictio sine causa* ; donc, sommes-nous en droit de conclure, le préteur accordait l'action de dol dans des cas où la *condictio sine causa* eût été, théoriquement du moins, possible.

Peut-être devrions nous examiner ici une troisième objection contre le caractère subsidiaire de l'action de dol, objection fondée sur ce qu'il existe en droit romain une *restitutio ob dolum*. Nous croyons cependant, pour plus de clarté, devoir différer cet examen ; nous retrouverons du reste cette question lorsque nous étudierons, dans un chapitre spécial, la *restitutio ob dolum*.

Pour être complet, il nous resterait à réfuter quelques objections de textes, mais cette réfutation nous entraînerait trop loin ; disons seulement que si quelques textes accordent l'action de dol dans des hypothèses où il semble y avoir une *alia actio*, la contradiction n'est qu'apparente ; le plus souvent les deux textes qu'on rapproche ne prévoient pas la même hypothèse.

SECTION DEUXIÈME.

Du demandeur et du défendeur à l'action de dol.

§ 1er. — *Du demandeur.*

L'action de dol est toujours accordée à la personne qui a eu à souffrir des manœuvres frauduleuses, sans qu'il y ait à distinguer si c'est contre elle ou contre toute autre personne que le dol a été dirigé ; en d'autres termes, on n'envisage que le résultat du dol et on néglige l'intention de son auteur. En ce qui concerne l'exception de dol, le doûte sur ce point n'est pas possible, car nous avons un texte formel : « *Neque enim quæritur adversus quem commissus sit dolus, sed an in ea re dolo malo factum sit a parte actoris,* » dit la loi 2-2, XLIV-IV. Si nous n'avons pas pour l'action de dol de texte aussi précis, la règle n'en est pas moins certaine, car elle est écrite implicitement dans la loi 18, 5 et dans la loi 35 *De dolo malo.*

Il est cependant une hypothèse dans laquelle la victime du dol n'aura pas droit à l'action *de dolo,* c'est lorsqu'elle-même aura participé aux actes dolosifs, car « *si duo dolo malo fecerint, invicem de dolo non agent* » (L. 36-IV-III). Le préteur refusera alors l'action au demandeur, en vertu de la maxime : *cum par delictum est duorum, semper oneratur petitor, et melior habetur possessoris causa.* (L. 154. L-XVII).

Les héritiers de la victime peuvent aussi exercer

cette action, car pour le demandeur, elle tend à une indemnité ; elle est donc *rei persecutoria ex parte actoris* (L. 13, pr. IV-III). L'action de *dolo* est transmissible activement, alors même que la victime serait morte sans l'avoir intentée : Primus, par exemple, a été déterminé par dol à contracter ; il meurt six mois après avoir découvert le dol, ses héritiers auront encore six mois pour exercer leur action.

§ 2. — *Du défendeur*.

Nous venons de voir à quelles personnes est accordée l'action de dol, cette matière n'offre aucune difficulté ; mais il est beaucoup plus difficile de déterminer quelles sont les personnes contre lesquelles peut être exercée cette action. On peut cependant, croyons-nous, poser en principe que l'action de dol est possible contre l'auteur des manœuvres frauduleuses, mais qu'elle ne peut atteindre l'individu qui en a profité sans toutefois y participer.

On peut trouver dans la loi 40 *De dolo malo* la confirmation de la seconde partie de notre proposition. Ce texte suppose qu'un créancier d'une succession mauvaise en a déterminé par dol l'acceptation ; la loi 40 autorise contre lui l'exercice de l'action de dol, mais ne parle pas des autres créanciers héréditaires. Ceux-ci, qui profitent cependant des manœuvres *dolosives*, ne pourront pas être inquiétés. Cette décision qui au premier abord peut sembler un peu étrange, s'explique, et par l'origine de l'action de dol, et par son caractère infamant; elle est du reste également vraie de l'exception de dol.

La conséquence pratique en est que, dans l'*intentio* non seulement le demandeur devra indiquer le nom du défendeur, mais spécifier encore qu'il est l'auteur des faits dolosifs : « *In hac actione designari oportet cujus dolo factum sit : quamvis in metu non sit necesse* (L. 15-3, IV-III).

L'action de dol, avons-nous dit, est accordée contre l'auteur des manœuvres frauduleuses; cette proposition est trop absolue et souffre deux exceptions :

1° Certaines personnes sont, par faveur, soustraites à l'action de dol.

Aux termes de la loi 11-1 *De dolo malo*, cette action ne devra pas être accordée aux descendants ou affranchis contre leurs ascendants ou patrons, à un conjoint contre son conjoint; à une personne de condition basse contre un homme haut placé, par exemple à un plébéien contre un personnage consulaire ; enfin à un débauché, ou à un prodigue, contre un homme qui mène une conduite régulière. Ulpien, après Labéon, veut nous donner le motif de cette prohibition. Si, dit-il, on refuse l'action de dol au descendant contre son ascendant, à l'affranchi contre son patron, c'est que cette action est infamante, et que les enfants et les affranchis sont tenus à la *reverentia* envers leurs ascendants et patrons.

Ce motif ne nous satisfait pas entièrement, il serait plus exact de dire que nous nous trouvons ici en présence d'une application de la règle générale, en vertu de laquelle le préteur refuse contre les ascendants et les patrons toute action, non seulement de nature à entraîner l'infamie, mais qui repose sur une allégation de dol, de fraude ou de violence. C'est ainsi que l'exception de dol, l'action *de servo corrupto* et même certains interdits étaient refusés aux descendants et aux affranchis; car, quoique n'entraînant pas l'infamie, ils renfermaient une accusation déshonorante.

Cette règle, que nous avons présentée comme générale, n'était cependant pas sans exceptions. La loi 10-12-XI-IV accorde l'action d'injures, c'est-à-dire une action infamante, contre le patron : « *Si libertum gravissima injuria adfecit, flagellis forte cœcidit.* » Le préteur, il est vrai, ne la donnait alors qu'après examen de l'affaire, *causa cognita*. Ulpien va même plus loin ; dans la loi 52-6-XLVII-II, il autorise le fils, quand son père lui a volé un objet compris dans son pécule *castrense*, à intenter contre celui-ci l'action *furti*. Quelle était la raison de cette exception; Ulpien ne nous la donne pas. Peut-être était-ce une conséquence de l'idée que, relativement au pécule *castrense*, le fils était considéré comme un *paterfamilias*.

Il ne faudrait cependant pas croire que, dans les cas où on lui refusait l'action *de dolo*, la victime fût absolument dépourvue de tout moyen de réparation. « *In horum persona dicendum est, in factum verbis temperandam actionem dandam, ut bonæ fidei mentio fiat,* » dit la loi 11 pr. *De dolo malo.* En d'autres termes, on délivrait à la victime une action dont l'*intentio* était rédigée en termes mitigés, on évitait d'y prononcer le

mot de dol ; au lieu de dire : *Si paret dolo malo Nu-*
merii Negidii, etc., on disait : *Si paret Numerium Ne-*
gidium contra bonam fidem fecisse..., conciliant ainsi
le respect avec les exigences de l'équité. C'était là du
reste la seule différence entre l'action *in factum*,
subsidiaire de l'action de dol, et l'action *de dolo*
proprement dite. Ceci a pourtant été contesté.
S'appuyant sur un texte de Paul (L. 12 *De dol. mal.*),
on a prétendu que l'ascendant et le patron ne sont
tenus par l'action *in factum* que jusqu'à concurrence
de leur enrichissement. C'est prendre, croyons-nous,
trop à la lettre le texte de Paul : ce jurisconsulte se
bornait à prévoir l'hypothèse la plus fréquente, celle
où le dol aura enrichi son auteur ; mais il n'en est pas
moins vrai que l'action *in factum* resterait encore possible, alors même qu'il n'y aurait point eu enrichissement.

Du reste, quand le droit à la *reverentia* n'existe
plus, le droit commun reprend son empire ; aussi les
héritiers des affranchis ou des descendants (si dans
ce dernier cas ils ne sont pas eux-mêmes les descendants de l'auteur du dol), pourront-ils agir par l'action
de dolo ; de même, ce sera l'action de dol et non plus
l'action *in factum* qui sera accordée contre les héritiers
des patrons ou ascendants. Cependant il existe une
nouvelle exception en faveur du fils du patron : *l'actio*
in factum sera seule possible contre lui.

2° Nous avons déjà examiné le cas où la victime du
dol se serait elle-même, dans la même affaire, rendue
coupable de manœuvres frauduleuses envers l'auteur

du dol; dans cette hypothèse, et c'est là une seconde exception au principe que l'auteur du dol est toujours responsable de sa conduite, la victime, avons-nous dit, n'a pas droit à l'action *de dolo*, car il y a alors dol réciproque ou, plus exactement, compensation de dol. C'est à cette hypothèse que se réfère la loi 57-3-XVIII-I: un dol réciproque a été commis dans une vente, l'acheteur n'aura pas d'action contre le vendeur, ni celui-ci contre l'acheteur. Si ce dernier agissait par l'action *empti*, le vendeur lui répondrait par une exception de dol; le contrat restera donc inexécuté. C'est ainsi encore que si un divorce a été motivé par des torts réciproques, aucun des anciens époux ne pourra agir contre l'autre pour demander une réparation ou une pénalité. Si nous supposons enfin que deux individus aient commis un vol et que l'un d'eux vienne à détruire la chose, l'autre ne pourra se faire indemniser, car « *nulla est societas maleficorum* ».

Nous nous sommes demandé contre quelles personnes pouvait être dirigée l'action de dol et nous avons répondu : l'action de dol est accordée contre l'auteur des manœuvres frauduleuses, et elle ne peut atteindre que lui seul. Le premier de ces principes, nous venons de le voir, souffre deux exceptions; le second lui-même est trop absolu, et il nous reste à rechercher les tempéraments qu'il y faut apporter.

Si, en général, il est vrai de dire que l'action de dol ne peut pas être exercée contre une personne ayant profité d'un dol sans y avoir participé, il peut cependant arriver qu'une personne puisse être poursuivie *dolo* par cela seul qu'elle a profité des manœuvres frauduleuses. Ceci peut avoir lieu dans deux hypothèses.

1° « *Hæc actio in heredem, et cæteros successores datur duntaxat de eo quod ad eos pervenit* (L. 17-1 *De dol. mal.*) . L'action de dol est donc possible contre les héritiers de l'auteur du dol, mais ceux-ci ne sont exposés à l'action de dol que si, par le fait de leur auteur, il y a eu enrichissement du patrimoine qui leur a été transmis, et dans la mesure de cet enrichissement. C'est ce que redit Gaïus sous une autre forme : « *In heredem eatenus daturum se eam actionem proconsul pollicetur, quatenus ad eum pervenerit; id est quatenus ex ea re locupletior ad eum hereditas venerit* ». Pour apprécier l'enrichissement, on se plaçait au moment de la *litis contestatio* de l'action de dol. Cependant il pouvait en être autrement : un héritage contient 100 auréi provenant d'un dol. Les héritiers qui connaissent l'origine de cette somme, en font donation avant la *litis contestatio*. Quand celle-ci intervient, l'enrichissement n'existe plus, et cependant l'action de dol est possible, car c'est par le fait de ces héritiers que l'enrichissement a disparu.

Remarquons, au surplus, pour en finir avec cette hypothèse, que l'action de dol est possible, non seulement contre l'héritier de l'auteur du dol, mais encore « *et cæteros successores* », c'est-à-dire contre un successeur quelconque à titre universel : *bonorum possessor, bonorum emptor, adrogator,* par exemple.

Il est facile de saisir le motif qui a dicté cette

première exception : il serait contraire à l'équité que les successeurs pussent trouver dans le dol de leur auteur une occasion de s'enrichir aux dépens d'autrui ; nous aurons du reste l'occasion de revenir sur ce point, quand nous étudierons l'exception de dol.

2° On peut, en second lieu, être tenu du dol commis par autrui jusqu'à concurrence du profit qu'on en a retiré, en vertu des principes sur la représentation légale ou conventionnelle d'une personne par une autre. La loi 15 *De dolo malo* applique ce principe aux pupilles, aux cités et aux mandants proprement dits.

En ce qui concerne le pupille, cette décision est l'application pure et simple de la maxime de Papinien : *Dolus tutorum puero neque nocere neque prodesse debet*. Quelques jurisconsultes, et en particulier Pomponius, ne paraissent pas, il est vrai, avoir admis le principe : « *Dolus tutoris puero non nocere debet* » ; selon ces auteurs, quand un tuteur a commis un dol, le pupille peut être condamné même au delà de son enrichissement, pourvu que l'efficacité de son recours contre son tuteur soit assuré par la solvabilité de celui-ci ou de ses fidéjusseurs. (L. 21-1-XV-1 et L. 1-XXVI-91.)

Malgré l'autorité incontestable de ces textes, la loi 15, pr. *De dol. mal.* ne nous permet pas d'adopter l'opinion de Pomponius : nous pensons donc que l'action *de dolo* n'est donnée contre un pupille, à raison du dol de son tuteur, que jusqu'à concurrence de son enrichissement; mais le surplus pourra être exigé du tuteur.

Quant aux municipes, une courte digression historique est indispensable.

Les municipes étaient les villes auxquelles les Romains avaient accordé le droit de cité, en les autorisant à conserver leur droit et leurs lois propres ; mais ils supportaient les mêmes charges que les villes romaines, d'où leur de nom *municipia*. Le municipe se caractérise donc par une certaine autonomie; il a des magistrats à lui, *nommés duumviri* ou *quatuorviri juri dicundo* ; un sénat appelé *curia* ou *ordo* ; une administration et une justice locales (1). En l'an 707 de Rome, Jules César leur imposa une constitution uniforme. Les municipes constituaient des personnes morales, ils pouvaient donc être propriétaires, créanciers ou débiteurs. L'administration de leurs biens était confiée aux magistrats et à des fonctionnaires nommés par le sénat.

De la part des habitants du municipe le dol ne se conçoit pas : mais un administrateur peut se rendre coupable de manœuvres frauduleuses, commettre un dol, par exemple, dans un procès où il représente la cité. En raison de cet enrichissement injuste, le municipe pourra être poursuivi, mais seulement dans la mesure de l'enrichissement.

De même que le mineur, le mandant ne doit ni souffrir ni profiter du dol de son mandataire. Si celui-ci s'est rendu coupable de manœuvres frauduleuses, la victime pourra, à son choix, agir contre le

____

(1) Aul. Gell., 16, 13, p. 6.

mandataire ou contre le mandant. Dirige-t-elle ses poursuites contre ce dernier, celui-ci ne pourra être condamné que *quatenus locupletior factus est.*

Quant à la forme, l'action donnée contre ceux qui ont profité d'un dol sans y participer, est bien l'action *de dolo* ordinaire; le dol devra être mentionné dans l'*intentio*.

Quant au fond elle diffère à plusieurs égards de l'action *de dolo* ordinaire, car : 1o elle n'est pas annale ; 2° elle n'est pas infamante ; 3° elle n'est donnée que dans la mesure de l'enrichissement du défendeur; 4o elle n'est pas enfin absolument subsidiaire, puisque la victime pourrait agir par l'action *de dolo* contre l'auteur du dol.

On peut se demander si, aux deux exceptions que nous venons d'étudier, il ne conviendrait pas d'en ajouter une troisième, en d'autres termes, si l'action de dol ne pourrait pas être dirigée contre un successeur à titre particulier?

Titius, par dol, a obtenu de moi livraison d'une chose ; puis l'a donnée ou vendue à Séius ; puis-je actionner Séius qui a profité du dol, soit comme donataire, soit en se rendant acquéreur à vil prix? Pour l'affirmation on pourrait, semble-t-il, tirer un argument de la solution admise à l'égard du pupille ou du mandant qui, en réalité, ne sont que les ayants cause à titre particulier du tuteur ou du mandataire.

Il faut répondre négativement : les textes, formels à cet égard, ne parlent que du pupille, des municipes et des mandants; ils excluent donc *a contrario* tous les autres successeurs à titre particulier. Rien de plus juste, d'ailleurs, le sous-acquéreur étant resté complètement étranger à l'acte entaché de dol et n'y étant pas représenté.

La victime agira donc contre l'auteur du dol, et celui-ci, se trouvant dans l'impossibilité d'exécuter le *jussus judicis*, puisqu'il n'a plus la chose, sera condamné à en payer la valeur. En cas d'insolvabilité de l'auteur du dol, la victime aurait droit, selon quelques auteurs, soit à l'action paulienne, soit à la *restitutio ob dolum*. Cette opinion est du reste purement hypothétique, les textes étant absolument muets à cet endroit.

Remarquons, en terminant cette étude du défendeur à l'action du dol, que, sauf quelques rares exceptions indiquées par Paul et Ulpien, le pupille ne peut pas être poursuivi *de dolo*. (L. 13-1 et L. 14 *De dol. mal.*)

CHAPITRE TROISIÈME

CARACTÈRES DE L'ACTION DE DOL.

ACTION « IN FACTUM »

SECTION PREMIÈRE.

Caractères de l'action de dol.

Nous connaissons maintenant le domaine théorique et pratique de l'action de dol, nous savons à qui et contre qui peut être accordée cette action ; il nous reste à rechercher ses caractères et sa procédure.

Aux termes de l'édit, l'action de dol n'est délivrée par le préteur que si *justa causa esse videbitur*, c'est-à-dire qu'après examen de l'affaire. Qu'on n'objecte pas que toute action suppose un examen préalable, qu'il n'en est pas que, suivant l'expression de M. Accarias, le magistrat délivre les yeux fermés, car nous répondrions que la *causæ cognitio* doit porter ici sur des points spécialement déterminés. Le préteur aura à rechercher : 1° si le fait allégué par le demandeur est exact et constitue bien un dol caractérisé ; 2° si le préjudice paraît présenter une gravité suffisante pour motiver l'action ; 3° si la victime n'a pas d'autre moyen de droit pour obtenir réparation, et si elle n'a pas laissé écouler le délai qui lui est donné pour agir.

Ces constatations préalables faites, et elles sont

indispensables, le magistrat aura à rechercher si le défendeur n'était pas, lors du fait incriminé, *infans*, *infantiæ proximus* ou *furiosus* ; s'il n'est pas poursuivi en raison du dol commis par un autre, et enfin si le demandeur ne lui doit pas la *reverentia*. Puis, suivant les circonstances, il refusera l'action, la délivrera purement et simplement, ou dans la mesure de l'enrichissement, ou la rédigera in *factum*.

Supposons que le magistrat ait mal résolu une de ces questions et ait, par exemple, accordé l'action de dol à une personne qui avait à son service une autre action, où à un descendant contre son ascendant ; quel sera le résultat de cette erreur ? Selon M. Accarias, le juge sera lié, même en cette hypothèse, par la délivrance de l'action, et le demandeur n'aura, pour triompher, qu'à prouver une chose : le bien fondé de l'*intentio*. C'est assez dire que si l'erreur du magistrat avait porté sur l'existence soit du dol, soit du préjudice, le juge conserverait son entière liberté, car la décision du préteur n'a d'autre valeur que celle de nos jugements interlocutoires.

L'action du dol, comme en général les actions prétoriennes *ex delicto*, était annale ; la victime devait donc, sous peine de se voir refuser l'action, agir dans l'année utile, c'est-à-dire dans l'année à partir du jour où elle avait découvert le dol. Il n'était pas, du reste, nécessaire que le jugement fût prononcé dans l'année, mais simplement que l'action fût intentée. Le délai d'un an se comptait en jours utiles ; on ne tenait donc pas compte des jours pendant lesquels le demandeur n'avait pas pu agir, soit parce que le préteur ne siégeait pas, soit parce qu'il était employé au service de l'Etat ou prisonnier de guerre.

A partir de Constantin, l'action de dol se prescrivit non plus par une année utile, mais par un délai de deux ans continus. Cette modification avait pour but de rendre désormais impossibles les débats auxquels donnait lieu le calcul des jours pendant lesquels le demandeur avait pu agir ; nous ne pouvons donc que l'approuver. Nous n'en dirons pas autant de la seconde innovation introduite par ce prince. Il décida que ce délai de deux ans courrait, non plus du jour de la découverte du dol, mais du jour même où le dol aurait été commis. C'était violer ouvertement le principe : *Contra non valentem agere, non currit præscriptio,* car on aboutissait en pratique à ce résultat souverainement injuste, que la personne lésée pouvait perdre son droit avant même de l'avoir connu. Constantin alla plus loin : l'action de dol dut désormais, non seulement être commencée, mais encore être terminée dans les deux ans (1).

Avant cette loi de Constantin, le demandeur, si l'année utile était écoulée, pouvait agir, jusqu'à concurrence de l'enrichissement obtenu par dol, par l'action *in factum*. Après ce prince, la victime du dol pouvait-elle intenter l'action *in factum*, si elle avait laissé passé les deux ans sans agir ? La question est controversée : Constantin, disent quelques interprètes, a voulu

(1) L. 8, c. *De dol. mal.,* II,-XXI.

précisément abréger le délai accordé à la victime du
dol; il est donc peu probable que, les deux ans écoulés, il lui ait permis d'agir *in factum*, même dans la
mesure de l'enrichissement de l'auteur du dol. Nous
n'admettons pas cette solution; la loi 8 *De dolo* ne
touche qu'au délai dans lequel peut être exercée l'action *de dolo*, mais ne parle pas de l'action *in factum;*
rien n'autorise donc à supposer qu'elle ait modifié sur
ce point la législation antérieure. Nous ferons remarquer du reste que l'action *in factum* était plus nécessaire encore après Constantin qu'avant ce prince,
puisqu'elle était désormais le seul moyen de réparation mis à la disposition de la victime, quand la découverte du dol avait lieu plus de deux ans après le
jour où il avait été commis.

Supposons qu'à la suite de la *cognitio causœ*, de cet
examen préalable auquel doit se livrer le préteur,
celui-ci ait accordé l'action de dol ordinaire, et de-
mandons-nous comment sera rédigée la formule.

Il n'y aura pas de *demonstratio*; mais, puisque
l'action de dol est d'origine prétorienne et ne repose
sur aucune fiction, l'*intentio* sera conçue *in factum*. Le
préteur, en d'autres termes, dissimulera la question
de droit sous une question de fait, et évitera de se
servir des mots *dare, facere, oportere*, qui sont le signe
apparent de l'action *in jus concepta*, mais qu'on ne
rencontre jamais dans la formule de l'action *in factum*.
La formule *in factum* n'étant en dernière analyse, suivant la spirituelle expression de M. Accarias, qu'une
politesse faite à un principe dont on ne veut plus, le

préteur ordonnera au juge de rechercher si le dol dont se plaint le demandeur a réellement existé, et attachera à la solution affirmative de cette question, la conséquence d'une condamnation judiciaire; il dira donc : *Si paret in ea re dolo malo Auli Agerii aliquid factum esse judex condemna.*

Le droit invoqué par le demandeur étant un droit d'obligation, l'*intentio* sera *in personam scripta*, c'està-dire, qu'au lieu d'être conçue en termes généraux, le demandeur et le défendeur y devront être désignés; car on ne peut être créancier que d'une personne déterminée. Le demandeur, disons-nous, invoque une obligation, obligation qui résulte du dol, car celui qui l'a commis s'est obligé par là même à réparer le préjudice causé. Voilà pourquoi le dol, à la différence de la violence, ne peut être une cause de nullité d'un contrat que s'il est l'œuvre d'un des cocontractants; s'il a été pratiqué par un tiers, la personne avec qui vous avez contracté ne saurait être obligée de réparer un préjudice qu'elle n'a pas personnellement causé.

Le demandeur invoquant un droit d'obligation, il en résulte, et nous avons déjà signalé cette conséquence, que le défendeur doit nécessairement être présenté dans l'*intentio* comme l'auteur du dol. C'est là une seconde différence avec l'action *quod metus*. Dans cette action figure bien le nom du défendeur, car l'action *quod metus* est *in personam scripta*, mais le demandeur n'impute pas le fait de violence au défendeur; il fonde son action, non pas sur une promesse tacite de réparation de l'acte de violence, mais sur le profit qu'en a retiré l'individu contre lequel il agit. Aussi dit-on que l'action *quod metus* est « *personalis in rem scripta* », c'est-à-dire qu'elle peut être intentée contre tout détenteur du profit résultant de la violence, tandis que l'action de dol est « *personalis in personam scripta.* » Dans l'action *quod metus,* si l'individu poursuivi est l'auteur de la violence, la condamnation sera égale au quadruple du préjudice ; s'il en a simplement bénéficié, au quadruple du profit réalisé. Mais, dans les deux cas, une restitution faite sur l'ordre du juge entraînera toujours l'absolution du défendeur.

La différence admise par le droit romain entre les effets de la violence et ceux du dol est passée tout entière dans notre Code civil ; l'article 1166 consacre en effet la même théorie. C'est qu'elle a un fondement rationnel très facile à saisir. Celui qui cède à une violence de nature à faire impression sur une personne raisonnable (art. 1112), est à l'abri de tout reproche ; aussi l'obligation qu'il a contractée, sans qu'on puisse lui imputer la faute la plus légère, doit-elle être sans valeur à l'égard de tous. « En effet, dit Sénèque, la loi ne sévit point contre celui qui a exercé la violence ; elle indemnise simplement celui qui en a été victime ; il lui paraît injuste *id ratum esse quod aliquis, non quia voluit, pactus est, sed quia coactus est : nihil autem refert per quem illi neçesse fuit ; iniquum enim, quod rescinditur, facit persona ejus qui passus est, non persona facientis* (1). »

_____

(1) Sénèque, *Controver.,* 4, n° 26.

En cas de dol, au contraire, la partie dont le con-
consentement a été surpris par le dol d'un tiers, a
toujours à s'imputer plus ou moins d'avoir mal placé
sa confiance, et de s'être laissé tromper par les manœuvres de ce tiers étranger ; elle a donc commis une
faute. Le créancier au contraire (nous le supposons
étranger au dol), n'a rien à se reprocher ; l'équité et
la raison exigent donc que le contrat soit maintenu,
sauf à accorder à la partie lésée une action en dommages-intérêts contre l'auteur des manœuvres frauduleuses.

L'*intentio* de l'action de dol étant *certa*, elle peut
comprendre trop ou trop peu ; le demandeur aura
donc deux écueils à éviter : la *plus petitio* et la *minus
petitio*.

L'action de dol ne rentrant pas dans la division des
actions *bonœ fidei* et *stricti juris*, l'*intentio* ne contien-
dra pas les mots « *ex bonâ fide* », ni leur équivalent.
Si le défendeur a un moyen d'équité à faire valoir
contre la demande, si, par exemple, le demandeur
lui a fait remise de son dol, il devra *in jure* faire
insérer une exception dans la formule. A-t-il oublié de
remplir cette formalité, le juge ne pourra tenir compte
de son moyen de défense et devra donner gain de cause
au demandeur.

Il nous reste à signaler un dernier caractère de l'action de dol, qui n'a du reste d'intérêt qu'autant que
la demande est fondée : l'action de dol est arbitraire,
c'est-à-dire que quand le juge a reconnu l'existence du
dol il reste une porte ouverte au défendeur qui veut être

absous malgré son échec : il peut exécuter le *jussus judicis* et échapper ainsi à la *condemnatio*. Celle-ci ne sera donc encourue qu'en cas de refus du défendeur d'exécuter le *jussus*. L'action de dol perd cependant son caractère arbitraire, lorsque la restitution est impossible : tel est le cas de la perte par cas fortuit de la chose livrée par dol. (L. 18-IV-III.)

Nous avons reconstruit la formule de l'action de dol ; la *litis contestatio* va maintenant produire son effet ordinaire. Mais elle n'opérera jamais qu'*exceptionis ope*, car l'action de dol étant non *in jus* mais *in factum*, la *deductio in judicium* ne porte pas ici sur un droit, mais sur un fait, et si les droits peuvent s'éteindre, les faits accomplis ne s'effacent point. Si, après avoir intenté une première action de dol, la victime en exerçait une seconde, le défendeur devrait donc, à peine de déchéance, faire inscrire dans la formule soit l'exception *rei in judicium deductæ*, soit l'exception *rei judicatæ*.

Nous connaissons maintenant le rôle joué par le préteur dans la délivrance de l'action de dol, il nous reste à étudier celui du juge.

Le préteur, dans sa *causæ cognitio*, tient pour vrais les faits allégués par le demandeur ; celui-ci doit donc, pour triompher, établir devant le juge le bien fondé de sa demande. S'il n'y réussit pas, ou si le défendeur parvient à justifier l'exception qu'il invoque, le juge devra absoudre. Il absoudra encore si le défendeur a désintéressé son adversaire *inter moras litis*.

La prétention du demandeur est-elle reconnue fondée,

le juge le constate dans une déclaration préalable, sorte de premier jugement appelé *pronuntiatio* ; puis, avant de prononcer la *condemnatio*, il détermine à son gré la satisfaction que doit fournir le défendeur au demandeur pour le désintéresser, cette détermination porte le nom d'*arbitrium* ; enfin, il lui intime l'ordre de restituer, c'est le *jussus judicis*.

En quoi consistera cette *restitutio* ? Il est impossible de répondre à cette question d'une façon générale ; il faut nécessairement distinguer plusieurs hypothèses :

1° Si l'acte déterminé par dol est un acte juridique, susceptible d'être anéanti par un acte juridique contraire, le défendeur devra, sur l'ordre du juge, annuler le premier acte par un acte opposé. Ce cas sera le plus ordinaire. Ainsi sous l'influence du dol que vous avez pratiqué envers moi, j'ai consenti soit à faire une aliénation, soit à éteindre une servitude ; vous me devez, pour échapper à la condamnation, une retranslation de ma propriété ou une reconstitution de la servitude.

Le *jussus* exécuté produit alors les mêmes effets que la *restitutio in integrum*, avec cette différence pourtant que la *restitutio in integrum* produit ses effets contre la volonté de l'une des parties. La *restitutio* du reste n'anéantit l'acte que *jure prætorio* ; ici, au contraire, l'acte est anéanti *jure civili*, puisqu'un nouvel acte a été réellement conclu.

2° Si l'acte juridique déterminé par dol n'est pas susceptible d'être anéanti par un acte juridique contraire, le juge ordonnera au défendeur de payer à sa victime une certaine somme d'argent ; si celui-ci exécute le *jussus*, il évitera l'infamie.

Il arrivera assez souvent que le résultat d'un acte juridique ne pourra pas être anéanti par la volonté des parties, cela se présentera notamment dans l'hypothèse d'un affranchissement, d'une acceptation ou d'une répudiation d'hérédité ; nous venons de voir de quels pouvoirs étendus jouit le juge en pareille circonstance. Peut-être même faudrait-il aller plus loin et pourrait-on dire qu'en pareil cas le juge, au lieu d'une réparation pécuniaire, avait le droit d'imposer à l'auteur du dol l'obligation de fournir à sa victime l'équivalent de ce qu'il lui avait fait perdre. Un exemple fera mieux comprendre notre pensée, nous l'empruntons à M. Accarias : « J'étais appelé à une hérédité, dit le savant professeur de la faculté de Paris, et je l'ai répudiée, trompé par celui-là même qui devait la recueillir à mon défaut (L. 7-II-XXI). L'auteur du dol ayant ensuite fait adition, pourquoi le juge ne lui ordonnerait-il pas simplement de me transporter tous ses droits actifs héréditaires, sous la condition que, de mon côté, je m'engage à le défendre contre les poursuites auxquelles sa qualité d'héritier l'expose (1) ? » Malheureusement, à cet égard, les textes font absolument défaut, et on ne peut se livrer qu'à des conjectures.

3° Lorsque l'acte déterminé par dol est un acte

______

(1) Accarias, t. II, p. 1057, n. 2.

purement matériel, la remise des choses dans l'état antérieur au dol se concevra d'ordinaire difficilement : tel est, par exemple, le cas où un esc'ave aurait été tué par dol. Le *jussus judicis* consislera ici encore dans la détermination de la réparalion pécuniaire que devra fournir le défendeur. Le retour à l'état de choses antérieur au dol ne séra cependant pas toujours impossible : un immeuble est grevé de la servitude de ne pas bâtir ; le propriétaire, pour prescrire la servitude, fait des constructions ; le *jussus* consistera ici dans l'ordre donné au défendeur d'avoir à démolir.

Quant à la question de savoir si le *jussus judicis* est ou non susceptible d'exécution *manu militari,* il y a divergence entre les auteurs. Une première opinion enseigne l'affirmative : l'exécution *manu militari,* toutes les fois qu'elle ne doit pas aboutir à une violence sur la personne physique, doit être ordonnée par le juge, car seule elle peut assurer au demandeur la réparation qui lui est due. Mais s'il y a un obstacle de droit à surmonter, si le défendeur se refuse par exemple à détruire les effets d'un acte juridique comme l'expensilation, l'exécution *manu militari* est impossible ; on ne peut en effet le contraindre à prononcer les paroles de l'acceptilation, car *nemo potest precise cogi ad factum.*

Une seconde opinion repousse d'une façon absolue l'exécution *manu militari* : la seule sanction du *jussus judicis* est, selon elle, la fixation de la condamnation par le demandeur, sous la foi du serment. Le demandeur, du reste, ne jouissait pas d'une liberté absolue :

le *juramentum in litem* était accompagné d'une *taxa-*
tio fixée par le juge, maximum qu'il tenait peut-être
secret, mais que le demandeur ne pouvait pas dé-
passer.

Quand l'exécution du *jussus* était impossible, soit
parce qu'elle dépendait à la fois du défendeur et d'un
tiers et que celui-ci refusait de s'y prêter, soit à cause
de la perte fortuite de l'objet de la restitution, le mon-
tant de la condamnation était prononcé par le juge
lui-même.

Dans l'action de dol la condamnation a une conséquence des plus graves : elle note le défendeur d'infamie. Cependant l'infamie n'est pas une conséquence
nécessaire de l'action de dol ; pour qu'elle soit encourue,
deux conditions sont indispensables :

1° Que la condamnation soit irrévocable. Si le
condamné use du droit d'appel, l'infamie ne le frappe
que du jour où l'appel est rejeté ; s'il laisse passer
les délais de l'appel, l'infamie rétroagit au jour de la
condamnation (L. 6, 1-III-II) ;

2° Que le défendeur ait été condamné *suo nomine*
(L. 1-III-II). En cas de représentation, le *dominus litis*
et son représentant échappaient tous deux à l'infamie,
l'un parce qu'il n'était pas condamné ; l'autre parce
qu'il n'était pas l'auteur du dol. Cette dernière condition fournissait à l'individu accusé de dol, et qui se
sentait dans son tort, un moyen facile d'échapper à
l'infamie : il lui suffisait de constituer un *procurator* ;
peut-être, il est vrai, le préteur pouvait-il déjouer ce

calcul, en refusant d'insérer dans la formule le nom du *procurator*.

L'infamie avait à Rome une importance considérable. A l'origine, lorsque les censeurs trouvaient, dans l'une des cinq classes, un citoyen de mauvaise vie, ils le reléguaient parmi les *ærarii*, c'est-à-dire parmi les citoyens n'appartenant à aucune catégorie et n'ayant pas de droits politiques. Les *ærarii* pouvaient en outre être frappés d'impôts illimités. En déclassant ainsi un citoyen, les censeurs mettaient en marge des registres une *nota censoria* expliquant le motif de la peine qu'ils infligeaient. Plus tard, diverses lois attachèrent l'infamie à divers délits ; le préteur la fit résulter des actions *furti, vi bonorum raptorum, injuriarum, de dolo*, et sous Justinien elle est la conséquence de cinq actions contractuelles. L'infâme perdit désormais le *jus suffragii* et le *jus honorum* ; il ne pouvait même pas aspirer aux dignités municipales, ni figurer sur la liste des juges. Il était incapable d'être *procurator*, de constituer un *procurator ad litem*, d'exercer une action populaire ou le *jus accusandi* (1).

La femme notée d'infamie ne pouvait, d'après les lois caducaires, épouser un ingénu ; le frère pouvait intenter la *querela* lorsque la personne instituée était *turpis*.

L'infamie, c'est Cicéron qui nous l'apprend, était une peine perpétuelle : « *Turpi judicio damnati in per-*

___

(1) A moins qu'il ne s'agisse, pour l'infâme, de venger une injure personnelle ou la mort d'un de ses parents (L. 11, pr. ; XLVIII, II).

petuum omni honore de dignitate privantur. » (*Pro Cluentio*, 43). A l'origine cependant le peuple pouvait en relever, et plus tard ce droit passa au sénat et aux empereurs qui, par la *restitutio in integrum*, annulèrent souvent les effets de cette peine. Le magistrat lui-même pouvait en relever quand l'infamie était la conséquence d'un acte qu'il aurait pu rescinder.

Il nous reste pour terminer l'étude de l'action de dol, une dernière question à examiner : l'action de dol peut-elle présenter le caractère noxal !

Ulpien, dans la loi 9, p. 4, *De dolo malo*, examinant cette hypothèse, répète après Labéon: «*De dolo actionem interdum de peculio, interdum noxalem dari.* » L'action de dol serait noxale, selon Ulpien, lorsque le dol constitue un délit ou un quasi-délit. Cette décision nous semble erronée : dans ce cas en effet il y aura lieu le plus souvent à une action *ex delicto* ou *quasi ex delicto*, action qui exclura forcément l'action de dol. Quant à nous, nous ne pouvons concevoir l'action de dol s'exerçant *noxaliter* que dans le cas, bien rare sans doute en pratique, où le fait délictueux, présentant un caractère dolosif, ne constitue pas un délit ou un quasi-délit déterminé, engendrant une action propre.

L'action de dol pourra être *de peculio*, dit Ulpien, *si ea res est, in quam dolus commissus est, ex qua de peculio daretur actio,* c'est-à-dire quand l'affaire par elle-même serait de nature à motiver une action *de peculio*; le dol ne serait donc considéré que comme une circonstance du contrat. Mais comment concevoir une action de dol se donnant *de peculio*? Une vente entachée de dol a lieu, l'acheteur exercera l'action *empti de peculio*, mais comment pourrait-il y avoir lieu à l'action de dol?

Plusieurs explications ont été proposées : le *dolus dans causam contractui* empêche, a-t-on dit, le contrat de se former; dès lors l'acheteur ne peut exercer l'action *ex empto*, et il a droit à l'action de dol. Cette explication, contraire à la loi 7 pr., *De dolo malo*, ne nous paraît pas admissible. Mais ne peut-on pas tout au moins supposer une stipulation exécutée sous l'empire du dol, et dire : l'action *ex stipulatu* étant impossible, il y a lieu à l'action de dol *de peculio*? Non, car le dol ne constitue pas ici un des éléments du contrat, c'est un fait délictueux donnant lieu à l'action *de dolo noxalis*.

Nous ne voyons pas, quant à nous, de cas où l'action de dol pourrait être donnée *de peculio*. Sans doute le texte d'Ulpien est formel, mais ce jurisconsulte a peut-être mal interprété le texte de Labéon. Labéon disait peut-être : si un esclave commet un dol, le maître pourra être tenu *noxaliter* ou *de peculio*. *Noxaliter*, s'il y a lieu à une action *ex delicto*; *de peculio*, s'il y a lieu à une action *ex contractu*. Ulpien, citant le passage de Labéon pour appuyer sa proposition, en aurait altéré le sens.

L'action de dol fait partie de ce groupe d'actions appelées par les interprètes « *penales a parte rei tantum* »; elle en est même le type. A la différence des

7

actions pénales ordinaires, elle n'a pas pour but d'enrichir le demandeur, en appauvrissant le défendeur ; elle est pénale *a parte rei tantum*, car celui-ci ne doit à sa victime que la réparation du dommage qu'il lui a causé, mais cette réparation il la lui doit, alors même qu'il n'a tiré aucun profit de son acte frauduleux. En d'autres termes, l'action de dol est *rei persequendæ gratia ex parte actoris*, car celui-ci ne tend qu'à assurer l'intégrité de son patrimoine, et *pœnæ persequendæ gratia a parte rei*, car elle peut appauvrir le défendeur. Elle est donc régie par une combinaison des règles propres aux actions pénales et de celles relatives aux actions *rei persequendæ gratia*.

L'action de dol n'étant pas pénale *a parte actoris* ne peut être exercée (contrairement aux actions bilatérales) que jusqu'au payement de l'indemnité complète. Mais la *litis contestatio* n'éteint cependant pas le droit de la victime ; ayant agi contre un des complices du dol et n'ayant pas obtenu réparation entière, elle pourra se retourner contre les autres. Ulpien, dans la loi 17 pr., affirme, d'une façon formelle, la libération de tous les complices du dol quand l'un d'eux a restitué : la victime en effet n'a plus alors rien à réclamer. Mais, s'occupant ensuite du cas où la victime a seulement obtenu des dommages-intérêts, il est moins affirmatif : *puto adhuc cæteros liberari*, dit-il. C'est que, pourrait-on dire, le demandeur, n'ayant pas obtenu la *res*, la peut demander aux autres complices. Cette solution serait erronée, car, nous le répétons, l'action de dol ne tend qu'au *quanti interest* ; une fois qu'il a obtenu la valeur de la chose, le demandeur ne peut plus rien exiger.

Il faut du reste remarquer que le système romain aboutit en somme à une injustice : le plus souvent un seul coupable sera puni, tandis que les complices échapperont et à l'infamie et à toute réparation pécuniaire ; le défendeur condamné n'a pas en effet de recours contre ses complices.

L'action de dol étant pénale *a parte rei* est intransmissible au point de vue passif ; si donc l'auteur du dol meurt avant la *litis contestatio*, son héritier n'est tenu qu'à raison et dans la mesure de son profit. Résultat inique, puisque la mort du délinquant peut rendre la perte du demandeur définitive, et d'autant plus injuste que, dans les cas où le dol se rattache à un contrat de bonne foi, l'action qui le sanctionne se transmet sans difficulté contre les héritiers (L. 8-1-XXVII-VII). La responsabilité de l'héritier est donc plus ou moins engagée, suivant que l'obligation a sa cause dans un contrat ou dans un délit.

Enfin l'action de dol étant pénale *a parte rei* pouvait être donnée contre un mineur *pubertati proximus* ; car on sait que le pupille *pubertati proximus*, c'est-à-dire ayant dépassé sept ans et comprenant le sens de ses actions, était tenu pour capable de s'obliger *ex delicto*. Mais l'action de dol, en cette hypothèse, conservait-elle son caractère infamant ? La question a été discutée ; nous admettons, quant à nous, l'affirmative. Il faudrait un texte spécial pour admettre une exception en faveur du mineur, et ce texte n'existe pas. On peut au contraire invoquer, en faveur de notre opinion, un passage des Institutes, d'où il résulte que la déportation, peine beaucoup plus grave que l'infamie, pouvait être prononcée contre les pupilles. Ce point ne nous semble donc pas pouvoir être sérieusement contesté ; mais nous reconnaissons sans difficulté, avec nos adversaires, que la législation romaine a manqué ici de sollicitude envers toute une classe de personnes que leur âge rendait dignes d'intérêt.

Section deuxième.

Action « in factum » subsidiaire.

Nous avons, à plusieurs reprises, mentionné l'existence d'une action *in factum* destinée à remplacer l'action de dol; quelques mots sur cette action, du reste sans grande importance théorique, nous semblent le complément nécessaire de l'étude de l'action *de dolo*, et une transition nous conduisant naturellement à l'examen de l'exception de dol.

L'action *in factum*, subsidiaire de l'action de dol, peut exister dans deux ordres d'idées absolument différents ; on pourrait presque dire qu'il existe deux sortes d'actions *in factum* destinées à remplacer l'action de dol.

L'action *in factum* en effet est tantôt donnée indépendamment de tout enrichissement de la part du défendeur, tantôt fondée sur un bénéfice résultant du dol.

§ 1. — Il peut y avoir lieu à l'action *in factum* alors même, avons-nous dit, qu'il n'y aurait point enrichissement du défendeur. Trois hypothèses sont possibles :

1° Un préjudice de minime importance est résulté d'un dol qui n'a du reste pas enrichi son auteur. L'action de dol n'est pas possible, car nous savons que le préteur, ne voulant pas prodiguer l'infamie, n'accorde cette action que lorsque le préjudice présente une certaine gravité (L. 10 *De dol. mal.*) ; il y aura donc lieu à l'action *in factum* ; — 2° Le dol émane de certaines personnes à qui le demandeur doit le respect. Qu'il y ait ou non préjudice résultant du dol, le préteur refusera l'action *de dolo* pour des raisons de convenance auxquelles nous avons déjà fait allusion ; mais il accordera une action *in factum*; —3° Un préjudice a été causé à autrui par simple faute ; si le droit commun ne fournit à la victime aucune voie de recours, elle obtiendra l'action *in factum*. Supposons, par exemple, que vous m'ayez causé un dommage qui ne rentre pas dans l'espèce prévue par la loi Aquilia (1). S'il y a eu dol, l'action aquilienne sera remplacée par l'action de dol ; s'il y a eu faute seulement ou si je ne puis prouver le dol, j'intenterai l'action *in factum*, car : « *In damnis, quæ lege Aquilia non tenentur, in factum datur actio.* » (L. 33-1-IX-II).

Dans ces trois hypothèses, l'action *in factum* présente tous les caractères de l'action de dol : elle est

(1) La loi Aquilia, si on laisse de côté son second chapitre qui se renferme dans une hypothèse tout à fait spéciale, ne prévoit que le dommage matériel qui affecte la chose d'autrui.

donc pénale au même titre que l'action *de dolo*, annale, intransmissible passivement, car autrement elle aurait été plutôt nuisible qu'utile au défendeur. Elle assure d'autre part au demandeur l'entière réparation du préjudice qu'il a subi, tout en offrant pour l'auteur du dol un grand avantage : elle n'est pas infamante.

§ 2. — Dans certains cas, l'action *in factum* est fondée sur le principe que nul ne doit s'enrichir au détriment d'autrui. Dans cet ordre d'idées, l'action *in factum* peut fonctionner dans plusieurs hypothèses, notamment :

1° Lorsque l'action de dol n'a pas été intentée dans l'année utile, et que l'auteur du dol en a retiré un enrichissement (L. 28 *De dol. mal.*);

2° Lorsque l'action est dirigée contre les héritiers de l'auteur du dol, s'ils ont profité du dol de leur auteur ou ont frauduleusement négligé d'en profiter (35 pr., XLIV-VII);

3° Lorsqu'elle est dirigée contre le pupille, à l'occasion du dol commis par le tuteur, ou contre le mandant à l'occasion du dol commis contre le mandataire.

Ici encore, l'action *in factum* n'est pas infamante ; mais comme elle n'a rien de pénal, comme elle a simplement pour but d'empêcher le défendeur de s'enrichir aux dépens du demandeur, elle est perpétuelle et transmissible passivement. Du reste, elle n'est ni arbitraire, ni même nécessairement subsidiaire. Le préteur, pour en réduire l'usage, n'avait pas à lui donner ce dernier caractère ; car on ne pouvait avoir la pensée de recourir à une action bornée à l'enrichissement, dans les cas où l'on avait à sa disposition une autre voie de droit, presque toujours plus avantageuse.

CHAPITRE QUATRIÈME

DE L'EXCEPTION DE DOL

Recherchant au début de cette étude quels étaient les moyens de réparation mis par le droit civil à la disposition de la victime du dol, nous avons eu à nous occuper de la date de l'apparition de l'exception de dol. L'exception de dol, avons-nous dit, est peut-être de création plus récente que l'action de dol, mais elle existe certainement au viie siècle de Rome. Il nous faut déterminer maintenant quelle est la date exacte de son apparition. Ce point est fort délicat, car les interprètes se trouvent en présence de documents contradictoires.

Une première opinion enseigne que l'*exceptio doli* est l'œuvre du préteur Aquilius Gallus, l'auteur de la formule de l'action de dol : elle daterait donc de l'an de Rome 688. Ce système invoque l'autorité de Cicéron qui, dans le passage du *De officiis*, où se trouve rapportée l'anecdote du chevalier Canius, s'exprime ainsi : *Nundum enim Aquilius, collega et familiaris meus, protulerat de dolo formulas.* » Le pluriel employé pour désigner les formules sur le dol semble bien se rapporter à la fois à l'action et à l'exception. La pré-

somption qui résulte du texte que nous venons de
citer, touche presque à la certitude, si l'on veut bien
remarquer que, dans l'hypothèse à laquelle Cicéron
fait allusion, c'est de l'exception de dol dont avait
besoin le chevalier Canius qui n'avait sans doute pas
payé comptant son prix d'acquisition.

Une seconde opinion attribue la création de l'exception de dol à un préteur nommé Cassius, probablement celui que Valère Maxime rapporte avoir été
nommé *scopulus 1eorum* à cause de sa grande sévérité.
Cette opinion repose tout entière sur un texte d'Ulpien :
« *Metus causa exceptionem Cassius non proposuerat,
contentus doli exceptione quæ est generalis. Sed utilius
visum est etiam de metu opponere exceptionem* (1), »
qu'on interprète ainsi : Cassius n'avait pas proposé
l'exception *metus causa,* car l'exception de dol qu'il
avait créée lui avait paru suffisante. Ce système semble
avoir rencontré beaucoup de crédit en Allemagne ·
il est professé par MM. de Savigny et de Vangerow,
et M. Accarias en l'adoptant lui a donné une grande
autorité.

Nous ne croyons cependant pas devoir nous y rallier,
car le texte unique sur lequel il se fonde ne nous semble pas assez décisif pour faire récuser l'autorité de
Cicéron. Que dit en effet la loi 4-33 *De dol. mal. et
met. exc.* ? Que Cassius refusa de créer une exception
metus causa, l'exception de dol lui ayant paru suffisante. Mais s'ensuit-il que Cassius ait inventé l'excep-

(1) L. 4, 33, XLIV-IV.

tion de dol? Encore une fois, rien dans le texte cité n'autorise cette conclusion.

L'exception de dol présente une importance considérable, car la victime s'aperçoit presque toujour du dol, avant l'exécution de l'acte juridique qu'il a déterminé ; elle mérite donc de retenir notre attention. Nous examinerons brièvement :

1° Quelles sont les conditions d'application de l'exception de dol ;

2° Contre quelles personnes on y peut recourir ;

3° Quels sont ses effets ;

4° Quelle est sa durée.

SECTION PREMIÈRE.

Conditions d'application de l'exception de dol.

Paul, étudiant l'exception de dol, délimite ainsi son domaine : « *Hanc exceptionem prætor proposuit ne cui dolus suus, per occasionem juris civili, contra naturalem æquitatem prosit* » (L. 1-4-XLIV-IV). Ainsi, en principe, tout acte déshonnête qui, sous le couvert du droit civil, blessait l'équité naturelle, pouvait donner ouverture à ce remède prétorien. Mais les conditions auxquelles était subordonné l'exercice de l'exception de dol venaient restreindre ce champ d'application, si vaste en apparence.

Pour que l'action de dol soit possible, deux conditions sont nécessaires ; il faut :

1° Que l'acte déterminé par dol soit un acte juridique, faisant éprouver un préjudice et donnant lieu à une action ;

2° Que le préjudice ne soit pas encore consommé.

Pour que l'action de dol fût possible, il fallait, nous le savons, une *magna et evidens calliditas* ; le dol le plus léger suffit au contraire pour motiver l'exception de dol. Nous devons faire du reste la même remarque, en ce qui concerne le préjudice éprouvé par la victime du dol : le préteur refuse l'action *de dolo*, si le préjudice causé par les manœuvres frauduleuses n'offre pas de gravité ; le défendeur au contraire a toujours le droit d'opposer l'exception de dol, quelque faible que soit le dommage dont il se plaint.

Pour bien comprendre l'exception de dol, il est nécessaire de rappeler brièvement la nature de l'exception en droit romain. L'exception est un simple incident de procédure : elle se distingue de la défense proprement dite en ce qu'elle ne consiste pas comme celle-ci dans la négation du droit du demandeur, mais dans l'invocation de la part du défendeur d'un droit rival de celui du demandeur, et qui aura pour effet de paralyser la demande de ce dernier sans la contredire, sans nier qu'elle soit conforme au droit.

L'exception a donc pour but et pour effet de paralyser l'action du demandeur, et ceci nous explique pourquoi l'exception de dol n'est possible que si le préjudice résultant du dol n'est pas encore consommé. Si le préjudice en effet est consommé, si, par exemple, la victime du dol a exécuté le contrat avant la découverte des manœuvres dolosives, l'exception de dol sera impossible, car l'auteur des manœuvres, ayant retiré du contrat tout le bénéfice qu'il en attendait, ne soulèvera aucune prétention. La victime ne pourra donc pas lui répondre par une exception, puisque, encore une fois, l'exception suppose l'exercice d'une action ; en pareil cas, elle n'aura d'autre ressource que de prendre elle-même l'initiative.

Avant toute exécution au contraire sa position est très simple : elle attend les poursuites ; lorsqu'elles se produisent, elle les fait tomber au moyen de l'exception de dol.

Nous n'avons pas la prétention de passer en revue toutes les hypothèses dans lesquelles l'exception de dol est possible ; il nous suffira de poser le principe, et d'en signaler les applications les plus importantes. Le principe, nous le connaissons déjà : l'*exceptio doli* s'applique à tous les cas où le demandeur a commis ou commet un acte contraire à la bonne foi.

Un héritier hésite à faire adition, car il soupçonne l'hérédité mauvaise ; les créanciers héréditaires, craignant de le voir répudier la succession, lui donnent mandat d'accepter ; un seul s'abstient par dol, afin de pouvoir réclamer le payement intégral de sa créance. Lorsqu'il agira, l'héritier lui opposera l'exception de dol, car il s'est rendu coupable, et de *dolus præteritus*, en s'abstenant frauduleusement de donner mandat à l'héritier, et de *dolus præsens* en agissant pour le tout contre l'héritier (L. 4-2-XLIV-IV). Dans cette hypothèse, la remarque n'est pas sans intérêt, le dol donnant lieu à l'*exceptio doli* est un dol négatif.

Le dol peut consister à contrevenir à une disposition expresse ou tacite, la loi 2, p. 4 et 6, nous en fournit un exemple. A la suite d'une stipulation, un terme a été accordé dans un pacte *ex intervallo Ipso jure*, le débiteur reste tenu *pure*, et l'action intentée avant le terme est fondée en droit civil. Mais le débiteur pourra opposer au créancier soit l'exception de dol, soit l'*exceptio pacti* (L. 2-4-XLIV-IV). Un créancier touche par anticipation les intérêts de l'argent qui lui est dû, et réclame ensuite son remboursement, avant l'expiration du temps auquel correspondaient les intérêts payés. Il contrevient à une convention tacite ; le débiteur peut donc le repousser par l'exception de dol, car : *accipiendo usuras distulisse videtur petitionem in id tempus, quod est post diem usurarum præstitarum, et tacite convenisse interim se non petiturum* (L. 2-6, *De doli mali et metus excep.*).

Le dol peut consister à agir contrairement à la volonté d'un testateur dont on est l'héritier (L. 4-10) ; il peut consister à agir en vertu d'une obligation sans cause; ou sur cause illicite (L. 2, p. 3) ; ou sur une fausse cause (L. 7 pr. et p. 1) ; dans toutes ces hypothèses l'exception de dol est possible. C'est encore se rendre coupable de dol que de réclamer ce dont on a déjà reçu l'équivalent : un pupille non autorisé reçoit un payement ; ce payement n'est pas valable. Mais si le pupille en a profité, il ne pourra, sous peine de se voir repousser par l'exception de dol, exiger du débiteur un nouveau payement. Pour apprécier l'enrichissement du pupille, il faudra se placer au moment de la *litis contestatio*; ce sera du reste au débiteur à prouver l'enrichissement en vertu de la maxime «*reus in excipiendo fit actor* ». La solution serait la même, s'il s'agissait d'un prodigue interdit, ou d'un mineur de vingt-cinq ans pourvu d'un curateur.

Le dol pourrait encore consister à agir contre un défendeur sans tenir compte de ce qu'on lui doit soi-même (L. 4-9-XLIV-IV). D'après les Institutes, ce serait Marc-Aurèle qui aurait rendu la compensation possible dans les *stricta judicia* ; pour la faire admettre par le juge, le défendeur eut désormais à son service l'exception de dol, car la bonne foi ne permet pas de réclamer ce qui nous est dû, sans tenir compte de ce que nous pouvons nous-mêmes devoir. D'après Justinien, le rescrit de Marc-Aurèle ne visait textuellement que les actions *stricti juris* ; quant aux actions de bonne foi, même avant le rescrit de ce prince, la créance du défendeur pouvait sans doute s'y compenser avec celle du demandeur, fût-elle née d'une source différente. L'appréciation du dol entrait en effet naturellement dans l'office du juge, sans le secours d'aucune exception (L. 21-XXIV-III).

Si le défendeur avait, par prévoyance, demandé l'insertion de l'exception de dol dans la formule, le juge pouvait prendre en considération le dol commis par le demandeur, postérieurement à la délivrance de la *litis contestatio* (L. 5-1 et 2-XLIV-IV) ; le même pouvoir lui appartenait évidemment de plein droit, si l'action était de bonne foi.

Des exemples que nous venons citer faut-il conclure,

comme l'ont fait certains auteurs, que l'exception de
dol peut tenir lieu de toutes les autres, car c'est agir
par dol que de faire sciemment une demande à laquelle
s'oppose une exception quelconque ? On pourrait, en
ce sens, invoquer un texte d'Ulpien : « *Et generaliter
sciendum est*, dit ce jurisconsulte, *ex omnibus in factum
exceptionibus, doli oriri exceptionem : quia dolo facit
quicunque, id quod quaqua exceptione elidi potest, petit;
nam et si inter initia nihil dolo malo facit, attamen nunc
petendo facit dolose* (L. 2-5-XLIV-IV). Conclure de ce
texte que, par la seule insertion de l'exception de dol,
ou, s'il s'agit d'actions de bonne foi, par les mots *ex bona
fide*, le juge est autorisé à tenir compte de toute espèce
d'exceptions, alors que le demandeur n'est pas prouvé
les avoir connues, au moment de la *litis contestatio*,
nous semble méconnaître la pensée de son auteur.
Selon M. Accarias, dont nous partageons absolument
sur ce point la manière de voir, le texte d'Ulpien
signifie seulement que le demandeur, en intentant une
action alors qu'il sait le défendeur armé d'une exception, se rend par là même coupable de dol, dol consistant dans la certitude que les poursuites n'aboutiront
pas. Si le défendeur a la précaution de faire insérer
dans la formule l'exception générale de dol, alors,
parmi les questions soumises au juge figurera celle de
savoir si le demandeur, avant d'engager l'instance,
connaissait l'existence de l'exception. Une réponse
affirmative sur ce point entraînera l'absolution du
défendeur. Telle est, croyons-nous, la portée exacte
de la loi 2-5-XLIV-IV ; s'il éti… du reste besoin d'é-

tablir que l'exception de dol ne peut pas tenir lieu de toutes les autres exceptions, ce serait Ulpien lui-même qui nous fournirait un argument décisif : il nous apprend en effet, dans un texte que nous avons déjà eu l'occasion de citer, que l'exception *metus* a été précisément introduite en vue d'hypothèses où l'exception de dol eût été insuffisante (L.4-33-XLIV-IV).

A une exception proposée par le défendeur, le demandeur pouvait à son tour, s'il jugeait son adversaire de mauvaise foi, opposer une réplique de dol. Un créancier, trompé par son débiteur, a consenti un pacte de *non petendo* : à l'exception prétorienne *pacti conventi* que lui opposera sans doute, s'il agit, le défendeur, il répondra par la réplique de dol.

L'exception de dol était seule à l'abri de la réplique de dol : « *Adversus doli exceptionem non dari replicationem doli* » (L. 4-13-XLIV-IV). C'était du reste la conséquence directe d'un principe bien connu : « *Cum par delictum est duorum, semper oneratur petitor, et melior habetur possessoris causa* » (L. 154-L-XVII).

SECTION DEUXIÈME.

Contre qui peut-on recourir à l'exception de dol.

L'action de dol, nous le savons, ne peut être intentée que contre l'auteur des manœuvres frauduleuses ; il en est de même pour l'exception de dol. C'est au demandeur seul, ayant participé aux manœuvres dolosives, que le défendeur à l'action née de l'acte entaché de dol, peut opposer l'*exceptio doli*. L'exception n'aboutirait donc pas, si le défendeur, victime d'un préjudice injustement causé, voulait y recourir contre un demandeur qui a dû l'acquisition de ses droits à un dol auquel, personnellement, il n'a point participé (L. 2-1-XLIV-IV). C'est là une solution bien difficile à justifier au point de vue de l'équité.

Il n'est pas nécessaire du reste que ce soit au défendeur lui-même que l'auteur du dol ait voulu nuire ; il suffit, mais il est indispensable, que le dol menace de lui causer un préjudice quelconque : « *Neque enim quæritur, adversus quem commissus sit dolus, sed an in ea re dolo malo factum sit a parte actoris* » (L. 2-2-XLIV-IV). Ainsi, par exemple, les héritiers de la victime des manœuvres dolosives ont droit à l'exception de dol. Ainsi encore un fidéjusseur, même ayant son recours contre le débiteur principal, peut opposer au demandeur l'exception de dol, si celui-ci s'est rendu coupable de dol envers le débiteur principal. Cette solution serait vraie, il importe de le remarquer, alors même que le débiteur principal aurait renoncé à l'exception de dol ; en un mot, l'exception de dol est *rei cohærens* au point de vue actif.

Le défendeur ne pouvant opposer au demandeur que le dol qui lui est personnel, l'*exceptio doli* sera rédigée : « *non in rem, si in ea re dolo malo factum est; sed sic, si in ea re nihil dolo malo actoris factum est; docere igitur debet is, qui objicit exceptionem, dolo malo actoris factum, nec sufficiet ei ostendere in re esse dolum* » (L. 2-1-XLIV-IV). En d'autres termes, la formule de l'exception de, dol ne doit pas contenir le nom de la victime, elle doit désigner celui de l'auteur des manœuvres dolosives ; l'exception de dol est donc personnelle au point de vue passif.

Il existe cependant un certain nombre d'hypothèses dans lesquelles il est permis d'user de l'exception contre une personne restée étrangère à l'acte dolosif.

Une première catégorie de personnes sont rendues responsables du dol commis par un tiers, en vertu de la maxime : *non debeo melioris conditionis esse quam auctor meus a quo jus in me transit* (L. 175-1-L-XVII) : ce sont les successeurs à titre gratuit, tels qu'un héritier, un légataire, un donataire ; bien qu'étant restés personnellement étrangers au dol commis par leur auteur, le défendeur leur pourra opposer l'exception de dol. Qu'on ne nous objecte pas la loi 4-16-XLIV-IV : ce texte suppose un affranchi poursuivi par l'héritier de son patron ; l'affranchi, nous dit Ulpien, ne pourra opposer l'exception de dol. Pourquoi cette décision ? Est-ce parce que l'héritier n'a pas participé aux manœuvres de son auteur ? Nullement. Si l'affranchi ne peut, en cette hypothèse, opposer l'exception de dol, c'est que « *convenit tam vivo, quam mortuo patrono a liberto honorem exhiberi.* » Cette dérogation, ce cas exceptionnel nous prouve au contraire qu'en thèse générale l'héritier, ou plus exactement le successeur à titre gratuit devait subir l'exception fondée sur le dol de son auteur.

Il n'en est pas de même des ayants cause à titre onéreux de l'auteur du dol ; le dol de celui-ci ne peut pas leur être opposé. La raison de cette différence est facile à saisir : les successeurs à titre gratuit *certant de lucro captando*, la victime du dol *certat de lucro vitando;* il est donc juste qu'on préfère cette dernière. L'acquéreur à titre onéreux et la victime du dol sont au contraire, à ce point de vue, dans une situation identique : tous deux cherchent à éviter une perte. Mais comme un préjudice doit être supporté soit par l'ayant cause à titre onéreux, soit par la victime du dol, il faut nécessairement choisir entre les deux. Or, à l'un on n'a rien à reprocher, tandis que l'autre est dans une certaine mesure coupable d'imprudence; c'est donc sur celle-ci que retombera le préjudice, si l'insolvabilité de l'auteur du dol ne lui permet pas de se faire indemniser. On pourrait même peut-être reprocher à la législation romaine d'avoir étendu outre mesure, au bénéfice de la victime du dol, la catégorie des ayants cause à titre gratuit; c'est ainsi qu'on faisait rentrer dans cette classe le créancier gagiste ou hypothécaire, *quia res ad eum qui dolo fecit, reversura est,* et l'individu qui a reçu l'abandon noxal d'un esclave, car il n'a, disait-on, rien donné ni promis en échange de l'esclave délinquant (L. 4-30 et 31-XLIV-IV). Or, en réalité, ce sont là de véritables ayants cause à titre onéreux, tout aussi dignes d'intérêt qu'un acheteur ou un échangiste.

On peut, en second lieu, être tenu du dol commis par autrui, en vertu des principes sur la représentation légale ou conventionnelle d'une personne par une autre.

Le représenté, par exemple, pourra se voir opposer l'exception de dol par suite du dol commis par son représentant : un mandataire *ad litem* commet un dol dans le cours d'un procès ; lorsque le mandant exercera l'action *judicati*, le défendeur pourra lui opposer l'exception de dol. Si la procuration du mandant, au lieu d'être relative à telle ou telle affaire, était générale, il pourra se voir opposer l'*exceptio doli*, quelle que soit l'époque à laquelle a été commis le dol (L. 4-18-XLIV-IV).

De même, il est permis d'user contre le pupille d'une exception tirée du dol commis par son tuteur ; mais cette exception ne produira d'effet que *quatenus locupletior factus est*. Le pupille est donc traité avec plus de faveur que le mandant ; c'est que celui-ci a choisi son représentant et qu'il est juste qu'il soit responsable de son choix, tandis que celui-là se l'est vu imposer (L. 4-23 et 24-XLIV-IV). La doctrine que nous venons d'exposer, quoique généralement admise, a cependant rencontré des contradicteurs : selon quelques auteurs, la différence que nous avons signalée entre le pupille et le mandant ne serait vraie qu'au cas où le tuteur serait insolvable. Si sa solvabilité est certaine, le pupille pourrait se voir opposer l'exception de dol même au delà de son enrichissement, sauf son recours contre son tuteur. Cette opinion se fonde sur la loi 21-1-XV-I.

Le *paterfamilias* est enfin responsable du dol des enfants ou des esclaves soumis à sa puissance, du moins dans les limites où ceux-ci le représentent, c'est-à-dire s'ils ont agi *quod jussu* ou *ex peculiari causa.*

SECTION TROISIÈME.

Procédure et effets de l'exception de dol.

L'exception de dol doit être demandée *in jure* : si rien ne justifie la demande du défendeur, le magistrat refusera l'insertion de l'exception ; si au contraire son bien fondé est évident, il refusera au demandeur l'action qu'il sollicite. En cas de doute seulement le préteur délivrera l'action en insérant l'exception de dol dans la formule entre l'*intentio* et la *condemnatio*. Sa rédaction nous est connue, car Gaius nous en a laissé le modèle : « *Si in ea re nihil dolo malo A^i factum sit, neque fiat...* »

L'exception de dol sera du reste, dans certains cas, remplacée par une exception *in factum;* ceci aura lieu : 1° lorsque le défendeur devra la *reverentia* au demandeur ; 2° lorsqu'il y aura accord des parties et consentement du magistrat. Il ne faudrait cependant pas conclure de cette substitution de l'exception *in factum* à l'exception de dol que celle-ci est infamante ; cette conclusion ne serait pas exacte. L'exception de dol n'est pas infamante, mais elle contient toujours une articulation de nature à entacher l'honneur de celui à qui on l'oppose ; c'est pourquoi on la remplace parfois par une exception *in factum.*

Remarquons que l'obligation, pour le défendeur, de

faire insérer dans la formule l'exception de dol n'existe pas dans les actions de bonne foi. L'insertion de l'exception de dol ferait ici double emploi, car l'*intentio* des actions *bonæ fidei* contient toujours les mots « *ex bona fide* », qui confèrent au juge le pouvoir de se décider d'après l'équité ; ce qui est le but poursuivi par l'exception de dol.

L'insertion de l'exception de dol dans la formule d'une action de droit strict, a pour conséquence, a-t-on dit, de transformer cette action en action de bonne foi.

On invoque, à l'appui de cette assertion, un texte de Papinien et la loi 3 § 6-VIII-XXXVI qui attribue cet effet à la *replicatio doli*. Cette assimilation de l'action de droit strict à l'action de bonne foi, par suite de l'insertion dans la formule de l'exception de dol, nous paraît au moins exagérée : le juge ne pourrait, par exemple, faire rentrer dans la condamnation les fruits et les intérêts *ex mora;* car l'exception deviendrait par là même nuisible au défendeur. De même, l'exception de dol n'autoriserait pas le juge à tenir compte des fautes *in omittendo*, pas plus que son insertion dans une action *certa* n'aurait pour conséquence de rendre l'*intentio incerta* : la *plus petitio* restera donc possible.

Quels seront donc les effets produits par l'insertion de l'exception de dol dans la formule d'une action? Ces effets, nous croyons pouvoir les résumer dans cette formule générale : les moyens fondés sur l'équité pourront désormais être invoqués de part et d'autre, sans avoir été expressément formulés dans l'*intentio ;* tels seront, par exemple, la stipulation, le pacte de remise, et le pacte contraire. Il est une conséquence importante de l'exception de dol, contenue dans le principe que nous venons de formuler, qu'il importe de mettre en lumière : lorsque le défendeur fait insérer dans la formule l'exception de dol, le demandeur se trouve dispensé de faire mentionner la *replicatio doli* qu'il a l'intention d'opposer au défendeur ; car elle est sous-entendue dans l'exception de dol, comme cette exception l'est dans une action de bonne foi.

L'omission de l'insertion de l'exception de dol dans une action de droit strict, aurait *in judicio* les plus graves conséquences : le défendeur ne pourrait plus opposer le dol commis par son adversaire, car *judicem formula includit.* Le défendeur devait donc toujours, par précaution, demander l'insertion de l'exception de dol, afin de pouvoir s'en prévaloir si le demandeur commettait un dol au cours du procès ; car c'était encore un des effets de l'exception de dol de permettre au juge de tenir compte du dol commis *post litem contestatam* (1).

C'est au défendeur à prouver le bien fondé de son exception ; s'il n'y réussit pas, il sera condamné. Mais

______

(1) L'omission de cette formalité aurait pour conséquence de laisser impuni le dol commis par le demandeur pendant le cours de l'instance et d'entraîner la condamnation du défendeur ; mais même en cette hypothèse, celui-ci aurait la ressource d'attendre l'action *judicati* et d'opposer alors l'exception de dol. De plus, s'il s'agissait d'une action arbitraire, le juge pourrait dans son *jussus* tenir compte du dol du demandeur.

cetre obligation n'existe pour lui que lorsque le demandeur a lui-même fait la preuve de son *intentio*.

L'existence du dol une fois constatée, quels sont les pouvoirs du juge ? Il peut sans doute, la formule de l'action l'y autorise, prononcer l'acquittement du défendeur ; mais peut-il se borner à diminuer l'importance de la condamnation en proportion de l'importance du dol ?

La question, remarquons-le tout d'abord, ne peut pas se poser à propos d'une action de bonne foi (L. 13-9-XIX-I) ; le juge jouit en effet, dans ces sortes d'actions, d'une grande latitude, et il fixe la *condemnatio* d'après l'équité. Mais, s'il s'agit de toute autre catégorie d'actions, la question se pose d'elle-même, et il n'est pas besoin d'en faire ressortir l'importance pratique.

Selon quelques interprètes, et entre autres M. Accarias, il faudrait répondre affirmativement : l'exception de dol, dit-on, tend à assurer le triomphe de l'équité ; or, si elle devait entraîner l'échec total d'une demande qui n'est pas tout entière dolosive, elle aboutirait à un résultat tout autre, elle enrichirait le défendeur aux dépens du demandeur. Du reste, l'action où est insérée l'exception de dol devient de bonne foi ; le juge doit donc jouir de la même latitude que dans les actions *bonæ fidei* (1).

Nous pensons, quant à nous, que le juge est placé entre ces deux alternatives : « *Si paret condemna, si non*

______

(1) Accarias. t. II, n° 901.

paret, absolve, » et qu'il ne peut, une fois l'exception
de dol établie, condamner le défendeur. On nous objecte que l'action où est insérée l'exception de dol,
devient de bonne foi ; mais cette objection nous touche
peu, car nous avons précisément essayé d'établir le
peu de valeur de l'affirmation sur laquelle elle repose.
On parle, il est vrai, d'équité, du but que s'est proposé le préteur en créant l'exception de dol ; mais
l'équité n'a rien ici à voir. Nous sommes en présence
d'une question de procédure, et nous connaissons sur
ce point le formalisme des Romains. Faut-il rappeler
ce qui se passe en matière de *plus petitio* ? Ne la
voyons-nous pas frapper le demandeur de bonne foi?
Pourquoi le demandeur qui a un dol à son passif, serait-il traité avec plus d'indulgence et ferait-on abstraction à son profit de la forme, si chère à la législation romaine? Quant aux textes invoqués par l'opinion
contraire (L. 16-XLIV-IV), ils font allusion à des
restrictions à la condamnation, et non à de véritables
exceptions.

SECTION QUATRIÈME.

Durée de l'exception de dol.

L'exception de dol est perpétuelle. Paul nous l'apprend dans un texte célèbre : « *Non sicut de dolo actio
certo tempore finitur, ita etiam exceptio eadem tempore
danda est; nam hæc perpetuo competit : cum actor quidem in sua potestate habet, quando utatur suo jure ; is
autem cum quo agitur, non habeat potestatem quando*

conveniatur (L. 5-6-XLIV-IV). » C'est de ce texte que les commentateurs du droit romain ont tiré la maxime « *quæ temporalia sunt ad agendum, perpetua sunt ad excipiendum.* » Selon Paul, ce qui explique la perpétuité de l'exception de dol c'est que le demandeur agit quand il lui plaît, tandis que le défendeur, livré au caprice de son adversaire, ne choisit ni le moment de la poursuite, ni par conséquent celui de la défense.

Il importe de bien mettre en lumière l'idée de Paul : lorsqu'un individu, victime d'un dol, a, à son service, l'action de dol, il est le maître de l'exercer dès à présent, demain, aujourd'hui même s'il le veut ; on peut donc, sans danger, la renfermer dans un certain délai, passé lequel il sera réputé l'avoir abandonnée, s'il ne l'a pas exercée. Il n'en est pas de même de l'exception. Un individu, par suite d'un dol dont il a été victime, a promis une somme qu'il n'a pas encore payée ; il ne peut exercer l'action *de dolo* pour se faire libérer par acceptilation, car l'action de dol est subsidiaire. Il doit donc attendre que l'auteur du dol agisse pour opposer son exception. Or que serait-il arrivé si l'exception eût été temporaire ? Si l'exception, de même que l'action de dol, n'avait duré qu'un an, l'auteur du dol aurait attendu, pour intenter ses poursuites, l'expiration de ce délai, ce qui aurait rendu l'exception complètement inutile.

Ainsi, selon Paul, l'exception de dol devait être perpétuelle, car si elle avait été temporaire, elle eût été illusoire.

L'explication de Paul, bonne en elle-même, est

insuffisante pour expliquer la généralité de la maxime : *quæ temporalia sunt ad agendum, perpetua sunt ad excipiendum.* Il suffit, pour le comprendre, d'examiner ce qui se passe en cas de violence. La victime d'un acte de violence peut, ou prendre les devants et par l'action *quod metus* demander sa libération, ou attendre que le demandeur agisse et le repousser par l'exception *metus*. On aurait donc pu, sans injustice, déclarer temporaire l'exception *metus* ; et cependant il n'en est rien, cette exception est perpétuelle.

La seule explication vraisemblable est donc celle-ci : lorsqu'une chose est sortie de mon patrimoine dans des conditions telles que j'aie le droit de l'y faire rentrer, c'est le préteur seul qui m'accorde l'action. Cette action transformera l'état de choses actuel ; c'est là une conséquence fort grave, aussi le préteur, innovateur prudent, n'a-t-il donné à ces diverses actions pénales qu'une durée limitée. Au contraire, lorsqu'une chose se trouve dans mon patrimoine, en opposant l'exception que me donne le préteur, je contredis bien le droit civil, mais je ne demande en somme que le maintien de l'état de choses actuel : aussi le préteur, plus hardi, attache-t-il le caractère de perpétuité à l'exception.

Il importe de remarquer que la maxime « *quæ temporalia ad agendum...*» ne veut pas dire que toutes les exceptions sont perpétuelles ; elle signifie seulement qu'à une action temporaire correspond une exception perpétuelle.

CHAPITRE CINQUIÈME

DE LA « RESTITUTIO IN INTEGRUM OB DOLUM »

Toute *restitutio in integrum* consistant dans le rétablissement d'un état juridique préexistant, rétablissement provoqué par un antagonisme entre le droit strict et l'équité, on est autorisé à dire que ce recours a toujours pour fondement le dol, dans le sens le plus large du mot.

Dans cet ordre d'idées, on doit plus spécialement mentionner la *restitutio in integrum* qui remplaça le *judicium publicum* de la loi Plætoria, et qui, basée sur le seul fait de la lésion, donnait évidemment aux mineurs de vingt-cinq ans la faculté d'obtenir réparation des tromperies dont ils avaient été victimes. De même la *restitutio in integrum propter errorem,* dans le cercle très limité du reste de ses applications, pouvait sans doute servir d'arme contre le dol puisque celui-ci a toujours pour conséquence naturelle l'erreur.

Nous n'avons pas à nous occuper ici des diverses restitutions admises par le droit romain ; une seule doit retenir notre attention, c'est celle qui prend spécialement le nom de *restitutio ob dolum,* et qui a directement pour cause le dol.

L'existence de la *restitutio ob dolum* a donné naissance à une difficulté sérieuse que nous avons déjà signalée et sur laquelle nous devons nous expliquer toutes les fois que la *restitutio ob dolum* se concevra, peut-on dire, l'action de dol devra être refusée puisque celle-ci n'est que subsidiaire. Quand la *restitutio ob dolum* sera impossible, mais alors seulement, l'action de dol devra être accordée, ce qui aura lieu :

1° A l'égard de tous les faits matériels une fois exécutés ;

2° Lorsqu'il s'agira d'actes juridiques de certaine nature, par exemple d'affranchissements.

Ces conclusions sont-elles exactes, l'action de dol n'était-elle donnée que quand la *restitutio* était impossible ?

Non, peut-on répondre sans hésitation, car nous voyons les jurisconsultes romains donner l'action de dol dans des hypothèses où ils auraient pu accorder la *restitutio.*

C'est ainsi que dans la loi 9-p. 1 *De dolo malo*, Ulpien accorde l'action de dol contre celui qui avait fait par dol répudier une hérédité avantageuse, et cependant dans ce cas la *restitutio ob dolum* semble possible, en théorie du moins. La loi 38 nous fournit un exemple semblable : Ulpien suppose qu'une remise de dette a été déterminée par des manœuvres frauduleuses ; l'ex-créancier, dit-il, s'il est majeur, aura l'action de dol ; s'il est mineur, la *restitutio*. Cependant la *restitutio ob dolum* se conçoit dans la première comme dans la seconde hypothèse.

Mais, dira-t-on, l'action de dol n'est-elle donc pas absolument subsidiaire, puisque nous la voyons ac=

corder dans une hypothèse où la victime pourrait avoir à sa disposition un autre moyen de réparation ? L'objection, il faut l'avouer, est pressante ; aussi quelques auteurs l'ont-ils écartée par un procédé héroïque: ils ont nié l'existence de la *restitutio ob dolum*. Si à propos du dol, ont-ils dit, on parle de *restitutio*, c'est qu'on entend par là, non pas spécialement une voie de recours, le procédé de l'*in integrum restitutio*, mais l'ensemble des moyens proposés à la victime de la fraude, c'est-à-dire l'action et l'exception de dol (1). D'autres auteurs, moins hardis, ont soutenu que la *restitutio in integrum*, si elle avait existé, avait au moins disparu à l'époque classique.

Tout ceci n'est pas admissible ; l'existence de la *restitutio ob dolum* en droit romain, à l'époque classique, est certaine, les textes qui nous sont parvenus ne peuvent laisser subsister aucun doute à cet égard : « *Integri restitutionem, prætor tribuit in his causis, quæ per metum, dolum... gesta esse dicuntur* », nous dit Paul dans ses Sentences, L. 1, t. VII, p. 2 et 4 ; Ulpien n'est pas moins affirmatif : « *Sub hoc titulo prætor plurifariam hominibus vel lapsis, vel circumscriptis subvenit; sive metu, sive calliditate, sive ætate, sive absentia inciderunt in captionem* » ; enfin la loi 7-1-IV-1 distingue formellement la restitution *ob dolum* de l'action de dol. Il faut donc admettre, au moins à l'époque classique, la coexistence des deux moyens de réparation ; mais la coexistence n'implique

____

(1) Göschen et Puchta, cités par Savigny, t. IV, p. 216.

pas nécessairement le concours : les deux moyens existent, mais ils ont chacun leur domaine distinct.

De même, en effet, que l'action de dol a un domaine déterminé, de même la *restitutio ob dolum* a un domaine limité, dans le ressort duquel l'action de dol ne sera pas accordée.

Il nous reste à déterminer ce domaine, et ce n'est pas là la partie la moins difficile de notre tâche, car les textes ne nous donnent malheureusement pas une règle précise à ce sujet.

M. de Savigny, tout en reconnaissant que les textes laissent la question indécise, pense qu'en thèse générale on recourait à la *restitutio* de préférence à l'action, toutes les fois qu'on le pouvait sans nuire à un tiers non coupable, c'est-à-dire « si l'adversaire de la partie lésée était en même temps l'auteur de la fraude » (1). Nous croyons, quant à nous, devoir retourner en quelque sorte la proposition de M. de Savigny : la *restitutio ob dolum*, dirons-nous, n'existait que dans les circonstances où elle offrait un avantage marqué sur l'action de dol; elle n'a donc, sans doute, fonctionné que dans les deux hypothèses suivantes :

1° Lorsque l'action de dol, en la supposant accordée, aurait été inefficace par suite de l'insolvabilité du défendeur.

Il se peut en effet que l'action de dol se conçoive en théorie, mais qu'elle soit destinée à rester inefficace

____

(1) Savigny, t. VII, p. 215.

par suite de l'insolvabilité de l'auteur du dol; en réalité alors, c'est comme si elle n'existait pas. Le demandeur, en ce cas, demandera la *restitutio ob dolum*, qui lui sera accordée *causa cognita*, si sa cause est digne d'intérêt. A la suite de cette rescision, une action *in rem*, opposable aux créanciers et aux détenteurs, remplacera l'action personnelle de *dolo*. Cette doctrine, il faut bien le reconnaître, n'est pas dans les textes, mais la loi 3 pr. et p. 1-II-10 la suppose. Un tiers a empêché Aulus Agérius de comparaître devant le magistrat, et d'intenter une action contre une personne qui usucapait sa chose ou prescrivait sa libération; Aulus aura contre lui une action prétorienne *in factum*. Si le tiers n'est pas solvable, pour éviter à Aulus un préjudice qu'il n'a pas mérité, le préteur lui restituera son action éteinte, « *ne propter dolum alienum reus lucrum faciat et actor damno adficiatur.* » S'il n'y avait pas eu cette action *in factum*, peut-on dire, Aulus aurait eu droit à l'action de dol, et en cas d'insolvabilité de l'auteur du dol, le préteur lui aurait accordé la *restitutio ob dolum*.

On peut aussi, dans le même sens, tirer un argument d'analogie, de la loi 18-XI-I ; voici quelle est l'espèce prévue par ce texte : Un individu était héritier pour moitié, il a été poursuivi par un créancier de son auteur en l'absence de son cohéritier, et a déclaré *in jure* qu'il était héritier pour la totalité. La *litis contestatio* a éteint l'action antérieure du créancier contre le cohéritier, et l'action *judicati* qu'il a acquise contre le défendeur ne lui sert à rien, car celui-ci est insolvable. Le créancier demande alors la restitution de son action primitive pour cause de dol; Proculus la lui accorde, et Julien approuve ce jurisconsulte. Si le créancier n'avait pas eu l'action *judicati*, il aurait eu droit à l'action *de dolo*, et, à cause de l'insolvabilité du défendeur, le préteur la lui eût changée en *restitutio ob dolum* (1).

2° Lorsque le dol avait été commis au cours d'une procédure, et avait déterminé un jugement préjudiciable à l'un des deux plaideurs.

Telle est l'hypothèse prévue par la loi 33-XLII-I. Un individu s'est vu condamner et a découvert que le jugement avait été déterminé par un faux témoignage; Adrien nous dit qu'il y a lieu à la *restitutio ob dolum*. Ce texte est formel, il dit : il y aura lieu à la *restitutio ob dolum*, et cependant, dans cette hypothèse, on comprendrait l'action de dol. La loi 7-1-IV-I est du reste décisive : « Le secours de la *restitutio*, y est-il dit, n'aura pas lieu seulement dans l'hypothèse ci-dessus. Il faudra aussi venir en aide à ceux qui ont été victimes d'une erreur sans qu'il y ait eu faute de leur part, surtout s'il y a eu fraude de la part de l'adversaire. Il y a bien lieu à l'action de dol, mais il est d'un bon préteur de rétablir le procès par la *restitutio*, plutôt que de délivrer une action infamante, à laquelle on ne doit recourir que quand il n'y a pas d'autre remède. »

Il s'agit, dans ce texte de Marcellus, d'un dol commis au cours d'une procédure ; c'est ce qui résulte tant

____

(1 Accarias, t. II, p. 1069 ; Savigny, t. VII, p. 207.

du commencement du texte que de la mention de l'*ad-versarius* et de ces mots : *restituere litem*. On pourrait, il est vrai, concevoir dans cette hypothèse l'action de dol, mais la *restitutio* offre un moyen plus simple de dédommager la victime. Primus, par suite du dol de Secundus, le défendeur, a perdu son procès ; si on accordait à Primus l'action *de dolo*, le juge, pour savoir quel est le préjudice résultant du dol, devrait reconstituer le procès, car, en l'absence de tout dol, le défendeur aurait pu néanmoins triompher. Le préteur trouve plus simple de tout recommencer, de déclarer, en un mot, le procès rétabli. Ce procédé a en outre l'avantage d'éviter l'infamie au défendeur.

Il importe cependant de remarquer que, même dans l'hypothèse d'un dol commis au cours d'une procédure, la *restitutio ob dolum* n'était pas exclusive de l'action de dol ; Marcellus présente la préférence donnée à la restitution, non comme une règle de droit bien établie, mais comme une mesure dont l'adoption se recommande à la sagesse du préteur (1).

Nous pouvons dire, en résumé : l'action de dol, il est vrai, était accordée dans des hypothèses où la *restitutio ob dolum* semblait applicable ; mais ce n'était pas là une véritable atteinte à la règle que l'action de dol est subsidiaire. L'action de dol et la *restitutio* ont en effet chacune leur domaine ; celui de la *restitutio* est limité aux deux hypothèses que nous venons d'examiner, l'action de dol existera donc seule dans tous les autres cas.

(1) Savigny, t. VII, p. 212.

Cette opinion a cependant rencontré des contradicteurs, de Savigny entre autres. Selon cet auteur, la
restitutio ob dolum est possible en cas d'acceptation ou
de répudiation d'une succession déterminée par la
fraude. Celui qui, en pareilles circonstances, avait cédé
à la violence, pouvait choisir entre l'action *quod metus
causa* et la restitution, qui toutes deux annulaient
l'acceptation ou la répudiation de la succession ; cette
dernière voie de droit était même souvent nécessaire,
à cause de l'effet indéterminé de ces actes, relativement à un grand nombre de personnes étrangères.
Or, dit de Savigny, il doit en être de même en cas de
dol ; cette solution résulte évidemment de l'analogie
qui existe entre la fraude et la violence (1). Nous ne
pouvons, quant à nous, partager cette manière de
voir. Les textes qui prévoient cette hypothèse accordent expressément à la victime, contre l'auteur de la
fraude, l'action et l'exception de dol, mais ne parlent
pas de la *restitutio ob dolum* ; ce silence nous paraît
décisif (L. 9-p. 1 et L. 40-IV-III). Du reste, si on admet
la *restitutio ob dolum* en dehors des textes, une fois
engagé dans cette voie, à quelle limite s'arrêter ?

Qu'on ne s'étonne pas du domaine restreint que
nous avons assigné à la *restitutio in integrum ob dolum*.
Nous ne la voyons nommée dans les textes qu'incidemment et sans aucun développement, et ceci
suffirait à établir son peu d'importance pratique ; mais
il nous est facile d'établir, à l'aide du raisonnement, et
de justifier les motifs qui, en cette circonstance, ont

(1) Savigny, p. 208.

dicté la conduite du préteur. Quand le dol a été commis par un tiers dont la solvabilité assure le recours de la victime, il est juste de le punir avant d'atteindre celui qui en a profité sans qu'on puisse lui reprocher aucune faute; en pareil cas, l'action de dol devait donc l'emporter sur la *restitutio*. Quand la fraude a été l'œuvre d'une partie contractante, il a paru préférable au préteur de ne pas la soustraire au dur châtiment qu'emporte l'action de dol : l'infamie. Ceci s'explique plus facilement encore si on a admis avec nous, contrairement à l'opinion de M. de Savigny, que la *restitutio in integrum* est d'origine plus récente que l'action de dol (1). On comprend très bien alors que le préteur n'ait pensé à appliquer ce mode exceptionnel à la répression du dol que pour les cas où l'emploi de l'action lui paraissait insuffisant.

Il nous reste à indiquer la procédure de la *restitutio in integrum* ; cette matière ne rentrant pas directement dans le cadre de notre étude, nous ne lui consacrerons que quelques courts développements.

A l'origine, le préteur seul pouvait accorder la *restitutio in integrum* ; il conserva ce pouvoir tant que le régime impérial n'eut pas modifié l'organisation des magistratures romaines. Le droit de restituer fut alors accordé au préteur, au préfet de la ville, à celui du prétoire, aux lieutenants de province, c'est-à-dire aux magistrats revêtus d'un pouvoir public émané

(1) En ce sens, Accarias, t. II, p. 1064, n₀ 2. — *Contrà*, de Savigny, t. VII, p. 205.

directement de l'empereur (L. 2, C. II-XXXVII); chacun
d'eux le possédait dans les limites de sa compétence.
Si l'acte à restituer était un jugement, ces magistrats
ne pouvaient rescinder que leur propre sentence, celle
de leurs inférieurs, égaux ou prédécesseurs. L'empereur
seul était au-dessus de ces règles : il pouvait accorder
la restitution non seulement contre ses propres sentences et celles de ses *procuratores* (L. 3, C.-II-XXVII),
mais contre celles du préfet du prétoire, bien que ce
magistrat statuât *vice principis* (L. 17-IV-IV).

La *restitutio in integrum*, ceci résulte de son caractère même, ne pouvait être demandée à toute époque ;
la partie qui en réclamait le bénéfice devait, sous
peine de déchéance, agir dans un certain délai. Ce délai
fut primitivement fixé à une année utile. Justinien
remplaça l'année utile par quatre ans continus ; en
d'autres termes, il ne fut plus tenu compte des jours
où le magistrat n'avait pas rendu la justice, mais la
prescription continua à être suspendue par les causes
admises dans l'ancien droit (L. 7, C. II-LIII). Quant au
point de départ du délai, une distinction est nécessaire : s'agit-il d'absence, de violence, etc., le point
de départ est facile à préciser ; le délai courra du jour
du retour de l'absent, de la cessation de la violence.
S'agit-il d'un dol, la question est plus délicate, car le
point de départ du délai peut se placer après l'entier
accomplissement des manœuvres qui ont constitué le
dol, ou être reculé jusqu'à l'instant où s'est dissipée
l'erreur dont l'une des parties a été la victime. C'est
cette dernière solution qui a prévalu : la restitution

pour cause de dol ne commence à se prescrire que du moment où cesse l'état anormal, c'est-à-dire l'erreur entretenue dans l'esprit de la partie lésée par la mauvaise foi de son adversaire (1).

En principe, la restitution *in integrum ob dolum* n'est accordée que contre ceux qui ont concouru à l'acte dolosif ou qui en ont directement profité. Mais on s'est demandé si ce principe est absolu, si, en d'autres termes, la restitution *ob dolum* n'est jamais accordée *in rem*, c'est-à-dire contre le sous-acquéreur qui n'a ni traité avec le plaignant, ni directement recueilli le bénéfice de l'acte frauduleux !

Sans entrer dans les controverses que soulève cette question, nous croyons qu'à la différence de ce qui se passe en cas de crainte ou d'absence, une distinction est ici nécessaire : s'agit-il d'un sous-acquéreur à titre gratuit, nous croyons que la restitution pourra l'atteindre, fût-il de bonne foi; s'agit-il au contraire d'un sous-acquéreur à titre onéreux, la restitution ne lui sera pas opposable, sauf dans le cas où sa mauvaise foi serait évidente. Nous n'avons pas, il est vrai, de textes formels à invoquer à l'appui de notre solution; mais la distinction qu'elle consacre est admise en matière d'exception de dol, et nous ne voyons pas de motif pour ne pas la reproduire ici.

Cependant, lorsqu'il s'agissait d'un mineur courant le risque d'éprouver un grave préjudice, les jurisconsultes romains semblent avoir admis que la *restitutio*

_(1) Savigny, t. VII, p. 254.

in integrum peut être opposable au sous-acquéreur de bonne foi; c'est du moins ce qui nous semble résulter de la loi 49-IV-IV : « *Verumtamen, si grande damnum pupilli vel adolescentis versatur, etiamsi collusio non intercessit, distractio per in integrum restitutionem revocatur.* » (Dans le même sens, la loi 9, au même titre.)

La décision qui accorde la *restitutio in integrum* doit être précédée d'un débat contradictoire, afin de permettre au préteur d'apprécier les faits de la cause, car ce magistrat peut refuser la *restitutio in integrum*, si elle lui paraît devoir être plus nuisible qu'utile. Le demandeur doit donc appeler *in jus* son adversaire, c'est ce qui résulte d'un texte d'Ulpien : « *Causa enim cognita, et præsentibus adversariis, vel si per contumaciam desint, in integrum restitutiones perpendendæ sunt.* » La demande en restitution a pour effet de suspendre l'exécution; pendant l'instance, les choses restent en l'état.

- Dans le dernier état du droit romain, on peut appeler de la *restitutio* comme de tout jugement.

DROIT FRANÇAIS

Un ordre logique et rigoureux demanderait que notre ancien droit fît l'objet d'une étude distincte ; si nous avons reculé devant cette tâche, c'est avec l'intention de combler une pareille lacune, en présentant au cours de nos explications les indications historiques indispensables. Cette méthode nous évitera bien des redites en une matière qui, du reste, n'a subi que de légères modifications.

Quatre conditions, aux termes de l'article 1108, sont essentielles pour la validité d'une convention :

Le consentement de la partie qui s'oblige ;

La capacité de contracter ;

Un objet certain qui forme la matière de l'engagement ;

Une cause licite dans l'obligation.

L'article 1109, étudiant la première de ces conditions, s'exprime ainsi : « Il n'y a point de consentement valable, si le consentement n'a été donné que par erreur, ou s'il a été extorqué par violence,

ou surpris par dol. » De ces trois vices du consentement nous devons dès maintenant en éliminer deux :
l'erreur et la violence, qui ne rentrent pas dans le
cadre de ce travail. Nous n'en retiendrons qu'un
seul, le dol. Définir le dol, rechercher ses caractères, son mode de preuve, étudier ses effets, tel sera
l'objet de cette étude. Nous diviserons la matière en
cinq chapitres. Dans le premier, nous définirons le
dol et nous préciserons ses caractères ; dans le
second, nous étudierons son mode de preuve, dans
le troisième, nous rechercherons quels effets il produit d'ordinaire ; dans le quatrième, nous examinerons les effets du dol dans les contrats qui ne tombent
pas sous l'application de l'article 1116. Nous traite-
rons enfin, dans un chapitre spécial, du dol dans les
jugements.

CHAPITRE PREMIER

DÉFINITION DU DOL

Nous avons étudié, dans la première partie de ce travail, la célèbre définition du dol donnée par Labéon, et nous en avons reconnu l'exactitude ; nous nous bornerons donc à la rappeler. Le dol, pour lui, est « *omnem calliditatem, fallaciam, machinationem ad circumveniendum, fallendum, decipiendum alterum adhibita* ». Pothier s'en souvenait, sans doute, lorsqu'il nous disait : « L'on appelle dol toute espèce d'artifices dont quelqu'un se sert pour en tromper un autre. »

Presque tous les auteurs modernes se sont inspirés de la définition de Pothier et définissent le dol : toute espèce de finesses et d'artifices employés pour induire ou entretenir une personne dans l'erreur, qui la déterminent à une convention préjudiciable à ses intérêts, ou qui la détournent de faire une chose utile (1).

« Circonvenir, capter, tromper ; tel est le but du dol ; ruse, fourberie, captation, finesses, artifices, manœuvres, réticences et dissimulations insidieuses, paroles ou simulations calculées, emploi de faux nom ou de fausses qualités, allégations de fausses

(1) Toullier, Bédarride.

entreprises, d'un pouvoir et d'un crédit imaginaires, excitations d'espérances ou de craintes chimériques, abus de confiance, abus de crédulité : tels sont les éléments du dol (1). » C'est donc une espèce de Protée, se diversifiant à l'infini ; se dérobant sans cesse à la précision d'un signalement absolu ; mais toujours facile à reconnaître en lui-même par ses œuvres et ses résultats ; faisant une chose, en simulant une autre, *cum esset aliud actum, aliud simulatum*, suivant les expressions du jurisconsulte Servius.

Faut-il conclure, et de ces définitions, et du mot « dol » employé sans épithète par le Code civil et tous ses commentateurs, que la distinction admise par le droit romain entre le *dolus bonus* et le *dolus malus* n'existe plus aujourd'hui, et que le dol implique nécessairement une intention mauvaise et un but malhonnête ?

Toullier admet, sans hésitation, la négative ; « car, dit-il, quoique notre langue ne connaisse point l'expression de *dol bon*, il n'en est pas moins vrai que la chose existe dans nos usages, et qu'il y a des simulations ou des déguisements permis ; avant d'admettre qu'un acte est simulé, il faut faire voir préalablement que la simulation est nuisible aux droits d'un tiers, ou qu'elle tend à éluder la loi (2). »

Cette théorie, formulée du reste d'une façon trop générale par Toullier et suivie d'exemples malheu-

(1) Larombière, t. I.
(2) Toullier, t. IX, n° 164.

reux, n'est cependant pas absolument erronée ; elle est vraie en ce sens qu'il ne faut pas confondre avec le dol proprement dit l'habileté, le savoir-faire que, dans la pratique des affaires, l'état actuel de nos mœurs a rendus sinon légitimes, du moins excusables. Tant que je n'ai employé qu'une adresse qui vous a laissé la faculté de vous garantir avec le secours de la prudence ordinaire, vous devez vous imputer votre inattention ou votre impéritie, car il n'y a pas eu, de ma part, dol dans le sens propre du mot. La morale peut me condamner, la loi ne m'atteint pas ; car, comme le fait remarquer Cicéron, *aliter leges, aliter philosophi tollunt astutias. Leges, quatenus manu tenere possunt ; philosophi, quatenus ratione et intelligentia. Ratio ergo hoc postulat ne quid insidiose, ne quid simulate, ne quid fallaciter.*

Dans la première partie de ce travail, étudiant le dol en droit romain, nous avons le plus souvent employé indistinctement le mot dol et le mot fraude, « manœuvres dolosives et frauduleuses, » disions-nous ; cette terminologie, vraie à Rome (1), est-elle exacte en droit français ? En d'autres termes, les mots dol et fraude sont-ils chez nous synonymes ?

Le langage familier admet cette synonymie ; les jurisconsultes, en général du moins, la repoussent, et avec raison selon nous. « La fraude, dit Chardon dans un style quelque peu vieilli, a presque toujours pour compagne et pour auxiliaire le dol, mais moins hardie, elle agit différemment. Le dol s'attache à la

(1) Voir pourtant ce que nous avons dit à la p. 13.

personne même, dont il convoite, en tout ou en partie, la fortune, et par les illusions dont il la séduit, il
la fait coopérer à sa spoliation. C'est dans l'ombre,
au contraire, et presque toujours à l'insu de sa victime, que la fraude ourdit sa trame. Dans ce dernier
cas, la défiance la plus active ne peut garantir de ses
embûches, tandis qu'une exacte vigilance peut pré-
munir contre les agressions du dol. » Plus simplement, nous dirons que le mot dol s'emploie pour désigner les manœuvres commises de contractant à
contractant, et le mot fraude, du préjudice causé
envers les tiers, par les actes faits de mauvaise foi en
dehors de leur présence et de leur concours.

Bédarride va plus loin, et signale entre le dol et la
fraude des différences notables dans leur nature, dans
leur origine et dans leurs effets ; ainsi :

Le dol ne peut exister sans l'emploi de manœuvres
imputables à l'une des parties ou exercées dans son
intérêt par un tiers ; la fraude, au contraire, ne ré-
side le plus souvent que dans l'exécution d'une convention licite et juste, elle n'exige aucune manœuvre,
elle est même, dans certains cas, concertée entre les
parties contractantes.

Le dol vicie essentiellement le contrat ; la fraude,
même convenue, n'a souvent aucune influence sur la
validité, et conséquemment sur l'exécution à donner
à la convention.

La plainte en fraude n'est pas toujours admise,
tandis que celle en dol ne saurait en aucun cas être
refusée à la partie lésée.

Nous avons admis la première de ces différences ;
quant aux deux autres, elles nous paraissent manquer d'exactitude. Il peut arriver en effet que le dol,
lui aussi, n'ait aucune influence sur la validité des
actes ; il est donc faux de dire qu'il vicie essentiellement le contrat.

Une question plus difficile à résoudre, et qui divise
encore les auteurs, est celle de savoir si le dol constitue un véritable vice du consentement. Marcadé lui
dénie ce caractère : selon lui, il n'y a en réalité que
deux vices du consentement, l'erreur et la violence ;
quant au dol, il se confond avec l'erreur. « Il est
évident, dit-il, que les manœuvres dont je puis être
l'objet n'affectent en rien mon consentement par
elles-mêmes, elles ne peuvent le faire que par l'erreur
qu'elles produisent. Les règles spéciales au dol ne se
trouvent donc faites que pour le cas où le consentement
n'est ni détruit, ni suffisamment vicié, et le contrat
dès lors se trouve, en principe, être pleinement valable (1). »

Cette théorie, trop absolue, est aujourd'hui généralement rejetée. Marcadé a pleinement raison en disant que le dol est un vice du consentement, parce
qu'il a pour conséquence immédiate de produire l'erreur ; c'est en effet parce que la partie a été trompée
par le dol qu'elle se plaint, et, si malgré toutes les
ruses employées pour l'induire en erreur, on n'y
était pas parvenu, elle n'aurait pas d'action.

(1) Marcadé, t. IV, p. 374.

Mais son tort est d'en conclure que le dol se confond avec l'erreur.

L'article 1109 porte formellement qu'il n'y a pas de consentement valable (et par conséquent point de contrat valable : art. 1108), si le consentement n'a été donné que par erreur, ou s'il a été extorqué par violence, ou surpris par dol ; il distingue donc le dol de l'erreur. Et c'est avec raison, car, comme le fait remarquer M. Demolombe, il est des cas où l'erreur compliquée de dol peut devenir un vice du consentement et une cause de nullité du contrat, tandis que, dans les mêmes hypothèses, l'erreur simple ne serait pas de nature à invalider la convention. Tels sont les cas où le dol porte sur les motifs du contrat, sur les qualités simplement accidentelles de la chose, et sur ses vices cachés, dans le cas où le vendeur, les connaissant, aurait stipulé qu'il ne sera obligé à aucune garantie (art. 1643). Voilà donc trois cas dans lesquels le dol est un vice du consentement, qui ne saurait être confondu avec l'erreur (1).

SECTION PREMIÈRE.

Caractères du dol.

Toute ruse, tout mensonge, avons-nous dit, ne donne pas ouverture à l'action de dol : « Dans le for extérieur, dit Pothier dans un passage souvent cité, on doit regarder comme contraire à la bonne foi

____

(1) Demolombe, t. XXIV, p. 464 ; Aubry et Rau, t. IV, p 304 ; Larombière, t. I, p. 85.

tout ce qui s'écarte tant soit peu de la sincérité la plus exacte et la plus scrupuleuse : la seule dissimulation sur ce qui concerne la chose qui fait l'objet du marché, et que la partie avec qui je contracte aurait intérêt de savoir, est contraire à la bonne foi. Dans le for extérieur, une partie ne serait pas écoutée à se plaindre de ces légères atteintes que celui avec qui elle a contracté aurait données à la bonne foi ; autrement il y aurait un trop grand nombre de conventions qui seraient dans le cas de la rescision, ce qui donnerait lieu à trop de procès, et causerait un dérangement dans le commerce. » Il nous faut donc rechercher quelles conditions sont nécessaires pour que ces manœuvres et artifices présentent une gravité suffisante pour constituer un dol.

L'article 1112, relatif à la violence, exige qu'elle ait été de nature à faire impression sur une personne raisonnable ; les manœuvres pour tromper une personne doivent-elles, pour constituer un dol, présenter ce caractère ?

Le législateur n'a pas cru devoir faire cette assimilation, et le motif qui l'a fait agir est facile à saisir. La violence s'annonce le plus souvent par des actes matériels, elle procède d'ordinaire par les mêmes moyens ; les rédacteurs du Code pouvaient donc, quant à elle, établir une sorte de critérium pour laisser moins de place à l'arbitraire du juge.

Rien de semblable n'était possible en ce qui concerne le dol. Nous l'avons montré revêtant les apparences les plus trompeuses, les formes les plus variées;

comment établir un critérium dans de semblables conditions? La question ne pouvait que se poser en fait dans chaque cas particulier ; la loi devait s'en rapporter à la prudence des tribunaux, sans leur demander compte des éléments de leur conviction.

Ils déclareront qu'il y a dol lorsque les faits auront pu faire impression sur un homme prudent et jouissant de ses facultés intellectuelles. Ainsi le vendeur qui sciemment exalte, au delà de la vérité, la valeur de sa chose, ne commet pas un dol, s'il n'a pas employé d'autres moyens coupables pour tromper l'acquéreur. Chardon suppose un vendeur d'une maison, qui affirme qu'elle est solide, et qui, en la montrant, s'arrête devant les parties solides et passe rapidement devant les parties défectueuses : il n'y a pas dol, car l'acheteur avait les moyens de s'assurer de la solidité de l'édifice, par une inspection personnelle ou par l'appel des gens de l'art.

Mais la vente pourrait être annulée si le vendeur avait fait faire à sa maison des réparations ayant pour objet d'en dissimuler les défectuosités, surtout s'il était prouvé qu'il n'avait fait réparer que pour mieux tromper ceux qui examineraient.

Aux termes de l'article 1111 « la violence, exercée contre celui qui a contracté l'obligation, est une cause de nullité, encore qu'elle ait été exercée par un tiers, autre que celui au profit duquel la convention a été faite ». L'article 1116 exige au contraire que le dol ait été pratiqué personnellement par *l'une des parties*. Les manœuvres dolosives d'un tiers ne seraient donc pas une cause de nullité du contrat, mais seulement un principe d'action en dommages-intérêts contre leur auteur. Dans un contrat de louage, le consentement du bailleur a été le résultat de manœuvres dolosives pratiquées, non par le bailleur, mais par un tiers ; le contrat ne sera pas rescindable pour cause de dol, mais le preneur pourra, en vertu de l'article 1382, agir en dommages-intérêts contre l'auteur du dol. Si le consentement avait été extorqué par violence, le bailleur pourrait, quel qu'en fût l'auteur, demander la nullité du contrat.

Cette différence si caractéristique entre le dol et la violence avait été admise par le droit romain : on sait en effet que l'action *quod metus causa* était *in rem*, tandis que l'action de *de dolo* était *in personam scripta*. Notre ancien droit l'avait reproduite, et notre Code civil la consacre dans les articles 1113 et 1116 ; la Cour de cassation s'est plusieurs fois prononcée en ce sens (1).

Le principe est donc certain, mais quel est le motif de cette différence ?

Il y a, sur ce point, divergence entre les auteurs : Duranton enseigne que la différence qui existe sur ce point entre le dol et la violence peut s'expliquer par le caractère différent des faits et la nature même de l'un et l'autre vice.

Une autre explication, assez généralement admise, consiste à dire que le dol, à la différence de la vio-

______

(1) Cas., 10 fév. 1868 ; Dijon, 10 avril 1867.

lence, n'empêche pas le consentement de la partie envers laquelle il a été pratiqué. Le consentement existant, le contrat est, en conséquence, formé. « Mais il est juste que la partie trompée soit indemnisée par l'auteur des manœuvres, et lorsque l'auteur des manœuvres est la partie même envers laquelle l'engagement a été contracté, l'indemnité doit naturellement consister dans l'anéantissement de l'obligation. C'est en ce sens que le dol est une cause de nullité des obligations (1). Lorsqu'au contraire le dol est émané d'un tiers, ce moyen devient impossible : on appréciera le préjudice que j'ai souffert, et le tiers m'en indemnisera par une somme d'argent (2). »

MM. Demolombe et Larombière font observer avec raison qu'il est faux que le dol ne serve que comme principe à une simple action en dommages et intérêts. Le dol est un véritable vice du consentement ; la nullité du contrat est donc moins la répression de la mauvaise foi de l'un, que la restitution de l'autre. Il est du reste inexact de dire que le dol, à la différence de la violence, ne détruit pas le consentement. La solution contraire serait plus exacte, car la violence, contraignant la volonté, la présuppose, tandis que le dol qui avoisine l'erreur altère le consentement et l'affecte dans son essence.

De cette divergence entre les auteurs, faut-il donc conclure avec Larombière que la différence établie

(1) Demante, t. V, n° 26.
(2) Pothier, Demante, Colmet de Santerre.

par le Code entre le dol et la violence émanant d'un tiers, n'est pas fondée, et que l'acte devrait être annulé quel que fût l'auteur de la violence ou du dol? « Les auteurs du code Napoléon, dit-il, ont suivi trop servilement les anciennes traditions, et ont été trop préoccupés des préjugés de l'habitude et de la subtile raison des lois romaines. »

Ces critiques nous paraissent exagérées ; nous pensons avec MM. Demolombe et Aubry et Rau que la distinction établie entre le dol et la violence repose sur d'autres motifs que ceux réfutés par Larombière. Le législateur a cru devoir protéger les personnes d'une manière plus efficace contre des actes de violence auxquels on ne peut pas se soustraire, dont on ne connaît pas toujours l'auteur, qui portent le trouble dans la société, que contre de simples manœuvres qu'il est possible de découvrir ou de déjouer, et dont les agents d'ailleurs sont connus et le plus souvent solvables.

Si l'article 1116 exige que le dol soit personnel à l'une des parties, il n'en est pas moins vrai que s'il y a eu collusion, complicité, non seulement complicité dans le sens pénal du mot, mais connaissance de manœuvres non révélées à la partie, cette espèce de complicité sera suffisante pour entraîner la nullité. C'est ainsi que la Cour de cassation a décidé le 5 décembre 1838 que « les juges peuvent voir dans le silence gardé par une partie lors d'un contrat, sur des faits dont elle avait connaissance, un dol par réticence entraînant la nullité de la convention. »

Le dol pratiqué par une personne qui représente la partie comme mandataire légal ou conventionnel, le tuteur par exemple à l'égard du mineur, le mari à l'égard de la femme, quant aux biens dont il a l'administration, est-il opposable au mandant?

La question doit se résoudre par une distinction :

Le dol pratiqué par le mandataire est opposable au mandant en ce sens que le dol commis par le tuteur, le mari, le mandataire, l'administrateur, contractant dans la limite de leurs pouvoirs, sera une cause de nullité du contrat, car le dol est alors considéré comme ayant été commis par le représenté lui-même;

Il ne lui est pas opposable en ce sens que les dommages et intérêts qui pourraient être dus en raison du dol commis par le mandataire, ne peuvent être poursuivis que contre le représentant et non contre le représenté, à moins que le mandant n'ait spécialement commandé les faits de dol. Toutefois, et dans tous les cas, la partie ne devant pas profiter du dol, serait tenue de restituer ce qui aurait réellement tourné à son avantage par l'effet de la fraude.

Le dol pratiqué par un tiers, sans complicité du contractant, ne peut, nous venons de le voir, entraîner par lui-même la nullité du contrat. Mais nous savons d'autre part que si le dol vicie le consentement c'est qu'il produit l'erreur. D'où la question de savoir si l'erreur causée par le dol d'un tiers ayant été le motif déterminant du contrat, la nullité ne pourra pas être demandée pour erreur.

L'affirmative compte de nombreux partisans qui,

du reste, se contentent d'énoncer cette proposition, sans apporter aucune preuve à l'appui (1).

Nous croyons, quant à nous, devoir admettre la négative, car l'erreur sur le motif déterminant du contrat, à la différence de l'erreur sur la cause, n'entraîne pas la nullité de la convention. L'erreur déterminée par le dol, portant sur le motif déterminant du contrat, ne saurait donc être une cause de nullité. Un exemple fera mieux comprendre notre pensée : Primus m'ayant fait croire que ma voiture a été brisée, j'en achète une autre à Secundus, qui est de bonne foi. Quoique le fait affirmé par Primus soit faux, la vente ne peut être annulée ni pour cause de dol (art. 1116), ni pour cause d'erreur. La vente est valable, car elle a sa cause dans la livraison d'une nouvelle voiture et dans le prix qui en est payé.

Nous avons vu que pour obtenir à Rome l'action *de dolo*, la victime devait justifier d'un préjudice assez considérable résultant du dol. La même condition existe-t-elle aujourd'hui ?

Nous n'avons point, à cet égard, de texte formel, et cependant nous n'hésitons pas à affirmer que le dol, pour être une cause de nullité, doit avoir causé un préjudice important. Cette solution est du reste facile à justifier : l'action de dol n'est plus infamante comme chez les Romains, mais elle attaque l'honneur de celui qu'elle accuse et est un motif de haine et de scandale. L'intérêt public exige donc que l'action en nullité

(1) Chardon, t. I, p. 19 ; Toullier, t. VI, p. 95 ; Larombière, t. I, n° 9.

fondée sur le dol, soit motivée par un préjudice, sinon considérable, du moins important. Quant à la mesure de l'importance, elle s'apprécie suivant la nature des circonstances et la qualité des parties. C'est au demandeur à prouver le préjudice, mais la crainte d'un préjudice futur suffit pour que l'auteur du dol soit condamné à faire cesser l'état de choses que ses artifices ont déterminé, ou à fournir des sécurités éventuelles. Nous pensons même qu'un préjudice moral serait suffisant pour motiver la demande en nullité de la convention entachée de dol.

Section deuxième.

Des diverses espèces de dol.

Une dernière condition est exigée pour que le dol puisse faire annuler le contrat : il doit avoir été la cause unique et déterminante du consentement, *causam dans contractui*. Nous aurons l'occasion de revenir sur cette condition, dans l'examen des diverses espèces de dol, dont nous allons maintenant aborder l'étude.

On a prétendu, et quelques auteurs soutiennent encore, que les Romains avaient admis, par opposition au dol personnel, un dol réel, dol résultant des choses elles-mêmes, *dolus re ipsa*, et s'accomplissant sans qu'on puisse reprocher à personne un manque de bonne foi. On invoque, à l'appui de cette opinion, un texte d'Ulpien : « *Idem est et si nullus dolus inter-*

cessit stipulantis, sed ipsa res in se dolum habet : cum enim quis petat ex eâ stipulatione, hoc ipse dolo facit, quod petit (1). »

Ipsa res in se dolum habet, tels sont les termes dont on a tiré l'expression : *dolus re ipsa.* Mais résulte-t-il des termes employés par Ulpien qu'il a admis l'existence d'un dol réel, nous ne le pensons pas. Ce texte, selon nous, a été mal compris : par suite de circonstances quelconques, une personne se trouve obligée autrement qu'elle ne l'aurait voulu ; elle éprouve une lésion qui n'est pas le résultat d'un dol, telle est l'hypothèse prévue par Ulpien. Si l'autre partie veut profiter de la situation, pour réaliser un bénéfice contraire à l'équité, elle commet **un dol.** Aussi Ulpien, après les mots *ipsa res in se dolum habet* ajoute- t-il aussitôt : *cum enim quis petat ex ea stipulatione, hoc ipse dolo facit qui petit;* ce prétendu dol réel ne consiste donc qu'à réclamer l'exécution d'une stipulation frustratoire, il n'est donc et ne peut être que personnel.

Ce qui prouve du reste qu'Ulpien n'a jamais reconnu l'existence d'un dol réel, c'est que, parlant des cas où on peut employer l'exception de dol, il dit formellement : «*Nec sufficit ostendere in re esse dolum* (2). »

Quoi qu'il en soit, le doute aujourd'hui n'est plus possible. La question fut soulevée au Conseil d'Etat, lors des travaux préparatoires; Portalis admettait l'existence d'un dol réel : « Le dol personnel, disait-il,

(1) L. 36, XLV-I.
(2) L. 2; 1, *Doli mali et motus exceptione,* 44, 4.

ne se découvre point par l'inspection de la chose, il résulte de circonstances qu'on ne connaît que par la déposition des témoins. Le dol réel, au contraire, résulte de l'inspection de la chose qui en donne la preuve, sans que l'intervention des témoins soit nécessaire. » Et Cambacérès, plus affirmatif encore, ajoutait : « La preuve du dol est bien plus certaine encore lorsqu'elle résulte de l'inspection de la chose, que lorsqu'il faut la tirer de dépositions de témoins (1). » Cette théorie n'a pas prévalu. L'article 1116 exige, pour qu'il y ait dol, que des manœuvres aient été pratiquées par l'une des parties, pour déterminer l'autre à contracter. Il rejette donc implicitement la distinction entre le dol personnel et le dol réel, *dolus re ipsa ;* pour notre législateur, le dol ne saurait être que personnel.

La théorie que nous venons d'exposer ne rencontre pas de contradicteurs ; mais quelques auteurs se sont demandé si notre droit permettait d'atteindre l'espèce de mauvaise foi que l'on a qualifiée à tort de *dolus re ipsa ?*

Duranton, le premier, croyons-nous, qui ait posé la question, répond affirmativement : « Si j'ai contracté avec quelqu'un qui n'a point, à la vérité, employé de manœuvres pour me circonvenir, mais qui m'a cependant induit en erreur sur un fait dont la croyance seule n'a pu me porter à contracter, je puis, selon les circonstances, demander la résiliation de mon

____

(1) Procès-verbaux du Conseil d'Etat, Locré, t. XIV, p. 64 et s.

engagement, encore que l'erreur ne tombât que sur
le simple motif de cet engagement, et non sur la cause
qui en formait le lien. Car celui qui, par sa faute, son
imprudence ou sa négligence, me fait un préjudice, est
obligé à le réparer (art. 1382 et 1383) ; or la réparation, dans ce cas, consiste à me libérer de mon engagement (1). »

M. Demolombe, quoique moins affirmatif que Duranton, « ne veut pas nier que cette solution ne puisse
en effet être admise, suivant les circonstances (2). »

Malgré l'autorité incontestable des auteurs que
nous venons de citer, il nous est impossible de partager cette manière de voir. Dans l'hypothèse proposée par Duranton, le contrat ne présente en réalité
aucune cause de rescision résultant d'un vice du consentement : pas de dol, puisqu'il n'y a pas eu de manœuvres ; pas d'erreur, puisque la partie s'est trompée
sur le motif de l'engagement, non sur la substance
de la chose. On ne peut donc invoquer que l'article 1382 ; or, appliquer ici l'article 1382, c'est abro-
ger par là même les dispositions restrictives de notre
Code sur la lésion entre majeurs. En effet, lorsqu'il y
a lésion, l'un des contractants abuse presque toujours
de la position où se trouve l'autre, il spécule sur son
inexpérience ou son besoin d'argent, et en agissant
ainsi, il commet sans contredit une faute ; et cependant « les majeurs ne sont restitués pour cause de

(1) Duranton, t. X, n° 188.
(2) Demolombe, *Contrats*, t. I, n° 171.

lésion que dans les cas et sous les conditions spécialement exprimés dans le présent Code (art. 1313). »

Nous croyons donc, quant à nous, que notre droit
n'offre aucun moyen d'atteindre l'espèce de mauvaise
foi connue sous le nom de dol *re ipsa ;* la solution est
peut-être regrettable, mais enfin : *dura lex, sed
lex.*

Le dol, nous l'avons déjà dit plusieurs fois, ne peut
être que personnel ; mais, ne procédant pas toujours
de la même manière, il ne produit pas toujours les
mêmes effets. Il est principal, lorsqu'il attaque l'acte
dans son essence; incident, lorsqu'il ne vicie qu'une
des clauses du contrat. Principal ou incident, le dol
est direct ou indirect, positif ou négatif ; chacun de
ces différents dols mérite de retenir quelques instants
notre attention.

§ 1er. — *Dol principal, dol incident.*

Bien qu'il soit difficile de déterminer exactement
l'influence du dol sur la volonté d'une personne, cependant la théorie peut trouver, dans cet élément
presque insaisissable, le fondement d'une distinction
pleine d'intérêt : les auteurs ont donc établi une
division du dol fondée sur la nature même des choses,
en distinguant le dol qui a déterminé le contrat, *dolus
dans causam contractui*, et le dol incident ou acci-
dentel, *dolus incidens.*

Le premier, qui seul peut entraîner l'annulation de

la convention, est celui qui a été la cause du contrat. Le dol, pour présenter ce caractère, doit avoir déterminé à contracter une partie qui n'aurait pas contracté sans cela, pour nous servir des expressions de Pothier; le dol sera donc principal, quand les manœuvres pratiquées par l'une des parties seront telles « qu'il sera évident que, sans ces manœuvres, l'autre partie n'aurait pas contracté (art. 1116). »

Le dol incident, au contraire, est celui par lequel une personne, déterminée d'ailleurs à contracter, est trompée sur quelques accessoires ou accidents du contrat : par exemple sur la qualité de la chose, sur le prix plus ou moins fort, en sorte qu'elle a contracté à des conditions plus désavantageuses.

Un exemple que nous empruntons à Delvincourt fait bien ressortir la différence qui existe entre ces deux sortes de dol : Je sais que vous avez l'intention d'acheter une maison, j'emploie des manœuvres qui vous déterminent à vous rendre acquéreur de la mienne, voilà le dol qui *dat causam contractui* ; car, sans ces manœuvres, vous n'auriez sans doute pas acheté ma maison. Si vous avez été réellement trompé, l'article 1116 vous permet de faire annuler la convention. Mais si vous étiez déjà en marché pour acheter ma maison, et si j'ai usé d'artifices pour vous en faire donner un prix plus considérable, le dol n'est plus la cause du contrat, car vous aviez l'intention d'acheter cette même maison ; il a cependant joué un rôle dans la convention *incidit in contractum*, puisque, grâce à lui, j'ai obtenu de vous un prix plus considérable.

Le dol, principal dans le premier cas, est donc incident dans le second.

Est-il nécessaire d'insister sur le bien fondé de cette distinction ? Si le dol principal est une cause d'annulation de la convention, et si le dol incident laisse subsister le contrat et donne lieu seulement à des dommages et intérêts, le motif en est bien simple : le dol principal est une cause de nullité parce qu'il surprend le consentement de la partie qui en est victime. Le dol incident, au contraire, n'ayant pu déterminer le consentement, on ne peut, sous prétexte de dol, annuler un contrat qui, par lui-même, avait obtenu l'adhésion de la partie.

La distinction entre le dol principal et le dol incident, si facile à justifier au point de vue juridique, est parfaitement conforme à l'équité. Rien en effet ne serait plus injuste que d'annuler une convention sous le prétexte, parfois futile, qu'elle est entachée de dol incident ou accessoire; une semblable théorie, si elle avait été admise, n'aurait eu d'autre résultat que d'éloigner les contractants. Mais tout fait quelconque de l'homme qui nuit injustement à autrui obligeant son auteur à réparer le préjudice causé, la victime du dol aura une action en dommages et intérêts.

Si le dol principal se distingue théoriquement du dol incident, il est souvent en pratique, fort difficile de savoir si c'est le dol qui a décidé le contrat; d'autant plus qu'à cet égard la loi ne se contente pas d'inductions, elle veut l'évidence (art. 1116). La loi, ici encore, s'en rapporte à la sagesse des magistrats

pour l'appréciation des faits : ce sera à eux à rechercher si l'auteur du dol a fait les premières ouvertures,
si ses manœuvres ont eu pour but et pour résultat
de faire naître chez l'autre partie l'intention de contracter, ou si au contraire l'initiative de la proposition
émane de cette dernière. C'est ainsi que la Cour de
Poitiers a décidé que lorsque le dol n'a pas été le
principal motif de la convention, il ne suffit pas pour
la faire annuler. Dans ce cas, la preuve de faits tendant à prouver le dol étant inutile, ne doit pas être
ordonnée (1).

L'article 1116 exige, pour que le dol donne ouverture à une action en nullité ou en rescision, qu'il soit
évident que sans le dol la partie n'eût point contracté.
Il rejette par là même l'action en rescision ou en
nullité, pour le cas où les manœuvres dolosives n'ont
porté que sur les conditions du contrat. Cette théorie
soulève parfois en pratique de graves difficultés ; il
peut arriver en effet que les conditions d'un contrat
soient sa cause déterminante : mieux éclairé sur le
nombre, la qualité des objets qu'embrasse notre convention, j'aurais refusé mon consentement ; en pareil
cas, l'action de dol entraînerait-elle la nullité du
contrat ?

Il nous semble impossible de répondre à cette
question d'une façon générale ; nous ne dirons pas
avec Bédarride que « dans la vente des choses mobilières, surtout dans les affaires commerciales, le

---

(1) Poitiers, 14 mai 1823 ; Cass., 14 juillet 1862 (Dev. 1852
849, 1).

dol sur la qualité équivaut au dol substantiel et en produit les effets » ; mais nous pensons avec Duranton que la question doit être résolue d'après les circonstances, dont l'appréciation est laissée à la sagesse du juge. Celui-ci devra surtout prendre en considération l'importance de l'objet sur lequel l'une des parties a été trompée par l'autre.

Peut-être cependant, en ce qui concerne spécialement la qualité de la chose, objet du contrat, peut-on admettre en principe la solution romaine. Le droit romain ne considérait l'erreur sur la qualité comme une cause de nullité que si elle avait été accompagnée de dol ; on peut soutenir que, sous l'empire du Code, les vices de la chose n'étant pas par eux-mêmes une cause de nullité, ne donnent ouverture à l'action de dol que si celui qui l'a transmise les connaissait et les a dissimulés. Nous acceptons, quant à nous, sans difficulté cette manière de voir, mais en ajoutant que le plus souvent l'action fondée sur le dol aboutira à des dommages et intérêts, et non à la résolution du contrat.

La vileté du prix peut être le résultat d'un dol ou d'une simple erreur. L'acquéreur a-t-il employé des manœuvres tendant à abuser le vendeur sur la véritable valeur de ce qu'il vend : il y a dol ; dans tous les autres cas, il ne peut y avoir qu'erreur, et l'article 1674 est seul applicable. La vileté du prix peut donc donner naissance soit à une action en lésion, soit à une action fondée sur le dol ; cette dernière sera plus avantageuse, car l'article 1674 n'accorde la première

que si un préjudice considérable a été éprouvé par
le vendeur. Du reste le dol exercé sur le prix, n'ayant
pas eu d'influence sur le consentement du vendeur,
ne pourra pas être une cause de nullité du contrat ;
l'action de dol, ici encore, aboutira seulement à une
détermination plus exacte du prix. Est-il besoin d'a-
jouter que la distinction entre le dol et la lésion, vraie
en matière immobilière, l'est *à fortiori* pour les choses
mobilières où l'action en rescision pour lésion n'est
pas admise ?

Nous n'avons pas la prétention de passer ici en
revue tous les cas d'application de la distinction entre
le dol principal et le dol incident, mais la législation
commerciale nous offre un exemple frappant de l'importance pratique de cette distinction. L'assurance
faite pour une somme excédant la valeur des effets
assurés n'est frappée de nullité, aux termes de l'article 357 C. civ., qu'autant qu'il y a eu dol et fraude
de la part de l'assuré. Le dol ne se présumant pas,
on suppose, dans le doute, que l'évaluation exagérée
a été faite par ignorance et de bonne foi. Ces principes sont certains ; ils sont enseignés par tous les
auteurs. La jurisprudence les a confirmés en décidant : 1° qu'il ne suffit pas d'une évaluation exagérée
des marchandises assurées pour vicier le contrat, et
élever contre l'assuré une exception de fraude, si
aucune circonstance n'annonce que l'assuré ait voulu
tromper l'assureur, qu'en ce cas il n'y a pas lieu
d'annuler le contrat, surtout si dans le cours de l'instance l'assuré réduit sa demande à la valeur réelle

des objets assurés (Aix, 2 juillet 1826); 2o que pareillement, l'évaluation exagérée des marchandises, si elle a eu lieu de bonne foi, n'est qu'une cause de réduction de l'assurance. (Bordeaux, 20 août 1835.)

§ 2. — *Dol direct, dol indirect.*

La distinction entre le dol direct et le dol indirect, quoique d'une importance pratique considérable, ne retiendra *pas longtemps* notre attention, car nous ne pourrions que répéter ici ce que nous avons dit quand nous avons comparé les effets du dol à ceux de la violence.

Il y a dol direct toutes les fois que les manœuvres dolosives sont imputables à la partie, soit qu'elle les ait exécutées personnellement, soit que, représentée par un mandataire, celui-ci les ait employées dans l'intérêt du mandant.

Ce n'est là qu'une application de la maxime « *qui mandat, ipse fecisse videtur.* »; le dol du mandataire, quoique non imputable à la partie personnellement, est présumé l'œuvre du mandant et produit les mêmes effets que le dol direct.

La partie appelée à profiter du dol est-elle restée étrangère à sa perpétration, le dol est alors indirect. Il se réalise donc toutes les fois que sans contracter avec une personne on la détermine à faire une chose contraire à ses intérêts : vous me persuadez faussement, par exemple, qu'une succession est insolvable, et vous me déterminez à y renoncer; ou encore, sachant le mauvais état de fortune d'un tiers, vous me le présentez comme solvable avec intention de me tromper. En pareil cas, avons-nous dit, la victime des manœuvres dolosives ne peut demander la rescision de la convention, mais seulement des dommages-intérêts à l'auteur du dol.

§ 3. — *Dol positif, dol négatif.*

Principal ou incident, avons-nous dit, le dol est positif ou négatif. Le dol est positif *cum aliud agitur, aliud simulatur*, il consiste donc à dire ou à faire soi-même, à faire dire ou faire par autrui des choses qui peuvent persuader ce qui n'est pas (1). Il peut donc se commettre par actions ou par paroles, c'est assez dire que les manières de commettre le dol positif sont infinies.

Le dol négatif, ou par réticence, consiste à taire ou à dissimuler quelque chose pour tromper, pour faire naître ou entretenir l'erreur d'un des contractants, en un mot, pour lui cacher la vérité et l'engager ainsi à contracter (2).

Que le dol négatif puisse vicier le consentement, ceci, quant à nous, nous a toujours paru étrange. La victime du dol en effet est ici le principal coupable : que ne se renseignait-elle ? L'autre partie ne pourra-t-elle pas toujours répondre, si on l'accuse de dol

(1) Toullier, t. IX, n° 170.
(2) Toullier, *ibid.*

négatif : si je n'ai point parlé de tel fait, de telle circonstance, c'est que le silence de la partie adverse me faisait croire qu'elle était au courant de la situation! Le droit romain cependant regardait le dol négatif comme un vice du consentement, du moins dans certains contrats, par exemple dans la vente : *Dolum malum a se abesse præstar evenditor debet; qui non tantum in eo est qui fallendi causa obscure loquitur, sed etiam qui insidiose, obscure dissimulat* (1). La loi 34-8, au même titre, donne un exemple de dol négatif et la loi 11-5, *De actionib. empti*, XIX-1, un autre; dans cette dernière, il s'agit d'un acheteur qui croit acheter une esclave vierge tandis qu'elle est femme; si le vendeur sait qu'il se trompe et ne le désabuse pas, il y a lieu à la résolution de la vente.

Le droit français a-t-il admis la même théorie? La jurisprudence, d'accord avec la presque unanimité des auteurs, reconnaît que le mot « manœuvres » employé par l'article 1116 a un sens générique, et qu'il doit s'entendre de tout moyen employé pour induire ou entretenir dans l'erreur celui qu'on veut circonvenir.

Nous ne pouvons, pour les raisons exposées plus haut, partager cette manière de voir que repousse la raison et que le texte même de l'article 1116 semble rejeter. Cet article en effet emploie le mot « manœuvres », mot qui éveille à coup sûr l'idée de faits actifs. Le système que nous venons d'exposer est

_____

(1) L. 43, 2, *De contr. empt.*, XVIII, 1.

admis par Vernet : «Dans notre droit français, dit cet auteur, les contrats ne sont rescindables que pour cause de dol positif, commis par l'une des parties, sauf une exception relative au contrat d'assurance. Art. 348 C. comm (1). » MM. Aubry et Rau, quoique moins affirmatifs, semblent être du même avis : ils exigent que le fait de la dissimulation soit accompagné de moyens frauduleux, pour induire l'autre partie en erreur, ou pour l'empêcher d'examiner la chose, et d'affirmations précises présentant un caractère exceptionnel de tromperie (t. IV, p. 302).

Les auteurs qui, comme M. Bédarride, enseignent que les contrats sont rescindables pour cause de dol négatif, sont forcés de reconnaître les difficultés soulevées par l'application de leur principe : «La question de savoir à quels caractères on reconnaîtra la réticence frauduleuse est difficile à résoudre, car il est des éclaircissements qu'aucune loi n'oblige à donner : c'est à celui qui y a intérêt à se les procurer (2).» Cette difficulté seule, selon nous, suffirait à faire rejeter ce système.

Les partisans de l'affirmative invoquent, nous l'avons dit, la jurisprudence : nous ne voulons pas leur contester ce droit. Il a été jugé, par exemple, que le silence gardé par un créancier, connaissant le mauvais état d'une succession, lorsqu'en sa présence on annonçait aux héritiers que la succession offrait

(1) Textes choisis sur la théorie des obligations, p. 237, note 3.
(2) Bédarride, t. I, n° 96.

un actif important, déclaration qui a déterminé ceux-
ci à accepter purement et simplement, a pu être déclaré constituer un dol, au moins par réticence, lequel
donne aux héritiers le droit de se faire restituer
contre leur acceptation, sans qu'une pareille décision
tombe sous le coup de la censure de la Cour de cassation (Rennes, 29 août 1837, et sur pourvoi Req.
5 déc. 1838). Il a été décidé, dans le même sens : « que
le fait par plusieurs individus à qui les forces d'une
succession sont connues, d'avoir, soit à raison de leur
profession, soit à la faveur inspirée par eux aux héritiers légitimes, au moyen de clauses insérées dans
l'acte, sur la prétendue difficulté de faire reconnaître
leurs droits, obtenu de ceux-ci, à cet effet, un mandat
par lequel il leur est alloué un salaire excessif, peut
être déclaré constituer le dol et la fraude et entacher
l'acte de nullité. » (Req. 8 août 1837.)

Mais il est un arrêt de la Cour de cassation, toujours
invoqué par l'opinion que nous combattons, et dont
les considérants nous paraissent avoir été mal saisis :
c'est l'arrêt du 5 février 1812 (Sirey t. IV, p. 21). Aux
termes de cet arrêt « il est des éclaircissements qu'un
plaideur n'est pas tenu de fournir à la partie adverse.
Mais, si à cette réticence plus ou moins légitime, le
plaideur joignant l'astuce et la finesse dans la manière
dont il procède, dans les qualités qu'il prend, et dans
le genre de défense qu'il adopte, entretient à dessein
son adversaire dans une erreur qui finit par lui être
funeste, en opérant une prescription, il commet un
véritable dol et devient passible des dommages et

intérêts résultant de l'erreur qu'il a entretenue et dont il a profité.»

Si cet arrêt condamne le défendeur à des dommages et intérêts, est-ce parce qu'il s'est rendu coupable de dol négatif, c'est-à-dire de réticence frauduleuse? Non, ce qu'il condamne en lui, ce sont: les qualités qu'il a prises, la manière dont il a procédé, le genre de défense qu'il a adopté, en d'autres termes, des faits qui constituent, à proprement parler, un dol positif.

En résumé, en droit français, le dol négatif n'est pas, en principe, une cause de rescision des conventions.

L'article 348 du Code de commerce apporte à ce principe une exception importante. Aux termes de cet article, toute réticence de la part de l'assuré, qui diminuerait l'opinion du risque ou en changerait le sujet, annule l'assurance, alors même qu'elle n'aurait pas influé sur le dommage ou la perte de l'objet assuré. L'assureur doit prouver que l'assuré avait connaissance du fait qu'il a volontairement caché par ses réticences; quant aux omissions de circonstances essentielles, elles sont des causes de nullité, alors même qu'elles ne proviennent pas de l'oubli ou de la négligence de l'assuré, car elles n'en ont pas moins induit l'assureur en erreur sur une partie constitutive du contrat. Cette réglementation quelque peu draconienne était nécessaire pour protéger les assureurs contre les fraudes et surtout contre les suites du contrat d'assurance; mais l'expérience prouve que le but de la loi n'a pas été entièrement atteint.

On a voulu voir dans l'article 1645, une seconde
exception au principe que nous avons essayé d'établir;
nous ne pouvons, quant à nous, voir rien de semblable
dans l'article 1645. Il ne faut pas, en effet, assimiler le
cas où le vendeur connaissait les vices de l'objet vendu
à celui où il s'est rendu coupable d'un véritable dol. La
loi civile ne peut pas avoir les sévérités de la loi morale;
elle ne peut, par exemple, obliger un marchand à
déprécier sa marchandise; elle peut seulement exiger
qu'il permette à l'acheteur de se rendre un compte
exact de ses qualités et de ses défauts. Du reste, les
vices que soupçonne le vendeur, peuvent ne pas se
réaliser, ceux dont il connaît l'existence n'être pas
un obstacle au but que se propose l'acheteur : mieux
renseigné, celui-ci eût peut-être passé outre. A ce
point de vue, le vendeur est donc excusable de n'avoir
point, par une révélation qui n'était pas absolument
nécessaire, laissé échapper une occasion de se défaire
de sa marchandise. Mais il n'est qu'excusable, car
ses réticences constituent un tort grave ; suffisantes
pour justifier les dommages et intérêts dont l'article
1645 le déclare passible, elles ne sauraient constituer
un dol. Ce qui le prouve, c'est que dans le cas où les
vices sont apparents et où, par conséquent, l'acheteur
pourrait les découvrir, le vendeur est déchargé de la
garantie (art. 1642).

Si l'article 1645 assimile, quant à la responsabilité,
le vendeur qui connaît les vices cachés à la partie
qui, par son dol, a amené l'autre à contracter (art.
1151), il faut observer cependant que dans l'article

1645 le législateur n'emploie pas le mot dol. Cette omission a son importance, car malgré l'aggravation de responsabilité prononcée par l'article 1645, le silence du vendeur donne naissance, non pas à une action de dol, mais à une action rédhibitoire, c'est-à-dire à une action qui doit être intentée dans un bref délai.

Au lieu d'une simple réticence contraire à la loyauté, le vendeur peut avoir nié les vices cachés, les avoir dissimulés à l'aide de manœuvres frauduleuses en employant des étiquettes ou des marques de fabrique mensongères ; en dissimulant une marchandise défectueuse sous une marchandise de bonne qualité ; ou en usant de tout autre procédé propre à capter la confiance de l'acheteur : il est alors complètement déchu des avantages que le législatenr lui avait réservés dans la réglementation de l'action rédhibitoire. Ce n'est plus l'action rédhibitoire qui est possible, mais l'action de dol, car, dans ce cas, si l'acheteur a contracté, ce n'est pas seulement par ignorance des vices, mais surtout parce que son consentement a été surpris par dol. C'est ainsi que la cour de Caen a jugé que la demande en nullité de la vente n'était pas soumise au délai de l'action rédhibitoire, mais à la prescription de de 10 ans, lorsque pour faire accepter une chose défectueuse, le vendeur a eu recours à des manœuvres, sans l'influence desquelles l'acheteur n'aurait pas contracté (Caen, 20 juin 1854).

§ 4. — *Dol postérieur au contrat.*

En général le dol précède le contrat et le prépare : celui-ci n'est d'ordinaire que la conséquence médiate ou immédiate des manœuvres frauduleuses. Il peut cependant arriver qu'un contrat librement consenti soit vicié dans son exécution ; nous devons donc rechercher quelles sont les conséquences du dol commis depuis la perfection du contrat et à son occasion.

Nous savons que le dol qui a donné lieu au contrat peut seul donner lieu à la rescision ; or, le dol postérieur au contrat ne peut, il est presque puéril de le faire remarquer, en avoir été la cause déterminante. On doit donc décider que le dol postérieur au contrat, et qui ne se rattache qu'aux circonstances extrinsèques de son exécution et de ses effets, ne réagit point sur la validité de la convention qui n'est, dans son principe, infectée d'aucun vice. Mais ce dol ne produira-t-il aucun effet ? La question se pose le plus souvent à l'occasion d'actes simulés, c'est-à-dire d'actes employés par les contractants pour déguiser sous une fausse apparence ce qu'ils voulaient faire en réalité : voici quelques exemples empruntés à Toullier dans lesquels elle offre le plus grand intérêt :

Sur le point de contracter mariage, les futurs époux passent, devant notaire, le contrat qui contient les conditions de leur union. Le futur y reconnaît que la future lui a apporté en dot une somme de 60 000 francs, laquelle somme a été comptée en présence du notaire et des témoins, et délivrée au futur qui s'en est saisi, dont quittance, etc.

Ou bien, le contrat ne parle pas de la numération en présence du notaire et des témoins, il énonce seulement que le futur reconnaît l'avoir reçue, et en donne quittance.

Le mariage manque, ou le futur meurt avant la célébration ; la future ou ses héritiers réclament alors la dot de 60,000 francs reconnue dans le contrat de mariage. Le futur ou ses héritiers répondent que le contrat était simulé, et que la future n'a point compté les 60,000 francs, qu'elle était sans fortune et hors d'état de réaliser une parcille somme, dont la reconnaissance n'était qu'une libéralité que le futur voulait lui faire en faveur du mariage. Cette défense est appuyée par des présomptions graves, précises et concordantes ; enfin on articule des faits concluants contre la numération ou la remise de la dot prétendue, et on demande à les prouver par témoins (1).

Un donateur déguise sa libéralité sous la forme d'un contrat à titre onéreux, d'une vente par exemple. Il reconnaît dans le contrat que le prix de vente lui a été payé comptant. Il se marie ensuite a des enfants, et notifie leur naissance au donataire, demandant la révocation du contrat. Celui-ci, dit-il, était simulé, c'était une donation déguisée sous la forme d'un contrat de vente et qui est de plein droit révoquée par la survenance d'enfants. Le donateur nie

(1) Toullier, t. IX, p. 179 et 180.

la simulation et affirme la réalité de son titre d'acquisition. Le donateur demande alors à prouver la simulation par témoins; doit-il être écouté?

Je vends une chose sans erreur, sans violence, sans dol; mais l'acquéreur obtient par dol que je dissimule dans l'acte une partie du prix. On conçoit les dangers que j'encours pour le payement du prix dissimulé, si aucune contre-lettre n'existe. Malgré la forme et les constatations de l'acte, puis-je prouver que la vente a eu lieu pour tel prix?

Dans tous ces cas tout se réduit à une question de preuve : pourrai-je prouver la vérité par témoins? La question soulève quelques difficultés ; nous nous bornons à la poser ici, renvoyant la solution au chapitre suivant.

Mais, dès maintenant, remarquons avec M. Larombière que l'acte étant valable (sauf en ce qui concerne le contrat de mariage dont la validité est toujours subordonnée à la célébration du mariage), la victime ne peut tirer de la mauvaise foi de son adversaire aucune exception opposable aux tiers, et, pour reprendre l'exemple de la donation déguisée sous la forme d'une vente, que si le donataire a vendu l'immeuble, l'acquéreur ne pourra être inquiété ; le donateur n'aura de recours que contre le donataire. Sa mauvaise foi et son dol étant étrangers au fond même de la convention, considérée dans sa formation originaire, ne produisent que des effets personnels à leur auteur, sans que je puisse m'en prévaloir contre les tiers de bonne foi, pas plus que je ne pourrais

leur opposer une contre-lettre qui établirait l'entière
vérité ; je dois supporter les conséquences de mon
incurie et de mon imprudence.

Si, au contraire, le dol avait affecté la formation du
contrat, je pourrais opposer aux tiers cessionnaires,
même de bonne foi, la nullité résultant du vice dont
mon consentement est entaché dès le principe. On
voit combien il est important de distinguer le dol qui
affecte la formation du contrat de celui qui, n'étant
que postérieur, se confond avec la simple mauvaise
foi dans l'exécution.

CHAPITRE DEUXIÈME

PREUVE DU DOL

Dolum ex indiciis perspicuis probari convenit, disait la loi 6, au code, *De dolo malo*. Le Code civil a reproduit la même idée : le dol, aux termes de l'article 1116, ne se présume pas, il doit être prouvé. Il doit même l'être, comme l'exigeait le droit romain, *idoneis testibus, vel apertissimis documentis, vel indiciis ad probationem indubitatis ac luce clarioribus* (*L. ult. cod. De probat.*).

La disposition de l'article 1116 n'est pas du reste spéciale au dol; elle est également vraie de l'erreur et de la violence. Le consentement librement donné est en effet la règle générale, le consentement vicié, l'exception; or c'est à la partie qui invoque une exception à en prouver le bien fondé.

La décision de l'article 1116 n'est donc qu'une application d'un principe universellement reconnu : « Les rédacteurs du Code, dit M. Demolombe, l'ont vraisemblablement empruntée à Pothier, qui pouvait exprimer, dans un traité de doctrine, certaines propositions qu'il n'était pas très utile peut-être de reproduire dans un code de lois (1).

(1) Demolombe, *Contrats*, t. I, n° 188.

Cette critique est d'autant plus fondée que la proposition de l'article 1116 n'est pas absolument exacte: elle est formulée en termes trop généraux. Il est en effet des cas où, contrairement à l'article 1116, le dol est légalement présumé.

Nous diviserons donc ce chapitre en deux sections : dans une première section, nous étudierons le dol présumé ; dans la seconde, le dol non présumé.

SECTION PREMIÈRE.

Du dol présumé.

Suivant Bédarride, la convention souscrite par un incapable est présumée dolosive en sa faveur. Nous ne partageons pas cette manière de voir; il faut, suivant nous, distinguer plusieurs cas.

Occupons-nous tout d'abord du mineur. S'agit-il d'un acte pour lequel la loi a prescrit certaines formalités dans l'intérêt du mineur, telles que l'homologation du tribunal et l'autorisation du conseil de famille, et ces formalités n'ont-elles pas été accomplies? Que ce soit le mineur seul ou le tuteur, ou tous les deux qui l'aient fait, l'acte est nul, qu'il y ait lésion ou non, peu importe. La manière dont s'expriment les articles 457, 458 et suivants, ne peut laisser aucun doute à cet égard : ce sont les actes nuls en la forme dont parle l'article 1311.

Appliquée à ce premier cas, la formule de Bédarride est donc inexacte, car si l'acte, soumis par la loi à des formalités spéciales dans l'intérêt du mineur, est annulé quand il a été fait sans l'accomplissement de ces formalités, ce n'est pas que le législateur le suppose nécessairement dolosif. Si cet acte émane du tuteur, il est nul pour défaut de pouvoir; s'il émane du pupille, il est tout simplement nul pour vice de forme.

S'agit-il d'un acte d'administration que le tuteur peut faire seul? Si c'est le tuteur qui l'a fait, il est valable : l'article 450 est formel sur ce point. Le tuteur est le représentant légal du mineur, et toutes les fois qu'il se renferme dans les limites de son mandat ses actes sont inattaquables comme tous ceux des représentants. La responsabilité du tuteur et l'hypothèque légale qui la garantit suffisent ici pour protéger le mineur, s'il est lésé. Il n'y a donc pas lieu d'appliquer à cette hypothèse la formule de Bédarride.

Mais si c'est le mineur qui a fait seul un acte d'administration, que sera cet acte? Il y a divergence entre les auteurs. Selon nous, le mineur n'est incapable, ou du moins ne peut attaquer ses engagements, que dans les cas prévus par la loi; or la loi ne lui permet d'attaquer par l'action en rescision que les conventions desquelles résulte pour lui une lésion, mais, dans ce cas, une simple lésion suffit (art. 1305).

Pourquoi, en effet, si le mineur a fait un acte, qui ne lui est en rien préjudiciable, ne le maintiendrait-on pas? En quoi ses intérêts en souffriraient-ils?

La formule de Bédarride est donc ici absolument

inexacte : l'acte d'administration fait par un mineur seul n'est pas présumé dolosif en sa faveur. S'il se prétend lésé, c'est à lui à prouver la lésion ; faute d'administrer cette preuve, l'acte est et reste valable.

Le système que nous venons d'exposer, admis par la jurisprudence et la plupart des auteurs, a pour lui les travaux préparatoires : « Il résulte, disait Bigot de Préameneu, de l'incapacité du mineur émancipé qu'il ne suffit pas qu'il éprouve une lésion pour que son action en rescision soit fondée. S'il n'a pas été lésé, il n'aurait pas d'intérêt à se pourvoir, et la loi lui serait même préjudiciable si, sous prétexte d'incapacité, un contrat qui lui est avantageux pouvait être annulé. Le résultat de son incapacité est de ne pouvoir être lésé, et non de ne pouvoir contracter : *restituitur non tanquam minor, sed tanquam læsus.* »

Jaubert, dans son rapport au Tribunat, exprimait la même idée : « Il est bien vrai, disait-il, qu'en règle générale un mineur est déclaré incapable de contracter, mais un mineur peut être capable de discernement. Le lien de l'équité naturelle peut se trouver dans un contrat passé par un mineur, voilà pourquoi la loi a dû distinguer. S'il s'agit d'un mineur non émancipé, la simple lésion donne lieu à la rescision en sa faveur (1). »

La situation de l'interdit judiciaire est moins complexe : tandis que le mineur peut, dans certains cas,

____

(1) Fenet, t. XIII, p. 374 ; Demolombe, t. VII, n° 821.

donner un consentement valable et obligatoire, l'interdit, légalement convaincu d'être dans un état d'imbécillité, de démence ou de fureur, en est présumé incapable. Aussi l'article 502 annule-t-il tous les actes passés postérieurement au jugement d'interdiction, mais cette nullité n'est que relative, l'incapable seul peut s'en prévaloir. S'ensuit-il que ces actes soient présumés dolosifs? Répondre affirmativement serait confondre le défaut de capacité avec le dol; l'acte n'est point déclaré nul ici pour dol des tiers, mais pour défaut de consentement de la part de l'insensé.

Quant à la femme mariée, nous nous refusons encore à lui appliquer la formule de Bédarride. Si la loi annule les engagements souscrits par elle, sans l'autorisation du mari, ce n'est pas, c'est du moins notre opinion, qu'elle les présume frauduleux. Elle les annule parce qu'elle y voit une atteinte à l'autorité maritale, et ce qui le prouve c'est que ces actes sont nuls *ipso facto*, sans qu'il y ait lieu d'examiner s'ils ont ou non causé un préjudice à la femme.

Nous verrions plutôt un exemple de dol présumé dans l'article 472 : le tuteur qui traite avec le pupille avant l'apurement du compte de tutelle est, croyons-nous, présumé par le législateur vouloir tromper le mineur, aussi l'article 472 annule-t-il le traité : « Tout traité qui pourra intervenir entre le tuteur et le mineur devenu majeur sera nul, s'il n'a été précédé de la reddition d'un compte de tutelle, et de la remise des pièces justificatives, le tout constaté par un récépissé de l'ayant compte, dix jours au moins avant le traité. »

Pourquoi le législateur a-t-il cru devoir prendre en cette matière ces précautions spéciales ? La raison est facile à saisir : on pouvait craindre qu'un tuteur malhonnête ne profitât de l'impatience qu'éprouve son ancien pupille de se voir à la tête de sa fortune pour l'entraîner à des concessions dangereuses, et pour obtenir une décharge complète de sa gestion. Le législateur devait donc s'efforcer de le sauvegarder et de le protéger autant que possible et contre son ignorance et contre le dol de son tuteur : de là l'article 472.

L'article 472 s'applique évidemment à toute convention à titre gratuit ou onéreux, peu importe, qui a un rapport direct ou indirect avec le compte de tutelle ; tout acte, en un mot, qui doit avoir pour conséquence de décharger le tuteur de l'obligation de rendre compte est nul, s'il n'a pas lieu conformément à l'article 472.

Mais l'article 472 s'applique-t-il seulement aux traités intervenus sur la gestion tutélaire, ou faut-il l'étendre aux conventions étrangères au compte de tutelle ?

Dans l'ancien droit, le mineur, jusqu'à la reddition du compte, était dans une espèce d'interdiction légale à l'égard de son tuteur : tous les actes, étrangers ou non au compte de tutelle, étaient frappés de nullité, lorsqu'ils n'avaient pas été précédés de la reddition du compte. L'article 517 de la Coutume de Bretagne défendait aux tuteurs et curateurs de contracter avec leurs mineurs « jusqu'à ce qu'ils aient tenu et rendu compte, et ressaisi ceux dont ils ont la garde, de leurs biens, titres et renseignements » ; mais Guénois, dans ses conférences, p. 647, nous apprend qu'un arrêt de règlement du parlement de Bretagne interprétait cette disposition en ce sens que la prohibition de contracter était restreinte « au faict et administration » des biens des pupilles. La même interprétation a été donnée par Basnage sur l'article 235 de la Coutume de Normandie.

La presque unanimité des auteurs et la jurisprudence enseignent aujourd'hui que l'article 472 ne s'applique qu'aux actes dont l'effet est de décharger le tuteur de l'obligation de rendre compte (1). Merlin seul considère la prohibition de l'art. 472 comme générale et absolue.

Le majeur qui attaque le traité passé avec son tuteur devra donc justifier : 1° que ce traité avait pour objet direct ou indirect la gestion du tuteur ; 2° que les formalités de l'art. 472 n'ont pas été accomplies. Le traité dès lors est présumé dolosif et, comme tel, est annulable ; mais la présomption de dol admet-elle la preuve contraire? La cour de Toulouse l'a décidé le 27 novembre 1841. L'opinion contraire nous semble préférable, car l'art. 472 ne dit pas que le traité pourra être annulé, mais « sera nul » (2).

L'omission des formalités de l'article 472 entraîne

(1) Delvincourt, t. 1, p. 134 ; Duranton, t. III, n° 638 ; Marcadé, sur l'art. 472 ; Demolombe, t. VIII, p. 63 et suiv. ; Cass., 1ᵉʳ juin 1847 ; Req. 10 avril 1849.

(2) Aix, 10 août 1809, Dev. t. III, p. 124.

inévitablement la nullité du traité; le juge ne peut faire dépendre sa validité soit de la bonne foi des parties, soit de l'absence de tout préjudice. La nullité du traité n'étant pas susceptible de ratification ne serait même pas couverte par l'exécution.

L'article 909 qui annule les donations faites à certaines personnes est fondé sur une présomption de dol ; c'est donc une nouvelle exception au principe posé par l'article 1116.

La loi redoute l'empire des personnes qui professent l'art de guérir, sur l'esprit des malades ; elle a sagement prévenu les abus possibles de cette influence, en disposant par l'article 909 que « les docteurs en médecine ou en chirurgie, les officiers de santé et les pharmaciens qui auront traité une personne pendant la maladie dont elle meurt, ne pourront profiter des dispositions entre vifs et testamentaires qu'elle aurait faites en leur faveur pendant le cours de cette maladie. »

Les hommes voués au saint ministère de la religion doivent offrir le modèle du désintéressement. Tous prêchent d'exemple et se souviennent qu'ils sont les ministres d'un Dieu né dans une étable. Mais des exceptions sont malheureusement possibles, le législateur devait les prévoir et les a prévues : il peut arriver qu'un prêtre, abusant de l'autorité que lui confère le caractère dont il est revêtu, arrache au pénitent, déjà effrayé par les approches de la mort, des libéralités que, jouissant de toutes ses facultés, celui-ci n'aurait pas consenties. Voilà pourquoi le législateur a rendu communes aux ministres du culte les règles relatives à l'incapacité des médecins. En effet, après avoir posé le principe de l'incapacité et les exceptions en ce qui concerne les médecins, l'article 909 ajoute : « les mêmes règles seront observées à l'égard des ministres du culte. »

Mais, de même que le traitement par le médecin, l'assistance du prêtre est, par sa nature, par ses circonstances, un fait complexe dont l'appréciation souveraine est laissée à la prudence et aux lumières du juge.

L'incapacité de recevoir dont l'article 909 frappe le médecin, à qui une libéralité a été faite dans le cours de la maladie dont est mort le disposant et pendant laquelle il a traité celui-ci est absolue et repose sur une présomption légale contre laquelle la preuve contraire n'est pas admise (1).

L'institué contre lequel on aura fait la preuve exigée par la loi ne pourra faire maintenir la disposition attaquée qu'en justifiant qu'il se trouve dans un des cas d'exception prévu et autorisé par le même article.

Nous n'avons pas à étudier ici ces exceptions; un passage de l'exposé des motifs présenté par l'orateur du gouvernement suffit à en faire comprendre l'esprit : « On n'a pas voulu que le malade fût privé de donner à ses médecins quelques marques de reconnaissance, eu égard à sa fortune et aux soins qui lui

(1) Toulouse, 10 mai 1856 ; D. P., 56, 2, 190 ; Niort, 30 avril 857 ; D. P. 59, 3, 15.

auraient été rendus ; il eût été aussi injuste d'inter-
dire les dispositions, celles même qui seraient à titre
universel, faites par le malade au profit de ceux qui
le traiteraient et qui seraient ses parents. S'il y avait
des héritiers en ligne directe, du nombre desquels
ils ne seraient pas, la présomption, qui est la cause
de leur incapacité, reprendrait toute sa force (1). »

L'article 911, dans son deuxième alinéa, nous
fournit un nouvel exemple de dol présumé. « Toute
disposition au profit d'un incapable sera nulle, soit
qu'on la déguise sous la forme d'un contrat onéreux,
soit qu'on la fasse sous le nom de personnes interposées. *Seront réputées personnes interposées les père et
mère, les enfants et descendants et l'époux de la personne
incapable.* »

Nous n'avons pas à nous occuper de la première
partie de l'article 911 ; la seconde partie de cet
article, à cause de son importance pratique, doit
seule faire l'objet de quelques explications.

Précisons tout d'abord sa portée : il est généralement admis que le deuxième alinéa de l'article 911
n'a trait qu'aux articles précédents du chapitre 11 du
titre II qui établissent des incapacités relatives,
c'est-à-dire aux articles 907, 908 et 909. L'article 911
ne doit pas être étendu aux cas d'incapacité absolue;
car, s'il en était autrement, tous les proches parents
d'un individu condamné à une peine afflictive perpétuelle se trouveraient punis pour sa faute ; ils partici-

(1) Locré, t. II, p. 364, n° 8.

peraient en quelque sorte à sa condamnation, ce qui serait absolument contraire à l'équité.

Quant aux motifs qui ont inspiré l'article 911 deuxième alinéa, on les devine aisément : « Ce n'était pas assez que de désigner les incapables, dit M. Jaubert dans son rapport au Tribunat ; il fallait aussi pourvoir à ce que la prohibition de la loi ne fût pas éludée. Pour cette raison, la loi devait déclarer que l'interposition des personnes ne saurait faire subsister la donation (1). » Si les auteurs du Code ont été plus loin, si entre certaines personnes ils ont créé une présomption légale d'interposition, « les liens qui les unissent, les rapports d'intimité, de soumission et de dépendance qui existent entre elles, la communauté même le plus souvent de leurs intérêts expliquent et justifient complètement cette présomption (2). » Mais les motifs mêmes de l'article 911 deuxième alinéa conduisent naturellement à cette conséquence : que si la présomption doit être appliquée dans toute sa rigueur. elle ne doit cependant pas être étendue au delà de ses termes. Or les père et mère, les enfants et descendants et l'épouse de la personne incapable étant seuls réputés personnes interposées, les ascendants autres que le père et la mère peuvent recevoir une libéralité sans que cette libéralité puisse être, jusqu'à preuve contraire, présumée faite, non au bénéficiaire

(1) Locré, t. XI, p. 443.
(2) Demolombe, t. XVIII, p. 646.

apparent, mais à l'incapable. En revanche, la libéralité faite au père ou à la mère de l'incapable est nulle,
sans qu'il y ait à distinguer si le bénéficiaire apparent est un ascendant légitime ou un ascendant
naturel. Il faut annuler encore la libéralité lorsqu'elle
est faite à son descendant, légitime ou naturel, légi-
timé ou adoptif, fils ou petit-fils, à son conjoint séparé
de corps, car la loi ne fait aucune distinction.

Les présomptions légales d'interposition ne peuvent être combattues par aucune preuve contraire,
car aux termes de l'article 1352, « nulle preuve n'est
admise contre la présomption de la loi, lorsque, sur
le fondement de cette présomption, elle annule certains actes. » La personne légalement réputée interposée par l'article 911 ne pourrait donc pas faire
maintenir la libéralité en prouvant que c'est bien
réellement en sa faveur, et non pour la remettre à
l'incapable, que la disposition a été faite : la présomption *juris et de jure* a en effet pour conséquence que
la vérité, même clairement démontrée, cède à la
présomption de la loi.

Le résultat de la présomption d'interposition est la
nullité de la disposition faite au profit de l'une des
personnes énoncées dans l'article 911 : la libéralité
est anéantie non seulement à l'égard de la personne
interposée, mais encore du bénéficiaire réel. Quant
à la restitution des fruits, si la personne légalement
présumée interposée est de bonne foi (et le cas peut
se présenter), nous pensons qu'elle sera due, non dès
l'époque de la donation ou de la délivrance du legs,

mais seulement du jour de la demande (art. 550) (1).

Le Code de commerce pourrait à son tour nous offrir de nombreux exemples de dol présumé ; mais cette étude, en dehors du reste du cadre de ce travail, nous entraînerait trop loin. Nous citerons seulement l'article 348 du Code de commerce dont nous avons déjà parlé. Remarquons toutefois que l'annulation des actes d'aliénation passés dans les dix jours qui précèdent la faillite, citée par Delvincourt, t. II p. 680, ne saurait être considérée comme une présomption de dol. C'est un cas de fraude, mais non de dol.

Section deuxième.

Dol non présumé.

Aux termes de l'article 1116, deuxième alinéa, « le dol ne se présume pas et doit être prouvé. » Nous avons terminé l'examen des exceptions apportées par le Code civil lui-même à la règle qu'il édictait ; il nous reste à étudier le principe et les difficultés qu'il peut soulever.

Le texte de l'article 1116 provoque tout d'abord une observation : le dol ne se présume pas, dit l'article 1116 ; ceci n'est pas parfaitement exact, car nous verrons que l'article 1353 admet les présomptions comme moyen d'établir le dol. Le législateur s'est servi d'une expression impropre, il a voulu dire que le dol « ne se supposait pas. »

(1) Demolombe, t. IX, p. 520.

Deux propositions dominent toute la matière de la preuve du dol non présumé :

1° Le dol peut être prouvé par témoins.

2° Il peut l'être par présomptions.

§ 1er. — *La preuve testimoniale est admissible en matière de dol.*

Aux termes de l'article 1351 « il doit être passé acte devant notaire ou sous signature privée de toutes choses excédant la somme ou valeur de 150 francs, même pour dépôts volontaires, et il n'est reçu aucune preuve par témoins contre et outre le contenu aux actes, ni sur ce qui serait allégué avoir été dit avant, lors ou depuis les actes, encore qu'il s'agisse d'une somme ou valeur moindre de 150 fr. »

Cet article, on le voit, renferme deux principes : par le premier, la loi exige qu'on rédige un écrit de toutes choses excédant 150 fr., c'est-à-dire pour tout fait qui intéresse pécuniairement une personne pour plus de 150 fr ; par le deuxième, la loi décide que, même lorsqu'il s'agit d'une somme au-dessous de 150 fr., il n'est pas permis, si un acte a été rédigé, de restreindre, élargir ou modifier en rien le sens et la portée de cet acte.

L'article 1351 n'est que la reproduction des dispositions des Ordonnances de 1566 et de 1667 ; il se borne à substituer le chiffre de 150 fr. à celui de cent livres.

On connaît les motifs qui ont inspiré le législateur : il a voulu non seulement parer aux dangers que présente la subornation possible des témoins, mais encore obvier aux inconvénients qui résultent de la multiplicité des procès et de la complication des procédures.

Par exception, la preuve testimoniale est admissible « toutes les fois qu'il n'a pas été possible au créancier de se procurer une preuve écrite de l'obligation qui a été contractée envers lui. Cette exception s'applique aux obligations qui naissent des quasi-contrats, des délits ou quasi-délits » (art. 1348). Cet article n'est en somme que la consécration officielle du principe : « à l'impossible, nul n'est tenu. »

La partie qui poursuit la nullité, pour cause de dol, d'un acte juridique quelconque dont l'existence est d'ailleurs constante, se trouve, par la nature même des choses, dans l'impossibilité de se procurer une preuve littérale du vice du consentement qu'elle allègue. Ceci est évident, puisque le dol consiste dans des manœuvres pratiquées à l'insu de la personne dont elles ont pour but de surprendre le consentement. Du reste l'erreur et la violence peuvent être prouvées par témoins, pourquoi en serait-il autrement du dol? Le dol d'ailleurs, comme la violence, participe de la nature des délits ou quasi-délits. Aussi la doctrine et la jurisprudence sont-elles d'accord pour reconnaître que la victime pourra prouver par témoins le dol dont elle se plaint (1).

A plus forte raison, la preuve testimoniale est-elle

(1) En ce sens, Toullier, Merlin, Larombière, Aubry et Rau, Cass., 4 fév. 1836, Sirey, 1836, 1, 839 ; 23 nov. 1838, Sirey, 1839, 1, 843.

admissible, quand le dol a eu lieu sans contracter, pour amener une personne à faire un acte contraire à ses intérêts, à renoncer, par exemple, à une succession avantageuse en lui persuadant qu'elle est mauvaise. La personne trompée n'a pas pu en effet se procurer une preuve littérale ; on est d'ailleurs en présence d'un quasi-délit.

La jurisprudence va plus loin : elle décide que la preuve testimoniale du dol est admissible, même lorsqu'il s'agit de contrats passés devant notaires, sans qu'il y ait lieu de recourir à l'inscription de faux. Il a été jugé notamment que la preuve par témoins du dol pouvait être admise, alors même que le notaire, rédacteur de l'acte, y aurait attesté que les parties agissaient de bonne foi. C'est là, en effet, une chose dont il ne pouvait être juge.

Mais il faut remarquer avec M. Larombière que, si l'acte est authentique, et si l'allégation de dol repose sur des faits qui sont en contradiction avec les énonciations de l'acte, la voie de l'inscription de faux est alors seule possible.

Une allégation quelconque de dol ne suffit pas du reste pour rendre admissible la preuve testimoniale ; une semblable théorie, si elle était admise, aurait pour conséquence de diminuer beaucoup l'importance pratique de l'article 1341. Le dol dont parle l'article 1116, le seul pouvant permettre la preuve testimoniale, est le *dolus dans causam contractui*. Le dol incident, dont le résultat n'est pas de surprendre le consentement, et dont le succès ne prouve qu'un excès de confiance de la part de celui qui en a été la victime, ne place point celui-ci dans l'impossibilité d'exiger une preuve littérale, et ne rend pas par conséquent la preuve testimoniale admissible (1).

Ces principes vont nous permettre de résoudre une question relative aux actes simulés, question que nous avons déjà indiquée, et dont nous avions renvoyé la solution au chapitre de la preuve du dol.

Dans un contrat de mariage, le mari reconnaît avoir reçu une somme de... en dot, et en donne quittance ; un donateur déguise sa donation sous la forme d'un contrat de vente, dont le prix est quittancé dans l'acte. Pourra-t-on prouver par témoins que la dot n'a, en réalité, jamais été touchée et que la vente, au fond, constitue une véritable donation ?

Qu'il y ait, de la part de la femme ou du donataire, dol dans le sens large du mot ou tout au moins mauvaise foi, cela est indiscutable ; aussi la question que nous discutons avait-elle soulevé de vives controverses dans notre ancien droit. Malgré l'ordonnance de Moulins et celle de 1667, les parlements s'arrogeaient le droit d'admettre la preuve testimoniale « lorsque les circonstances étaient si frappantes, qu'elles paraissaient capables de mettre les parties hors le cas de la loi (2). »

Aujourd'hui toute controverse nous semble impossible : il s'agit, dans les cas que nous venons de citer

(1) 29 oct. 1810 ; Del., t. III, p. 254 ; Cass., 2 nov. 1812 ; Del., t. IV, p. 241.

(2) Duparc, Poullain, t. IX, p. 294.

et dans toutes les hypothèses analogues, d'un dol postérieur à la formation d'un contrat. Il y a eu imprudence de la part du mari et du donateur, il leur était
facile de se procurer une preuve écrite de la simulation, l'article 1348 cesse donc de leur être applicable (1).

Si le fait juridique que l'on prétend avoir été provoqué par dol n'avait pas été constaté par écrit, et
s'il est contesté par l'adversaire, la partie qui se prétend victime du dol n'est pas admise à prouver par
témoins l'existence de la convention. La règle de
l'article 1341 reprend ici son empire : « Autre chose
est la preuve du dol, disent fort bien à ce sujet
MM. Aubry et Rau, et autre chose la preuve de la
convention. »

§ 2. — *Le dol peut être prouvé par simples présomptions.*

Article 1353 : « Les présomptions qui ne sont point
établies par la loi sont abandonnées aux lumières et
à la prudence du magistrat qui ne doit admettre que
des présomptions graves, précises et concordantes,
et dans les cas seulement où la loi admet les preuves
testimoniales, à moins que l'acte ne soit attaqué pour
cause de dol ou de fraude. »

Les derniers mots de cet article : « à moins que
l'acte ne soit attaqué pour cause de fraude ou de

(1) Cass., 8 janvier 1817, Del., t. V, p. 270; Cass., 8 août
1828, Del. t. IX, p. 152; Cass., 30 avril 1838, Sirey, 1838, 1, 427.

dol, » soulèvent une difficulté sur laquelle nous croyons devoir nous expliquer dès à présent.

Un principe certain, c'est que les présomptions, quelque graves qu'elles soient, ne doivent être admises que dans les cas où la loi admet la preuve testimoniale ; l'article 1353 est formel à cet égard. Le motif qui a inspiré le législateur est du reste facile à saisir : il y aurait eu contradiction à admettre la preuve par présomptions, dans les cas où la preuve testimoniale n'est pas possible, puisque les présomptions reposent elles-mêmes sur la preuve testimoniale.

La dernière phrase de l'article 1353 semble, il est vrai, apporter une exception à ce principe : à première vue, il paraît en résulter, qu'en cas de dol ou de fraude, la preuve testimoniale est exclue et que les présomptions seules sont admises en ce cas.

Cette conclusion serait-elle exacte ? On l'a soutenu, mais cette interprétation nous semble inadmissible. Elle serait en contradiction expresse avec le principe posé par l'article 1348 qui déclare la preuve testimoniale admissible en matière de délits et de quasi-délits, c'est-à-dire de dol ou de fraude. La preuve testimoniale offre d'ailleurs autant de certitude que la présomption simple, et l'on ne comprendrait pas pour quelles raisons le législateur aurait admis les unes et rejeté l'autre.

Il ne faut donc voir, avec presque tous les auteurs, qu'un vice de rédaction dans la disposition finale de l'article 1353 ; en un mot, si de simples présomptions sont admissibles pour prouver le dol et la fraude ce n'est pas par opposition aux règles qui régissent sur ce point l'admissibilité de la preuve testimoniale ; l'admissibilité des unes correspond au contraire à l'admissibilité des autres. C'est au surplus ce qui résulte nettement des discours des orateurs du Gouvernement et du Tribunat. Bigot de Préameneu disait au Corps législatif : « On doit observer que cette exclusion de la preuve testimoniale ne s'étend pas au cas de fraude » et Jaubert, expliquant au Tribunat l'article 1353, s'exprimait en ces termes : « la fraude et le dol ne se présument pas, mais celui qui les allègue doit être admis à les prouver par témoins ; car, si la fraude ne se présume pas, ceux qui la commettent ne manquent pas d'employer tous les moyens pour la cacher. La morale publique exige donc que la preuve testimoniale soit admise en cette matière, et c'est là que le juge doit pouvoir faire usage de toute sa perspicacité pour pénétrer les replis de l'homme artificieux (1). »

Quoi qu'il en soit, il est certain que lesprésomptions sont recevables pour établir le dol, même entre les parties. D'ailleurs, s'il pouvait y avoir doute à cet égard, l'article 1353 aurait dissipé toute incertitude par sa disposition finale, quel que soit le sens qu'on lui donne.

Mais si, en l'absence de tout commencement de preuve par écrit, des présomptions suffisent pour faire prononcer, au profit de l'un des contractants comme

(1) Locré, t. XII, p. 407.

à l'égard des tiers, l'annulation d'un acte pour cause de dol, encore faut-il que ces présomptions présentent certains caractères que nous allons déterminer.

De l'article 1353 et des motifs qui l'ont inspiré, il résulte que celui qui argue un acte de dol doit préciser les faits et désigner les personnes qu'il accuse de l'avoir commis, puisque, si le dol provient de tiers, il n'annule pas la convention. La cour de Douai a décidé en ce sens (25 juin 1845) : que celui qui allègue le dol et qui demande à en faire la preuve doit articuler des faits graves, précis et concluants, se référant à la formation de la convention, et d'une nature telle que, si la preuve en était rapportée, il serait évident que le consentement a été extorqué, et que le contrat n'a pas été le résultat de la volonté libre et indépendante de celui qui l'a souscrit. « Attendu, ajoute l'arrêt, que les faits articulés dans la cause sont loin de réunir les conditions exigées par la loi, que la plupart d'entre eux sont postérieurs aux contrats attaqués, se référant à l'exécution bien plus qu'à la formation desdits contrats ; que ceux qui sont antérieurs sont vagues, dépourvus de toute gravité et que la preuve qui en aurait été faite n'établirait nullement l'existence du dol allégué ; que, dès lors, les intimés ou leurs auteurs ne devaient pas être admis à en apporter la preuve... »

Celui qui attaque une obligation comme frauduleuse peut cependant (tel a du moins été l'avis de la cour de Metz) exiger, bien qu'il ne rapporte aucune preuve de dol, que son adversaire affirme sous serment n'avoir pas usé à son égard de dol ou de surprise : attendu, dit l'arrêt, que malgré que le dol ou la surprise doivent être prouvés par ceux qui veulent en faire dériver la nullité d'une obligation régulière, cependant, dans les circonstances de la cause, on peut, sans blesser les principes du droit, et sans violenter la conscience de l'appelant, l'astreindre à se purger par serment de n'avoir employé ni dol ni surprise envers l'intimé, pour en obtenir l'obligation dont s'agit » (1).

Nous ne pouvons, quant à nous, admettre ces conclusions qui nous paraissent en contradiction formelle avec le texte de l'article 1353, et qui ont en outre à nos yeux l'inconvénient d'ouvrir la porte toute grande à l'arbitraire du juge, laissé souverain appréciateur « des circonstances de la cause ».

Mais si des présomptions graves, précises, concordantes sont indispensables pour établir le dol, nous reconnaissons cependant, avec la Cour de cassation, que les juges du fond ont le droit de chercher dans tous les documents de la cause l'existence de ces présomptions, et d'en déterminer souverainement le caractère (2).

Nous croyons avoir suffisamment établi le principe que nous avions posé, à savoir « que le dol peut être établi par présomptions » ; il nous reste à rechercher quel sera, sur ce point, le pouvoir d'appréciation du juge du fond.

(1) Metz, 2 avril 1843.
(2) Req., 24 fév. 1872, Sirey, 1872, p. 367.

La Cour de cassation a décidé à plusieurs reprises qu'en matière de dol l'appréciation des juges du fait est souveraine, sur la portée morale et le caractère frauduleux des faits allégués. Cette appréciation ne peut donc pas tomber sous la censure de la Cour de cassation, à qui il appartient de vérifier les conséquences juridiques déduites des faits dolosifs (1).

Il a été jugé notamment que si une femme âgée de 84 ans avait vendu à son mandataire un mobilier, sans besoin de vendre, si le placement du prix n'avait pas été fait, si l'acheteur n'était pas dans l'aisance à l'époque du contrat, et si, par une clause insolite, les frais d'enregistrement étaient à la charge de la succession de la venderesse, ces circonstances ont pu suffire pour prouver le dol et la surprise pratiqués par l'acheteur, sans que l'arrêt qui le décide ainsi tombe sous le contrôle de la Cour de cassation.

On a souvent invoqué, en sens contraire, un arrêt de la Cour de cassation du 4 juin 1810. Dans l'espèce, a-t-on dit, il a été jugé qu'il y a lieu à cassation d'un arrêt qui a annulé une transaction pour dol personnel. Pour répondre à cette objection, nous nous bornerons à citer l'opinion de M. Lasagni sur cet arrêt : « Nous croyons, a dit ce savant magistrat, devoir saisir avec empressement cette occasion pour faire observer que c'est à tort que, que depuis 30 ans environ, on ne cesse d'invoquer l'arrêt du 4 juin 1810

____

(1) Cass., 28 déc. 1854 ; D. P. 52, 1, 27, Req. 28, fév. 1855 ; D. P. 55, 1, 411 ; Req., 27 janv. 1858 ; D. P. 58, 1, 174.

pour prouver que la Cour de cassation, en cas de dol et de fraude, s'est crue compétente pour en apprécier les faits constitutifs. Au contraire, c'est précisément parce que la cour d'appel de Trèves ne s'était point étayée des faits de la cause, que la Cour de cassation a dû casser et a cassé son arrêt. Le fondement unique de la décision de la cour de Trèves avait été la lésion énorme du contrat, lésion qui, au surplus, avait uniquement profité au mineur et non au tuteur qui l'avait consenti. Cet arrêt avait commis en cela deux graves erreurs. Par la première, il avait fait valoir le *dolus re ipsa*, là où la loi exigeait le dol personnel qui ne pouvait résulter que des manœuvres pratiquées par celui auquel profitait la convention lésine. Par la seconde, il avait tiré le *dolus re ipsa* de la lésion énorme, tandis que la jurisprudence elle-même qui, seule, en cette matière, avait introduit le dolus *re ipsa*, ne l'avait fait naître que de la lésion qu'elle appelait énormissime, c'est-à-dire au delà de huit parties, *ultra bessem.* »

Un arrêt récent est venu confirmer la doctrine soutenue avec tant de conviction par M. Lasagni ; la chambre des requêtes a décidé le 12 février 1872 (1) que l'arrêt qui annule une obligation comme donation déguisée, à raison de ce que cet acte non sérieux serait le produit du dol et de l'influence du donataire sur le donateur, est fondé sur une appréciation des faits appartenant exclusivement à l'appréciation des juges du fond, et qui échappe au contrôle de la Cour de cassation.

(1) D. P. 1872, 1, 176.

CHAPITRE TROISIÈME

DES EFFETS DU DOL DANS LES CONTRATS

Nous avons montré le dol, sorte de Protée, revêtant les formes les plus variées, les apparences les plus trompeuses pour circonvenir la proie qu'il a choisie; il n'est pas de convention, d'acte si simple qu'il soit, dans lequel il ne se puisse glisser. Nous avons essayé de préciser, autant que faire se peut, les caractères qui le feront reconnaître; nous avons ensuite indiqué par quels moyens la victime le pourra démasquer. Dans ce chapitre nous supposons le dol dûment constaté, et nous nous demandons : quelles conséquences va-t-il produire? Ces conséquences, on le devine, varient suivant la nature de l'acte vicié ; nous aurons donc à rechercher dans ce chapitre les effets du dol dans les contrats en général. Dans les deux chapitres suivants, nous examinerons les effets du dol dans les contrats qui ne tombent pas sous l'application de l'article 1116, et dans les jugements.

Nous savons ce qu'est un contrat, le Code l'a défini lui-même « une convention par laquelle une ou plusieurs personnes s'obligent envers une ou plusieurs

autres à donner, à faire ou à ne pas faire quelque chose »
(art. 1101). Nous n'avons pas la prétention d'exposer
les effets du dol dans chaque contrat : cette tâche, aussi
longue que fastidieuse, nous entraînerait à des redites
inévitables. Nous voulons seulement mettre en relief
les principes généraux qui dominent la matière, nous
réservant toutefois de les appliquer, si l'occasion s'en
présente, à tel ou tel cas présentant un intérêt particulier.

Si le dol est principal, c'est-à-dire si les manœuvres
qui le caractérisent ont été pratiquées par l'une des
parties, et s'il est évident que sans ces manœuvres
l'autre partie n'aurait pas contracté, le contrat est nul
(art. 1116), et la victime a pour l'attaquer une action
en nullité ou en rescision.

Si le dol est incident, c'est-à-dire si l'une des deux
conditions exigées par l'article 1116 fait défaut, le contrat est valable et la victime a seulement droit à des
dommages-intérêts.

En résumé, l'effet du dol principal est de donner
lieu à une action en nullité ou en rescision; l'effet du
dol incident est de servir de base à une action en dommages-intérêts.

Action en nullité ou en rescision, action en dommages-intérêts : tels sont les deux points que nous
allons étudier dans deux sections distinctes.

Section première.

Action en nullité ou en rescision.

« La convention contractée par erreur, violence ou dol, n'est point nulle de plein droit, elle donne seulement lieu à une action en nullité ou en rescision, dans les cas et de la manière expliqués à la section VII du chapitre V du présent titre » (art. 1117). En d'autres termes, la convention entachée de dol n'est pas nulle de plein droit, elle est seulement annulable.

Pour comprendre la portée de cette distinction, il est indispensable de rappeler la différence qui existe entre la nullité des contrats et leur annulabilité; nous serons du reste aussi bref que possible.

Nullité est le mot dont on se sert pour exprimer l'inexistence d'un contrat qui a paru se former, mais qui en réalité n'existe point. Les contrats sont nuls : 1° lorsque l'un des éléments essentiels à leur perfection manque absolument (défaut absolu de consentement, de cause, d'objet); 2° lorsqu'ils sont faits en violation d'une prohibition de la loi; 3° lorsque les formes solennelles auxquelles ils sont soumis pour leur perfection, n'ont pas été observées.

Annulabilité est le mot dont on se sert pour exprimer la nullité conditionnelle et facultative à laquelle est soumis un contrat, dans lequel se rencontre un élément essentiel à sa perfection infecté d'un vice assez

grave pour amener son annulation, si elle est demandée.

Les contrats sont annulables ou rescindables :
1c lorsque le consentement a été extorqué par violence,
surpris par dol de l'autre partie, ou a été le résultat
d'une erreur portant sur la substance, ou parfois sur
la personne avec laquelle on a cru contracter;
2° lorsque l'une des parties est incapable de contracter.

Ces principes posés, il est facile d'en déduire les
différences qui séparent les contrats nuls des contrats
annulables. Le contrat nul n'a aucune existence
légale, la nullité dont il est atteint est *absolue*, car
toute personne peut l'invoquer, et *perpétuelle*, puisqu'on peut l'invoquer à toute époque (1). Le contrat
annulable existe, quoique vicieux; sa nullité n'est que
relative, car l'une des parties peut seule l'invoquer, et
temporaire, car on ne peut agir que pendant un certain délai.

Appliqués au contrat entaché de dol, ces principes
nous conduisent aux deux conséquences suivantes :
1° Les tribunaux peuvent le maintenir, alors même
que le dol serait établi par la partie, si celle-ci ne justifie d'aucun préjudice. Pour obtenir la nullité d'un

(1) Si j'ai exécuté un contrat nul, le croyant valable, je puis
revendiquer la chose que j'ai livrée. Mais mon action en revendication est soumise à la prescription trentenaire ; si mon adversaire a possédé pendant trente ans la chose que je lui ai livrée
et que je revendique aujourd'hui, mon action ne réussira pas. Ce
n'est pas, du reste, l'action en nullité qui est prescrite, mais l'action en revendication.

contrat que le dol aura vicié, il faudra donc prouver, outre le dol, *consilium fraudis*, la réalité d'un préjudice, *eventus damni*. Ce n'est en somme que l'application de la maxime : « Sans intérêt, pas d'action. »

Tel n'est pas l'avis de Dalloz. Selon lui, « les juges qui reconnaissent les faits de dol et de fraude ne peuvent se dispenser de prononcer la nullité de l'acte contre lequel ils sont articulés. » Il se fonde sur l'article 46 de l'ordonnance de 1510 : « Ordonnons que toutes rescisions de contrats, distracts ou d'autres actes quelconques, fondées sur dol, fraude, circonvention, crainte, violence ou déception d'outre moitié du juste prix, se prescriront dorénavant, tant en nos pays coutumiers que de droit écrit, par le laps de dix ans continuels.» Il suffit, selon nous, de lire cet article pour se convaincre qu'il n'apporte aucun élément nouveau, pouvant servir à résoudre la question que nous discutons. Il en est de même de l'article 30, chapitre VIII, de l'ordonnance de 1535 et d'un arrêt de la Cour de cassation du 4 vendémiaire an VII, cité par Dalloz. Cet arrêt, en particulier, ne renferme aucun considérant affirmant que les juges, une fois le dol reconnu, sont tenus de prononcer la nullité de la convention viciée; nous persistons donc, malgré notre respect pour l'autorité incontestable de M. Dalloz, à adopter la solution contraire.

2° Si le créancier est muni d'un titre exécutoire, l'acte doit être exécuté provisoirement ; car tant que l'allégation de dol n'est pas justifiée, elle ne saurait prévaloir sur l'apparence du titre, ni infirmer la foi qui lui est due.

Cette opinion n'est pas unanimement admise ; des auteurs éminents enseignent que les juges ont sur ce point une entière liberté d'appréciation, et qu'il leur est permis de suspendre l'exécution d'un acte attaqué pour cause de dol, si la position de la partie qui se dit trompée leur semble digne d'intérêt. On invoque à l'appui de ce système l'art. 1244 qui, dit-on, permet aux juges d'accorder des délais de grâce, toutes les fois qu'il ne s'agit pas de jugements déjà rendus, et l'article 1319 qui reconnaît aux tribunaux le droit de suspendre l'exécution en cas d'inscription de faux (1). Le dernier argument nous touche peu, car l'article 1319 ne prévoit que le cas d'inscription de faux, et il est impossible d'en rien conclure en ce qui concerne le dol. Quant à l'article 1244, en présence des observations qui furent présentées par le Tribunat lors de sa rédaction, il nous est impossible de l'interpréter comme le fait la jurisprudence : il résulte en effet de la discussion à laquelle a donné lieu cet article que les titres exécutoires doivent être exécutés, nonobstant toute contestation.

Mais quel est le motif qui a porté le législateur à déclarer seulement annulables, et non pas nuls *ipso jure*, les actes entachés de dol ; n'est-ce pas excuser en quelque sorte la fraude? Il n'en est rien, et Pothier justifiait par avance les rédacteurs du Code

(1) Marcadé, art. 1244 ; Aubry et Rau, t. IV, p. 319 ; Demolombe, *Revue crit.*, 1, p. 331.

quand il écrivait : « Lorsqu'une partie a été engagée à
contracter par le dol de l'autre, le contrat n'est pas
absolument et essentiellement nul, parce qu'un consentement, quoique surpris, ne laisse pas d'être un
consentement (1). » Bigot de Préamenui exprimait
la même idée, dans un langage moins exact, lorsqu'il
disait dans son exposé des motifs : « Quoique dans le
consentement il y ait eu erreur, violence ou dol, il
n'est pas moins vrai que le contrat existe avec un
consentement apparent, et que dès lors ce contrat
conserve la même force que s'il était légitime, jusqu'à
ce que ces exceptions aient été prouvées par celui qui
les oppose. Aussi le contrat n'est-il pas nul de plein
droit ; il faut que l'acte soit rescindé (2). »

L'article 1117 (est-il besoin de le dire après le passage de Pothier que nous venons de rappeler) n'est
pas une innovation des rédacteurs du Code ; pour
trouver l'origine de l'action en rescision il faut
remonter jusqu'au droit romain. L'action consacrée
par l'article 1117 a succédé en effet à l'action en
rescision de notre ancien droit, très fréquemment
qualifiée de restitution en entier, parce qu'elle n'était
elle-même qu'une reproduction exacte de la *restitutio
in integrum* du droit romain.

Dans la première partie de cette étude, nous avons
essayé de donner une idée de la *restitutio* romane,
nous n'y reviendrons donc pas ; mais nous croyons

(1) *Traité des obligations*, n° 29.
(2) Locré, t. XII, p. 230.

devoir indiquer ici les différences qui, dans notre ancien droit, existaient entre l'action en rescision et l'action en nullité, et comment la fusion de ces deux actions a produit l'action annoncée par l'article 1117 et consacrée par l'article 1304.

L'action en nullité et l'action en rescision différaient entre elles par leur origine et par les causes qui leur donnaient ouverture, par la manière dont chacune d'elles devait être exercée, et par le délai pendant lequel elles pouvaient l'être. Cette distinction n'apparaît avec évidence que dans les écrits des jurisconsultes français du xvie siècle; avant cette époque, il semble, dans les coutumiers du xiiie siècle, que les règles sont les mêmes pour les deux espèces d'actions.

Les actions en nullité et les actions en rescision différaient, avons-nous dit, et par leur origine et par les causes qui leur donnaient naissance. Les premières, introduites par les ordonnances ou la coutume, étaient accordées seulement dans certains cas limitativement déterminés ; les secondes, dérivant du droit romain, étaient possibles dans tous les cas où la *restitutio in integrum* l'aurait été, par exemple, dans les cas de violence, de dol, d'erreur.

Leur mode d'exercice n'était pas le même : l'action en nullité était directement soumise au juge ; avant d'intenter l'action en rescision, il était nécessaire d'obtenir des lettres de rescision, délivrées au nom du roi par les chancelleries.

Le délai, pendant lequel pouvaient être intentées les deux espèces d'actions, était aussi fort différent ;

les actions en nullité, comme toutes les autres, se prescrivaient par trente ans; les actions en rescision, du moins depuis l'ordonnance de 1510, par dix ans.

La suppression des chancelleries par la loi des 7-11 septembre 1790 a eu pour résultat d'abolir les différences qui existaient entre les actions en nullité et les actions en rescision; aussi voyons-nous, dans l'article 1117, le législateur les mettre sur la même ligne. L'action en rescision a emprunté à l'action en nullité sa procédure, et celle-ci a pris à la première son délai, ou, plus exactement, il y a eu fusion des deux actions en une action unique qui désormais s'appelle indifféremment action en nullité ou action en rescision.

Ajoutons cependant que cette doctrine, qui est la nôtre, n'est pas admise par tous et est peut-être même rejetée par le plus grand nombre des auteurs. Nos adversaires ne sont pas du reste d'accord sur les différences qui existeraient aujourd'hui entre l'action en nullité et l'action en rescision; cette divergence, qui montre l'arbitraire de leur doctrine, n'en est-elle pas la condamnation.

Nous reconnaissons cependant que, lorsqu'il s'agit de lésion, le Code emploie toujours le mot rescision; il dit par exemple : « La simple lésion donne lieu à la rescision en faveur du mineur non émancipé, contre toutes sortes de conventions; et en faveur du mineur émancipé, contre toutes conventions qui excèdent les bornes de sa capacité » (art. 1305), ou encore : « Il peut y avoir lieu à rescision lorsqu'un des cohéritiers établit, à son préjudice, une lésion de plus du quart »

(art. 887). Jamais dans des cas semblables, il ne dit que l'acte est nul ; mais nous pensons que cette différence dans la qualification des actes ne correspond pas à une différence entre les deux actions.

Sur l'action en rescision d'une convention entachée de dol, nous aurons à rechercher :

Qui peut intenter l'action en rescision, et contre qui elle peut être dirigée ;

Quels sont ses effets ;

Quelle est sa durée.

Pour plus de clarté, nous diviserons la matière en trois paragraphes.

§ 1er. — *Qui peut intenter l'action en rescision et contre qui.*

La réparation du préjudice injustement causé tel est, croyons-nous, tout autant que le vice du consentement, le fondement de notre action ; la loi, d'accord avec la morale, ne devait pas tolérer l'enrichissement injuste de l'auteur du dol, enrichissement qui aurait été le résultat immédiat d'un acte délictueux. Si tel est véritablement le principe de l'action en rescision fondée sur le dol, il nous est facile de répondre à la première partie de notre question : la victime d'un dol principal, dirons-nous, pourra seule intenter l'action en rescision.

Nous refusons donc le droit d'exercer l'action en nullité à l'auteur du dol si par hasard les manœuvres dolosives auxquelles il s'est livré, lui ont causé un préjudice réel. L'hypothèse à laquelle nous faisons allusion se présentera sans doute rarement, mais elle n'est pas impossible : il peut arriver que l'objet aliéné par suite du dol de l'acheteur ait péri en tout ou en partie postérieurement au contrat, que le débiteur de la créance cédée soit devenu insolvable depuis la cession, ou que l'objet acquis grâce aux manœuvres du vendeur ait augmenté de valeur après la vente. On comprend facilement l'intérêt qu'aurait l'auteur du dol, l'acheteur dans les deux premiers cas, le vendeur dans le dernier, à demander la nullité de la convention ; mais leur demande devra-t-elle être prise en considération ? Non, disons-nous, car sur quoi se basent-ils pour demander la nullité de la convention qu'ils ont librement consentie ? Sur les manœuvres frauduleuses dont ils se sont rendus coupables, manœuvres qui ont eu pour conséquence de déterminer l'autre partie à contracter ; *or nemo auditur turpitudinem suam allegans*. Cette solution est du reste une conséquence nécessaire du principe admis par nos législateurs que la convention viciée par dol est, non pas nulle, mais annulable seulement.

Nous allons même plus loin : dans les limites fixées par l'article 1304, la victime du dol a le droit d'attendre et de choisir son moment pour agir. Mais l'autre partie ne pourrait-elle pas, comme en droit romain, la mettre en demeure de se prononcer et de choisir entre la nullité ou la validité de la convention, afin de ne pas rester dans l'incertitude pendant tout le délai

de dix ans, incertitude qui ne peut qu'être nuisible
au crédit public? Nous croyons devoir refuser ce droit
à l'auteur du dol, car si la loi accorde à la victime un
délai de dix ans pour agir, c'est précisément pour lui
permettre de choisir l'époque qui lui paraîtra la plus
opportune pour l'exercice de son action... Du reste,
à quel titre l'auteur du dol agirait-il? Cette solution,
nous le reconnaissons, peut dans certains cas, être
très rigoureuse, car la victime du dol attendra le plus
souvent jusqu'à l'expiration des dix années, pour se
décider suivant les circonstances ; mais le tableau des
infortunes de l'auteur du dol n'a pas le don de nous
émouvoir, c'est à lui, en somme, à supporter la peine
de sa faute : *patere legem quam ipse tulisti* (1).

L'action en rescision, avons-nous dit, est personnelle
à la victime du dol; mais faut-il en conclure qu'elle
ne passe pas à ses héritiers et qu'elle ne peut pas être
exercée par ses créanciers? Ce serait là, à coup sûr,
exagérer la portée du principe que nous avons posé :
l'action en rescision intéressant avant tout le patrimoine de la victime du dol, puisqu'elle a surtout pour
but la réparation du préjudice injustement causé, les
héritiers qui la trouvent dans la succession de leur
auteur la peuvent donc exercer, à moins que le silence
gardé par la personne à qui ils succèdent ne puisse
être regardé comme une ratification expresse ou tacite.

Quant aux créanciers, ils peuvent, du vivant de leur
auteur, exercer l'action en rescision en vertu, soit de

_____

(1) Demolombe, t. VI, n° 440.

l'article 1166, soit de l'article 1167, suivant qu'il y a négligence ou fraude de la part du débiteur. L'article 1166 repose, on le sait, sur cette considération que tous les biens présents ou à venir d'un débiteur sont affectés à l'acquittement de son obligation. Lorsqu'un débiteur compromet, faute de les exercer, les droits et actions qui lui compètent, il compromet par cela même le gage de ses créanciers. De là la règle de l'article 1166 : les créanciers peuvent exercer tous les droits et actions de leur débiteur, à l'exception de ceux qui sont exclusivement attachés à la personne. Si donc, par son inaction, la victime du dol s'expose à voir prescrire l'action que lui confère l'article 1304, les créanciers peuvent agir de son chef et en son nom, et provoquer la nullité du contrat entaché de dol.

Si, au contraire, l'inaction du débiteur est le résultat d'un concert frauduleux avec l'auteur du dol, les créanciers pourront, croyons-nous, agir en vertu du principe largement interprété de l'article 1167.

Pourrait-on opposer aux créanciers la ratification tacite de leur débiteur ? M. Bédarride fait à cet égard une distinction que nous croyons devoir reproduire : Si le créancier agit en vertu de l'article 1167, la ratification tacite du débiteur ne lui est pas plus opposable que ne le serait la ratification expresse. Que prétend, en effet, le créancier ? Précisément que la ratification consentie par le débiteur constitue une fraude à ses droits. Mais en ce cas le créancier devra établir : 1° que la ratification lui cause un préjudice ; 2° qu'elle constitue une fraude de la part du débiteur. — Si, au contraire, le créancier agit en vertu de l'article 1166, la solution ne sera plus la même. Il n'agit plus ici de son chef et en son propre nom, mais du chef et au nom de son débiteur dont il invoque les droits; or, la ratification librement consentie ayant enlevé tout droit au débiteur a, par le même coup, dépouillé le créancier.

Consentement vicié et réparation du préjudice causé par les manœuvres dolosives, tel est, avons-nous dit, le double principe de l'action en rescision d'une obligation entachée de dol; ce principe, qui nous a permis de résoudre la première partie de la question que nous nous sommes posée, va nous donner la solution de la seconde. Si la victime a droit à la réparation du préjudice qu'elle a souffert, et si cette réparation consiste naturellement dans le rétablissement des choses dans l'état antérieur par la résolution du contrat qui lui a été arraché (1), il n'en est pas moins vrai que cette réparation c'est à l'auteur des manœuvres qu'elle doit la demander. Lui vivant, c'est à lui auteur du quasi-délit à le réparer; après sa mort, cette obligation passe avec son patrimoine à ses héritiers.

(1) Nous avons vu qu'en droit romain la restitution *in integrum ob dolum* avait un domaine des plus limités, et qu'en principe la victime n'avait à sa disposition que l'*actio doli*; en droit français, au contraire, lorsque les conditions de l'art. 1116 sont remplies (et c'est le cas le plus ordinaire), la victime peut intenter l'action en rescision. Quel est le motif de cette divergence entre les deux législations? Il est facile à saisir: le préteur romain avait à ménager les susceptibilités d'un droit rival du sien, aussi, à la *restitutio* qui violait ouvertement les règles du droit civil, préfé-

§ 2. — *Effets de l'action en résolution pour dol.*

Nous savons désormais qui peut intenter l'action en résolution et contre elle qui peut être dirigée. La partie, auteur des manœuvres qui ont déterminé l'autre partie à contracter, est seule soumise à l'action en résolution, tel est le principe incontestable que nous venons de poser; il nous reste maintenant à rechercher quels seront, soit entre les parties, soit à l'égard des tiers, les effets de la résolution une fois prononcée.

D'une façon générale, les effets de l'action en résolution se résument dans l'annulation de l'acte juridique entaché de dol. Le juge la prononce en vertu des pouvoirs que lui confère l'article 1117. Dès lors, l'acte est anéanti, anéanti à ce point qu'il est réputé n'avoir jamais existé. En cela consiste la rescision qui, de notre ancien droit, a passé dans le Code.

Par suite de cette annulation, les choses devront être replacées dans le même état que s'il n'y avait pas eu convention déterminée par dol. Il y aura une

rait-il l'*actio doli*, qui, tout en entraînant l'infamie pour le défendeur et en indemnisant la victime, ne contrariait pas, directement du moins, les principes du vieux droit romain. Le législateur français n'avait pas les mêmes ménagements à garder et l'infamie n'existe plus : aussi accorde-t-il, en règle générale, à la victime du dol, une action en rescision qui lui assure la réparation la plus naturelle et la plus conforme aux principes de notre droit.

restitutio véritablement *in integrum*, et par conséquent *in rem*. Les tiers seront atteints aussi bien que
les parties, car s'il n'y avait pas eu dol, celles-ci
n'ayant rien acquis n'auraient rien pu transmettre
aux premiers.

L'action de l'article 1117 produit ainsi des effets à
l'égard de deux catégories de personnes :

I° Des effets à l'égard des parties ;

II° Des effets à l'égard des tiers.

Nous examinerons séparément les uns et les autres.

I. — Effets à l'égard des parties.

Dans les rapports des parties entre elles, la convention est réputée n'avoir jamais existé, le lien de
droit qui les unissait est désormais rompu, et les
parties doivent être rétablies en l'état où elles se trouvaient respectivement avant la formation du contrat.

Quel sera, au point de vue de l'enregistrement,
l'effet de l'annulation du contrat ? Sous l'ancien droit,
il s'était élevé quelques difficultés pour savoir si,
lorsque la vente est annulée à cause du dol de l'acquéreur, celui-ci n'est pas repoussé de la répétition
des lods en vertu de l'axiome « *nemo auditur turpitudinem suam allegans.* » Mais on n'a jamais pensé que
le dol du vendeur autorisât contre lui la demande du
droit à raison de la résolution (1). Il y avait sur ce
point unanimité de doctrine et jurisprudence con-

______

(1) Henrion, v° *Lots et ventes*, p. 696.

stante. Sous l'empire des lois nouvelles, il ne peut y avoir de difficultés. Le contrat étant rétroactivement anéanti, la rescision ne saurait opérer un nouveau transfert de propriété ; elle ne doit donc pas donner naissance à de nouveaux droits de mutation, mais seulement à un droit fixe. Le droit proportionnel, en effet, n'est jamais dû lorsque la résolution a lieu en vertu d'une cause ancienne et inhérente au contrat. C'est ainsi qu'une délibération du 16 février 1825 a reconnu que le droit fixe était le seul exigible, sur un arrêt contradictoire de la cour de Rouen, qui portait annulation, pour cause de dol, de deux ventes d'immeubles.

Logiquement, cette jurisprudence devrait avoir pour conséquence le remboursement des sommes dont la perception n'a désormais plus de raison d'être ; mais cette conséquence a été repoussée en vertu de la règle si connue en matière d'enregistrement : « Tout droit régulièrement perçu ne pourra être restitué, quels que soient les événements ultérieurs (article 60 de la loi du 22 frim. an VII).

Mais ici, comme partout ailleurs, la rétroactivité n'est qu'une fiction légale : en fait le contrat a existé, et, si nous supposons qu'il a eu pour objet des choses fongibles, des fruits ont pu être perçus. Quelle sera à cet égard la situation de l'auteur du dol ? Quelques auteurs se refusent à appliquer ici les articles 549 et 550 qui, selon eux, ne se réfèrent nullement au cas où une chose doit être rendue par une personne à une autre, par suite d'une action en rescision. Ils

invoquent l'article 1682 et en concluent, par analogie, qu'en matière de dol comme dans le cas de la
rescision d'une vente pour lésion, les fruits ne sont
dus qu'à dater du jour de la demande.

Nous ne pouvons partager cette manière de voir;
rien dans le texte des articles 549 et 550 ne s'oppose
à ce que ces articles soient appliqués en matière de
dol. C'est du reste ce qu'a décidé à plusieurs reprises
la Cour de cassation qui a fait, notamment dans les
arrêts du 8 février 1830 et du 15 décembre de la
même année, l'application des articles 549 et 550 au
cas de rescision d'une vente pour lésion. Il est vrai
que la bonne foi se supposant toujours, la Cour de
cassation arrivait à reconnaître que les fruits n'étaient
dus que du jour de la demande en cas de lésion de
plus de moitié. Mais si la question s'était présentée
relativement à la rescision pour cause de dol, la Cour
de cassation aurait dû ordonner, et avec raison selon
nous, la restitution de tous les fruits; car il est évident que l'auteur du dol ne peut ignorer les vices de
son titre translatif de propriété. Du reste, le système
contraire arrive, en dernier résultat, à faire bénéficier
l'auteur du dol de sa mauvaise foi, ce qui nous paraît
inadmissible.

Quant à l'article 1682, qui établit une entière compensation entre les intérêts et les fruits, lorsque la
rescision a pour cause la lésion, on ne peut l'invoquer
ici. L'analogie fait complètement défaut, car, dans
cet article, le législateur s'attache à adoucir la position
d'un contractant auquel on ne reproche en somme ni

dol, ni violence, mais, le plus sonvent, d'avoir profité de l'état de gêne dans lequel se trouvait le vendeur au moment de l'aliénation.

Cependant comme la victime ne doit pas s'enrichir aux dépens de l'auteur du dol, elle devra à son tour restituer (si on suppose un contrat de vente), outre le prix d'acquisition, les intérêts de ce prix. On pourrait du reste compenser les intérêts dus par l'une avec les fruits dus par l'autre, sauf à la victime du dol à réclamer, s'il y a lieu, la différence; nous n'y voyons quant à nous, aucun obstacle : ce que nous repoussons c'est la compensation établie sur les bases posées par l'article 1682.

Qu'arriverait-il si le corps certain, objet du contrat entaché de dol, venait à périr par cas fortuit? Si la perte par cas fortuit porte sur l'objet qui se trouve aux mains de la victime du dol, celle-ci est libérée, sans néanmoins perdre son droit à la restitution du prix de vente. Quant à l'auteur du dol, une distinction nous semble nécessaire : la perte par cas fortuit ne le libère pas de l'obligation de restituer; à défaut du corps certain péri, il sera tenu de fournir une indemnité à la victime (art. 1379). Mais nous ne pensons pas qu'il réponde des cas fortuits qui seraient également arrivés si la chose, au lieu d'être possédée par lui, était restée en la possession de la victime; celle-ci, en pareil cas, aura donc tout intérêt à ne pas demander la rescision du contrat.

II. — Effets à l'égard des tiers.

« Une sérieuse controverse s'est élevée, dit M. Demolombe, lorsqu'il s'agit de savoir si la rescision du contrat, prononcée pour cause de dol, est opposable aux tiers qui ne sont que les successeurs à titre particulier de la partie contractante (1). » Difficulté sérieuse en effet, car Duranton a pu dire d'elle : « Nous n'insistons autant que parce que nous l'avons vue livrée à une vive controverse, sur le prétexte que le dol produit uniquement des effets personnels, qu'il peut seulement donner lieu à des dommages-intérêts, et que c'est dans ces dommages-intérêts que se trouve aussi comprise l'annulation du contrat; mais que cette annulation et les effets qui s'ensuivent n'ont lieu *qu'entre les parties et leurs héritiers* (2). »

Discutée depuis plus de quarante ans, cette question divise aujourd'hui encore les auteurs; aussi croyons-nous, tant à cause des difficultés théoriques qu'elle soulève, qu'à cause de son grand intérêt pratique, devoir l'examiner avec une sérieuse attention.

Prenons une espèce, la discussion y gagnera en clarté.

Primus ayant acheté un immeuble à Secundus le vend ensuite à Tertius; puis Secundus fait rescinder, pour cause de dol, la vente qu'il a consentie à Primus.

(1) Demolombe, t. XXV, n° 190.
(2) Duranton, t. X, n° 180.

Cette rescision sera-t-elle opposable à Tertius, le sous-acquéreur, que nous supposons de bonne foi ?

Non, dit Marcadé, « car en cas de dol l'auteur du dol devenant plein propriétaire de l'immeuble et n'étant tenu à le restituer que par l'effet de son obligation personnelle de réparer le tort qu'il a causé, il est clair que ses sous-acquéreurs, lesquels, bien entendu, ne succèdent pas à ses obligations personnelles, ne devraient pas cette restitution et ne seraient pas soumis à l'action en rescision .»

Lui objecte-t-on qu'il est arbitraire de ne pas reconnaître le dol comme un véritable vice du consentement, puisque l'article 1109 lui assigne formellement ce caractère? Il répond « qu'une théorie n'est pas arbitraire quand elle est fondée sur les règles du Code; que l'argument de mots que prouve contre lui l'article 1109 tombe forcément devant l'argument de choses que fournit l'article 1116 et qui consiste à dire que le dol ne vicie pas réellement la convention et le contrat, puisque ce consentement et ce contrat restent parfaits en face du dol, quand le dol n'émane pas de la partie contractante. »

Lui oppose-t-on enfin que la loi, toute-puissante pour créer à son gré des fictions et des principes, a pu faire du dol un vice réel du consentement quand il émane de la partie, quoiqu'elle n'ait pas cru devoir lui attribuer ce caractère quand il émane d'un tiers? L'objection ne l'embarrasse pas : ce prétendu vice, dit-il, n'est donc pas absolu, il n'est donc que relatif et personnel à l'auteur du dol; il ne peut donc pas produire un effet absolu et se trouvera sans force contre les tiers détenteurs. Marcadé résume ainsi sa doctrine: « En un mot, et quelque théorie qu'on adopte sur le dol, il faudra toujours reconnaître que l'annulation pour cette cause a pour but de réparer l'effet du dol en frappant son auteur, et en épargnant toujours celui qui n'en est pas coupable. Or, le sous-acquéreur d'un contractant déloyal n'est pas plus coupable du dol de celui-ci, que le contractant loyal ne l'est du dol pratiqué par un tiers, et dont il n'a profité qu'à son insu; et puisque la loi a voulu épargner ce dernier contractant, sa volonté ne peut donc pas être de frapper le sous-acquéreur du premier (1). »

Nous ne pouvons adopter l'opinion défendue avec tant de conviction par Marcadé; nous pensons au contraire que l'action en rescision d'une convention viciée par le dol produit des effets réels, c'est-à-dire opposables, non-seulement à la partie et à ses héritiers, mais aux tiers, et, pour reprendre l'exemple cité plus haut, que la rescision de la vente une fois obtenue par Secundus, sera opposable à Tertius le sous-acquéreur.

L'erreur de Marcadé et de ses partisans nous semble provenir d'une fausse conception du dol qui, selon eux, ne constituerait pas un véritable vice du consentement. Nous avons montré, au début de cette étude, que l'article 1109 ne pouvait laisser de doute à cet égard. Le consentement est une condition essentielle

____

(1) Marcadé, art. 1116, n° 2.

à la validité d'une convention; or, il n'y a pas de consentement valable s'il a été donné par erreur, où s'il a été extorqué par violence, ou surpris par dol.

Donc le dol est un vice du consentement au même titre que la violence et l'erreur et doit produire les mêmes effets ; or, pour la violence et l'erreur, il n'y a pas de doute : tous admettent la réalité des effets produits par l'action en rescision à laquelle ces vices du consentement servent de base. Pourquoi en serait-il autrement du dol ; quel est le motif de distinguer là où la loi ne distingue pas ?

Lorsque Marcadé objecte la personnalité des effets produits par le dol, il commet une confusion regrettable de la part d'un jurisconsulte. Que le dol ne produise que des effets personnels, on n'a jamais songé à le contester ; et c'est précisément à cause de la personnalité des effets du dol que l'action du dol ne peut être intentée que contre l'auteur des manœuvres dolosives ou ses héritiers. Mais il ne s'agit pas ici des effets du dol, il s'agit, comme le fait très bien remarquer Duranton, des effets de l'annulation, de la rescision d'un contrat formé par suite du dol de l'une des parties. Or, ces effets, l'article 2122 nous les fait connaître : « ceux qui n'ont sur l'immeuble qu'un droit suspendu par une condition, ou résoluble dans certains cas, *ou sujet à rescision*, ne peuvent consentir qu'une hypothèque soumise aux mêmes conditions, *ou à la même rescision.* »

Dira-t-on que ce principe est spécial à l'hypothèque? Personne n'osera aller jusque-là; nous avons donc le droit de l'appliquer à l'aliénation. Or, la rescision, faisant tomber le droit de l'acquéreur, fait tomber par là même tous les droits que le sous-acquéreur pouvait tenir de lui, car « le vendeur ne transmet à l'acquéreur que les droits qu'il avait lui-même sur la chose vendue (art. 2182). »

On ne manquera pas, il est vrai, de s'apitoyer sur la situation malheureuse faite aux tiers par le système que nous défendons. Vous arrivez, nous dira-t-on sans doute, à une conséquence inique, car vous faites retomber sur des malheureux, qui n'ont pu supposer dans le titre de leur auteur un vice tel que le dol, les conséquences de l'imprévoyance, de la trop grande crédulité tout au moins de la victime du dol. L'une, la victime, a quelque chose à se reprocher, les autres sont à l'abri de toute critique; pourquoi frapper ceux-ci et exonérer celle-là?

Ce raisonnement est fondé, nous ne pouvons le méconnaître; mais la situation qu'on nous reproche de faire aux sous-acquéreurs, le Code l'a consacrée dans d'autres hypothèses, notamment en cas d'erreur : c'est une application, rigoureuse nous le voulons bien, mais logique et nécessaire de nos principes; elle n'a donc rien qui puisse nous surprendre.

Du reste, il est une considération pratique bien puissante en faveur de la réalité de l'action en rescision, et qu'il importe de mettre en lumière. L'auteur du dol peut être insolvable, et ce cas se présentera bien souvent chez un homme réduit à recourir à de semblables manœuvres, que la nécessité pousse à employer de pareils moyens. Si on n'accorde à la partie trompée qu'une action en dommages-intérêts, ce secours sera illusoire, car l'auteur du dol s'empressera de se défaire à vil prix des biens qu'il sait pouvoir lui échapper, et il trouvera facilement des individus pour se prêter à cette fraude, et dont il sera impossible d'établir la complicité. Quel sera alors le sort de la victime du dol après avoir intenté l'action en rescision, si on ne lui reconnaît pas le droit d'agir contre les sous-acquéreurs ?

Quelques auteurs, partisans en principe de notre doctrine, effrayés de l'objection que nous signalions tout à l'heure, ont voulu distinguer entre les tiers acquéreurs à titre gratuit et ceux qui ont acquis à titre onéreux. Ils invoquent, à l'appui de leur opinion, un argument d'analogie tiré de l'article 446 du Code de commerce. Cette solution, ajoutent-ils, était celle du droit romain par application du principe que celui qui *certat de damno vitando* doit être préféré à celui qui *certat de lucro captando*. Sans contester cette dernière allégation nous nous refusons à admettre l'argument qu'on prétend en tirer. Les arguments par lesquels nous avons établi notre doctrine n'admettent pas de distinction ; aussi nous refusons-nous à distinguer, alors surtout que déjà notre ancien droit avait, sur ce point, complètement abandonné les théories romaines. « La rescision a son effet, disait Domat, non seulement contre les personnes de qui le fait y a donné lieu, mais aussi contre les personnes qui les représentent et contre les tiers possesseurs. »

Pour résumer en deux mots cette trop longue controverse, nous dirons que la rescision est, d'une manière absolue, opposable aux tiers. Mais que faut-il entendre par tiers? Il faut comprendre, sous cette dénomination générale, tous les ayants cause à titre particulier de l'auteur du dol, c'est-à-dire ses créanciers qui verront leur gage diminué par suite de l'annulation, et ses sous-acquéreurs qui seront tenus de restituer ce qu'ils tiennent *a non domino*.

Ces deux catégories ne seront, du reste, pas atteintes de la même manière par l'action en rescision. Le demandeur en rescision ne sera pas tenu de mettre en cause les créanciers, car ceux-ci étant représentés par leur débiteur ce qui sera jugé contre celui-ci le sera contre eux. Ils ne pourront attaquer le jugement que par la tierce opposition, s'ils prétendent qu'il a été rendu en fraude de leurs droits (art. 1167). Le défendeur à l'action en rescision ne saurait, au contraire, avoir la prétention de représenter ses sous-acquéreurs : le jugement rendu contre lui sera, à leur égard, *res inter alios acta*. Le demandeur à l'action en rescision devra donc avoir bien soin de mettre en cause, avec la partie adverse, tous les tiers détenteurs. Une omission de sa part aurait pour conséquence de l'obliger à intenter contre le détenteur omis une nouvelle action en nullité.

Quoique l'action en nullité ou en rescision produise ses effets même à l'égard des tiers, en ce qu'elle oblige ces derniers à restituer ce qu'ils ont reçu en conséquence de l'acte annulé, néanmoins il ne faudrait pas croire que les tiers de bonne foi soient mis sur la même ligne que les tiers de mauvaise foi dans leurs rapports avec la victime : la bonne ou mauvaise foi des sous-acquéreurs présente une grande importance lorsqu'il s'agit de régler la restitution des fruits.

Le sous-acquéreur de bonne foi restitue la chose dans l'état où elle se trouve; il ne peut être inquiété ni à raison de la perte, ni à raison des détériorations que peut avoir subies la chose. Il ne répond pas même de celles qui auraient leur cause dans sa négligence, car *qui rem quasi suam neglexit nulli querelæ subjectus est*. La victime du dol lui devra tenir compte des dépenses présentant un caractère de nécessité ou même d'utilité. S'il a fait des dépenses voluptuaires ou d'agrément (art. 1635), le vendeur les lui devra rembourser. La bonne foi du sous-acquéreur lui permettra enfin de ne restituer que les fruits perçus depuis la demande en rescision (art. 549) et de prescrire par dix ou vingt ans, suivant la distinction établie par l'article 2225.

On reprochait à notre doctrine en matière de rescision de sacrifier absolument les droits des tiers; on voit qu'en ce qui concerne le sous-acquéreur de bonne foi, le seul digne d'intérêt, le reproche n'est pas fondé, car est-il besoin d'ajouter qu'il pourra toujours intenter une demande en dommages-intérêts contre l'auteur du dol (art. 1630)? Nous devons, il est vrai, reconnaître que ce droit lui sera le plus souvent d'un mince secours, par suite de l'insolvabilité de l'auteur du dol; mais encore une fois, cette conséquence ne suffit pas pour faire rejeter un système conforme aux traditions et aux textes du Code, car en somme « *spoliatus ante omnia restituendus.* »

Nous ne nous sommes occupé jusqu'ici que du cas où l'objet du contrat est un immeuble et nous avons recherché quels sont, en cette hypothèse, les effets de l'action en rescision soit entre les parties, soit à l'égard des tiers. Mais l'objet du contrat vicié par le dol peut être mobilier, quel sera alors l'effet de l'action en rescision ?

Si l'objet du contrat se trouve encore entre les mains de l'auteur du dol, il ne peut y avoir de difficulté : l'action en rescision produira ses effets ordinaires ; l'auteur des manœuvres dolosives devra, en d'autres termes, restituer l'objet qui se trouve indûment entre ses mains. Mais s'il a vendu la chose, s'il l'a donnée ou échangée, la victime pourra-t-elle la revendiquer entre les mains du tiers détenteur ?

Oui, assurément, s'il lui est possible de prouver la mauvaise foi du tiers détenteur, car, en ce cas, sa fraude l'aura en quelque sorte rendu complice de l'auteur du dol ; mais s'il est de bonne foi ou, ce qui revient au même, si sa mauvaise foi ne peut pas être établie, la solution sera-t-elle la même ?

A première vue la négative semble s'imposer, car le texte de la première partie de l'article 2279 est formel : « En fait de meubles, la possession vaut titre » et les motifs qui ont inspiré au législateur cette disposition sont ici applicables. Ces motifs, est-il besoin de les rappeler ici ? La règle de l'article 2279 est fondée sur un motif d'équité et sur un motif d'ordre public : sur un motié d'équité, car les meubles passant de main en main par de simples conventions (il n'est pas d'usage, en effet, que les parties dressent des actes pour constater les contrats dont ils sont l'objet), la propriété mobilière se trouve rarement constatée par écrit et l'acheteur n'a le plus souvent ni le loisir, ni les moyens de vérifier la propriété du vendeur, ni *a fortiori* la légitimité de son titre d'acquisition ; sur un motif d'ordre public, car les meubles passent de main en main avec une très grande rapidité. Or, si le dernier possesseur pouvait en être évincé par le propriétaire véritable, il aurait un recours contre son auteur; celui-ci recourrait à son tour contre le sien, et ainsi de suite. On aurait ainsi, à l'occasion du même objet, une foule de procès, des procédures multiples qui absorberaient en frais plus de vingt fois peut-être la valeur de l'objet qui y donnerait lieu. Ces procès seraient, du reste, d'autant plus à craindre que rien n'est plus difficile que de constater l'identité d'un meuble.

Autoriser l'action en rescision pour dol contre le tiers détenteur d'un objet, c'était s'exposer à commettre des injustices en frappant des sous-acquéreurs dont l'erreur a été invincible, et, en tous cas, à susciter de nombreux procès; aussi n'a-t-on pas osé attaquer de front la disposition de l'article 2279, mais on a tenté de le faire par un moyen détourné, en assimilant le dol au vol. Le dol, a-t-on dit, est complètement en cette matière assimilable au vol, et on en a conclu que pendant trois ans la victime peut revendiquer.

Cette théorie nous semble inadmissible : la Cour de cassation a jugé plusieurs fois que l'article 2279 qui, en cas de vol. accorde le droit de revendiquer l'objet entre les mains du possesseur de bonne foi, ne s'applique pas au cas où le détournement a eu lieu par escroquerie. Le vol et l'escroquerie, dit la Cour suprême, sont deux délits différents. Un propriétaire peut avoir été volé sans qu'il existe aucune espèce de rapport entre lui et l'auteur de la soustraction, sans que, dès lors, il ait aucun moyen de suivre l'objet qui lui a été enlevé. Il n'en est pas de même lorsqu'il est dépouillé par suite d'une escroquerie : il a eu des rapports avec l'auteur de l'escroquerie, et il lui est possible, sinon facile, de suivre l'objet mobilier qui lui a été escroqué. Sa position est donc moins digne de pitié qu'en cas de vol, et il serait contraire à l'esprit de la loi de lui faire l'application de l'article 2279 (1). Or ce qui est vrai de l'escroquerie l'est *a fortiori* du dol. Du reste, comme le fait remarquer avec raison Marcadé, la seconde disposition de l'article 2279 n'est qu'une exception au principe général posé dans la première disposition, et les exceptions doivent toujours être entendues restrictivement.

Nous refusons donc, en matière mobilière, à la victime du dol toute action contre le tiers détenteur, quand celui-ci est de bonne foi. Si l'auteur du dol n'a

(1) Cass., 20 mai 1835 ; Rouen, 10 mars 1836 ; Paris, 24 nov. 1835.

plus l'objet en sa possession, la personne trompée aura contre lui une action en dommages-intérêts, pour le faire condamner à lui payer la valeur de la chose.

Mais ce que nous venons de dire des meubles corporels doit-on l'appliquer à ces meubles qu'on appelle incorporels; en d'autres termes sont-ils régis par le principe de l'article 2279?

La négative est généralement admise (1), et avec raison selon nous, car les motifs qui ont inspiré l'article 2279 ne sont plus ici applicables. Les rentes ou créances ordinaires ne s'aliènent qu'au moyen soit d'un acte notarié, soit d'un acte de transfert d'une forme spéciale; il est donc aussi facile pour elles que pour des immeubles de se faire représenter, avant d'acquérir, les titres de propriété de l'aliénateur. La personne dépouillée par dol, après avoir fait prononcer la résolution de l'aliénation qu'elle a consentie, pourra donc suivre le meuble incorporel et le revendiquer. L'individu qui aura traité avec l'auteur du dol sera tenu de restituer.

Nous avons dit tout à l'heure que l'article 2279 ne s'appliquait pas aux meubles incorporels; cette formule, nous le reconnaissons, est trop générale et doit être rectifiée. L'article 2279 s'applique certainement aux bons payables au porteur, aux traites ou effets commerciaux, car ils circulent de main en main avec une rapidité plus grande encore que les

______

(1) Voyez cependant Rodière, *Revue de législ.*, t. VI, p. 467.

meubles corporels, et sans que leur acquisition nécessite des formes spéciales. Or, le bon payable au porteur, la traite ne constitue pas un bien corporel, car
le morceau de papier qui représente une certaine
somme n'est pas mon action, mais le signe de mon
action. L'article 2279 s'applique aussi aux billets de
banque, car, pour eux aussi, le bien, la valeur mobilière ne consiste pas dans le petit chiffon de papier,
mais dans la valeur à réclamer sur la Banque. Les
bons payables au porteur, les effets commerciaux en
général, les billets de banque constituent donc des
biens incorporels soumis à l'article 2279 ; la personne
qui les aurait cédés sous l'influence du dol ne pourra
pas les revendiquer aux tiers détenteurs.

Si on voulait déterminer par une formule générale
le domaine exact de l'article 2279, il faudrait dire que
cet article s'applique à tous les biens meubles qui se
transmettent de la main à la main, mais à ceux-là
seulement.

§ 3. — Durée de l'action en rescision pour dol.

Celui qui a pendant un certain temps laissé subsister un état de choses qu'il pouvait faire cesser perd
son action en rescision, tel est le principe consacré
par l'article 1304 du Code civil, sans qu'il y ait lieu
de distinguer, au point de vue du délai donné pour
agir, entre les causes qui peuvent donner naissance à
l'action.

« Dans tous les cas, dit le premier alinéa de l'article 1304, où l'action en nullité ou en rescision d'une convention n'est pas limitée à un moindre temps par une loi particulière, cette action dure dix ans. »

Ainsi, en règle générale, l'action en rescision dure dix ans; c'est notamment ce qui aura lieu en cas de dol; par exception, lorsque cette action est limitée à un moindre temps, c'est ce temps qui forme sa durée, et non le délai fixé par l'article 1304.

En matière de vente, c'est ce qui aura lieu pour l'action en diminution du prix ou en résiliation du contrat accordée à l'acquéreur, et pour l'action en rescision pour cause de lésion qui appartient au vendeur (art. 1622 et 1676), et en matière de société pour l'action de l'associé contre le règlement de parts fait par l'un de ses coassociés (art. 1654).

Quant aux motifs de la déchéance prononcée par l'article 1304 et de l'abréviation de la durée ordinaire de la prescription qu'il consacre, l'ordonnance de 1510 (art. 46) va nous les faire connaître : « Et afin que les domaines et propriétés des choses ne soient incertaines et sans sûreté es-mains des possesseurs d'icelles, et que la preuve des parties ne périsse ou ne soit rendue plus difficile par le laps de temps, ordonnons que toutes rescisions de contrats se prescriront par le laps de temps de dix ans continuels. » A ces considérations d'ordre public, nous pouvons ajouter deux raisons qui sont le fondement de toute prescription libératoire : le législateur présume que celui qui, pendant de longues années, reste sans exercer un droit, y a renoncé; et si cette présomption est fausse, la loi, dans sa toute-puissance, le dépouille de son action, pour le punir de la négligence dont il s'est rendu coupable. Ainsi utilité générale, négligence de l'ayant droit, présomption légale de ratification ; tel est le triple fondement de l'article 1304.

Sur l'article 1304, nous aurons à rechercher :

1° Quel est le caractère de ce délai de dix ans ;

2° Quel est son point de départ.

I. — Caractère du délai de dix ans de l'article 1304.

Il existe sur ce point une très vive controverse.

Certains auteurs ne veulent voir dans le délai de dix ans de l'article 1304 qu'un délai préfix et invariable dont l'expiration emporte fatalement déchéance, selon d'autres, au contraire, l'article 1304 établit une prescription soumise aux règles du droit commun. L'intérêt de la question est facile à saisir : si le délai de dix ans est un délai préfix, il ne pourra être ni suspendu, ni interrompu ; si c'est une prescription, nous devons admettre la solution contraire.

Ainsi posée, la question paraît assez simple ; elle l'est moins lorsque de la théorie il s'agit de passer à la pratique. Les jurisconsultes qui ne veulent voir dans l'article 1304 qu'un délai invariable, ne sont pas en effet d'accord sur l'application de leur principe. Examinons d'abord les différents cas dans lesquels cette divergence se produit ; nous exposerons ensuite le système qui seul nous semble conforme aux textes du Code, et à l'esprit de notre législation.

Le terme et la condition ont pour effet ordinaire de suspendre la prescription (art. 2257), il en est de même de la minorité (art. 2252). Le cours des dix ans fixé par l'article 1304 sera-t-il suspendu lorsque l'obligation est à terme ou conditionnelle, ou encore à l'égard des mineurs succédant à un majeur, du chef duquel ils intentent l'action en rescision ?

L'obligation est-elle à terme, le délai pour agir en nullité ou en rescision court, suivant Duranton, du jour du contrat. Le créancier ne peut, il est vrai, former sa demande avant l'échéance du terme, mais le débiteur peut prendre les devants : en cas de dol, par exemple, il aura dix ans à partir de la découverte des manœuvres dolosives (1). Tel n'est pas l'avis de Toullier : il y a, dit-il, une différence réelle entre le cas où le contrat n'est pas encore exécuté, quoiqu'il puisse l'être, et le cas où non seulement il n'est pas encore exécuté, mais où de plus il ne doit pas l'être. Dans le premier cas, le délai de dix ans court du jour où le dol a été découvert; dans le second, du jour de l'échéance du terme, quand bien même la découverte des manœuvres serait antérieure (2).

Si l'obligation rescindable est conditionnelle, le délai ne court *a fortiori* que du jour de l'événement de la condition, disent Delvincourt, Toullier, Zachariæ, Larombière ; car jusqu'à ce moment il n'existe pas de contrat, *spes est tantum debitum iri*, et on n'attaque pas le néant. Le débiteur qui a souscrit une obligation

(1) Duranton, t. XII, n° 533.
(2) Toullier, t. VII, n° 641.

conditionnelle rescindable peut agir dès que le dol
ou la violence a cessé, répondent Duranton, Solon et
Rolland, car l'engagement existe, quoique l'obligation
de livrer soit seulement sous condition ; c'est donc de
ce moment que courra le délai de dix ans.

Un mineur succède à un majeur; l'action en rescision sera-t-elle suspendue à son profit? C'est sur ce
point que portent tous les efforts des partisans du
délai préfix, dont Toullier vient grossir le nombre.
Le délai ne sera pas suspendu, disent-ils, car l'article
1304 est formel : « Le temps ne court, dit-il dans
son troisième alinéa, à l'égard des actes faits par l'interdit, que du jour où l'interdiction est levée, et à l'é-
gard de ceux faits par les mineurs, que du jour de la
majorité. » C'est dire *a contrario* qu'à l'égard des actes
faits par ceux auxquels ils succèdent, le délai de dix
ans court, dans le cas de violence, du jour où elle a
cessé ; dans le cas d'erreur ou de dol, du jour où ils
ont été découverts. Ils invoquent en outre un argument d'analogie tiré de l'article 1676, aux termes duquel « le délai donné pour la rescision court contre
les absents, les interdits et les mineurs, venant du chef
d'un majeur. »

Le droit romain, disent les partisans de l'affirmative, décidait formellement que la minorité suspen-
dait la prescription (1) au profit de celui qui succédait

______

(1) En ce qui concerne la *restitutio ob dolum*, ce point, même
après Justinien, ne saurait être mis en doute. En substituant au
délai d'une année utile un délai de quatre ans continus, Justinien
veut que la prescription demeure suspendue par la minorité
(L. 7, C. *De temp. in int. rest.*),

à un majeur dans l'exercice de l'action. Le principe était passé dans notre ancienne jurisprudence. Si le Code avait cru devoir innover sur un point aussi important, il aurait pris soin de le dire expressément. De son silence, on est autorisé à conclure au maintien des anciennes règles et du droit commun. Les dispositions des articles 1663 et 1673 en sont une preuve ; le législateur y déroge aux principes généraux de la prescription en matière de rescision, mais il le fait par une disposition expresse. La logique exige du reste la suspension du délai ; car, si aux yeux du législateur, la minorité empêche la prescription de commencer (point qui ne peut être mis en doute), elle doit par les mêmes raisons l'empêcher de courir. Il n'y a en effet aucun motif de distinguer entre les deux hypothèses. La jurisprudence paraît désormais se fixer en ce sens, après quelques variations ; elle décide généralement que le délai pour intenter l'action en nullité ou en rescision est suspendu par la minorité du contractant ou de ses héritiers (1).

Nous pensons, quant à nous, que l'article 1304 établit une prescription ordinaire à laquelle on doit appliquer toutes les règles relatives à l'interruption et à la suspension de la prescription. Nous ne reviendrons donc pas sur chacune des hypothèses que nous venons d'examiner ; mais nous allons essayer d'exposer sur quels arguments généraux repose notre système.

(1) Limoges, 26 mai 1838 ; Nîmes, 20 juin 1839 ; Cass., 8 nov. 1843 ; Agen, 10 janv. 1851.

Il est conforme aux traditions, non seulement du droit romain, mais encore de notre ancien droit. L'ordonnance de 1510 porte expressément : « Toutes rescisions se prescriront par le laps de temps de dix ans continuels : » Qu'on n'objecte pas le mot « continuels », car Thévenot nous fournirait une facile réponse. Cette expression, dit-il, signifie simplement « que les jours de fête ne sont ôtés, ni le temps d'absence ou vacation. »

Le législateur n'avait du reste aucun motif pour rompre avec la tradition. Qu'est-ce que la prescription en effet? Le Code la définit « un moyen d'acquérir ou de se libérer par un certain laps de temps, et sous les conditions déterminées par la loi. » Le délai de l'article 1304 ne présente-t-il pas ce caractère? N'est-il pas pour la partie qui l'invoque, comme le fait très bien remarquer M. Demolombe, un moyen de se libérer de l'obligation de restituer le droit né de la convention rescindable!

On objecte, il est vrai, que l'article 1304 ne prononce pas le mot de prescription, et que ce silence, cette omission, sont d'autant plus remarquables que le mot prescription se trouvait dans l'article 46 de l'ordonnance de 1510, article reproduit presque textuellement par l'article 1304 de notre Code. Le silence du législateur ne peut, dit-on, être un oubli, et manifeste clairement son intention de modifier sur ce point notre ancien droit.

Cette argumentation, assez séduisante au premier abord, ne supporte pas l'examen. Si l'article 1304 ne renferme pas le mot prescription, c'est que le délai libératoire qui s'y trouve institué entre, comme nous l'avons fait remarquer, dans la définition de l'article 2219. Et en admettant même, pour un instant, que l'article 1304 ne tranche pas la question, ne serait-il pas plus logique de s'en tenir au droit commun plutôt que de créer de toutes pièces une institution *sui generis?*

Quant à l'argument tiré de l'article 2264, il provoque une double réponse. On peut d'abord faire remarquer qu'invoquer cet article en faveur d'un système qui ne veut voir dans le délai de l'article 1304 qu'un délai préfix et invariable, et non une prescription, constitue de la part de nos adversaires une contradiction flagrante ; car l'article 2264 a précisément pour but de déterminer « les règles de la prescription sur d'autres objets que ceux mentionnés au titre XX ». Du reste, cet article fût-il applicable, on n'en saurait tirer aucun argument. Que veut-il dire en effet ? Tout simplement qu'il peut y avoir dans les divers titres du Code, des dispositions particulières en matière de prescription. L'article 2264 leur laisse toute leur efficacité, mais seulement sur les points exceptionnels qu'elles consacrent ; quant aux autres, elles sont évidemment soumises aux règles générales de la prescription.

Or l'article 1304 ne déroge aux règles générales de la prescription qu'en ce qui concerne la durée du temps requis pour prescrire ; c'est donc que les causes de suspension et d'interruption de la prescription sont applicables à l'action en nullité ou en rescision.

L'interruption, cela résulte de la nature même du droit consacré par l'article 1304, sera d'une application peu fréquente ; on peut cependant citer la citation en justice donnée devant un juge incompétent (art. 2246).

Reste l'objection tirée de l'article 1676. La disposition de cet article ne peut être, dans l'hypothèse qui nous occupe, invoquée par analogie ; car, d'une part, elle est relative à une courte prescription, à une de ces prescriptions appelées coutumières ou statutaires par notre ancien droit, tandis que la prescription de l'article 1304 a toujours été considérée comme une prescription de longue durée.

D'autre part, l'historique de la rédaction de l'article 1676 nous permet de déterminer sa portée. On connaît les résistances auxquelles a donné lieu l'admission de la lésion, en matière de vente, comme cause de rescision ; les partisans de la rescision, craignant de pousser à bout leurs adversaires n'osèrent pas étendre encore les effets de la rescision si péniblement obtenue, en demandent la suspension du délai de deux ans au profit des mineurs. Ils ne l'auraient du reste sans doute pas obtenue, car d'après l'économie générale du Code, les prescriptions de courte durée, c'est-à-dire celles qui s'accomplissent par un laps de temps qui ne dépasse pas cinq ans (art. 2278), courent contre les mineurs et les interdits aussi bien que contre les majeurs. Mais cette raison, vraie pour l'article 1676, serait fausse si on l'appliquait à l'article 1304; l'article 1676 ne peut donc pas être invoqué par analogie.

En résumé, nous pensons que l'article 1304 consacre, non pas un délai préfix et invariable, mais une véritable prescription, soumise, sauf en ce qui concerne le délai accordé à la victime pour agir, aux règles ordinaires de la prescription (1).

Nous avons supposé jusqu'ici le contrat entaché de dol exécuté et nous avons dit : à dater d'un point de départ que nous aurons bientôt l'occasion de préciser, la victime aura dix ans pour intenter l'action en rescision. Si elle n'agit pas dans le délai qui lui est imparti par l'article 1304, elle est présumée avoir renoncé à son droit, son action est prescrite. La situation peut se présenter sous un tout autre aspect. Primus, déterminé par les manœuvres dolosives de Secundus, lui a vendu sa maison ; il pourrait en conséquence demander la rescision de la vente comme entachée de dol. Mais comme Secundus ne demande pas l'exécution du contrat, Primus, de son côté, garde le silence

Cette situation se prolonge pendant dix ans : *Secundus* réclame alors l'exécution du contrat de vente. *Primus* ne peut plus demander la rescision de la convention, art. 1304, mais peut-il invoquer la maxime

(1.) Larombière, t. IV, art. 1304, n° 32 ; Marcadé, sur l'art. 1304, n° 2 ; Vazeille, *Presc.*, t. II, n° 572 ; Aubry et Rau, t. IV, n° 339 et suiv.; Demolombe, *Contrats*, t. IV, n° 134 ; Pau, 11 déc. 1835, Sirey 1836, 2, 185 ; Limoges, 28 mai 1836 et Nîmes, 20 juin 1839, Sirey, 1839, 2, 66 et 535 ; Cass., 8 nov. 1843, Sirey, 1844, 1, 129.

« *quæ temporalia sunt ad agendum, perpetua sunt ad excipiendum* », et repousser ainsi la demande de *Secundus ?* En d'autres termes, la prescription de dix ans établie par l'article 1304 s'applique-t-elle seulement à l'action et non à l'exception ?

La maxime « *quæ temporalia sunt ad agendum, perpetua sunt ad excipiendum* » a, nous l'avons vu dans la première partie de ce travail, une origine toute romaine ; on l'a induite de plusieurs textes du Digeste et principalement de la loi 5-6-44-4 : « *Non sicut de dolo actio certo tempore finitur, ita autem exceptio eodem tempore danda est ; nam hæc perpetuo competit : cum actor quidem in sua potestate habet quando utatur suo jure ; is autem cum quo agitur, non habet potestatem quando conveniatur,* » et de la loi 5-VIII-XXXVI au Code : « *Licet unde vi interdictum intra annum locum habeat, tamen exceptione perpetua succuri ei, qui per vim expulsus post retinuit possessionem, auctoritate juris manifestatur.* »

L'ordonnance de 1539 l'avait proscrite dans son article 134 en disposant « qu'après l'âge de 35 ans parfaits et accomplis, ne se pourra pour le regard du privilège en faveur de minorité plutôt déduire ne poursuivre la cassation desdits contrats, en demandant ou en défendant, par lettres de relièvement, ou restitution ou autrement. »

Aucun article du Code n'ayant reproduit la maxime romaine, on se demande si elle est encore aujourd'hui en vigueur. Plusieurs jurisconsultes la repoussent absolument.

L'intérêt que pouvait présenter à Rome cette maxime, disent-ils, est facile à saisir : l'action de dol étant subsidiaire, la victime ne pouvait en obtenir la délivrance lorsqu'elle pouvait agir par voie d'exception. Mais en revanche, l'exception était perpétuelle : si elle ne l'eût pas été, et si, comme l'action, elle se fût éteinte au bout d'un an, l'auteur du dol aurait attendu ce délai pour agir et la victime aurait infailliblement succombé. Pour prévenir ce résultat, on déclara l'exception de dol perpétuelle (1). Le motif n'existe plus : la personne lésée peut, à son choix, dans les dix ans, intenter l'action en nullité ou en rescision, en l'absence même de toute exécution du contrat. Il n'y a donc plus de raison pour donner à l'exception une perpétuité que rien ne saurait justifier.

Qu'on n'objecte pas du reste que nul ne peut être forcé d'agir en justice; car si l'inaction est un droit pour une partie, elle n'en a pas moins pour conséquence la perte du droit négligé. Dira-t-on que celui qui possède, qui n'est pas troublé, n'a rien à demander et que la prescription ne saurait courir contre lui, car *contra non valentem agere, non currit præscriptio?* Ce serait là encore une erreur : aucune fin de non-recevoir, aucun empêchement de fait ni de droit ne

____

(1) Envisagée au point de vue historique, cette explication est inexacte. Il suffit, pour le comprendre, d'examiner ce qui se passait à Rome en cas de violence. La victime d'un acte de violence pouvait, ou prendre les devants et par l'action *quod metus* demander sa libération, ou attendre que le demandeur agisse et le repousser par l'exception *quod metus*. Et cependant l'exception *quod metus* était perpétuelle.

s'oppose à ce qu'une partie ne demande la nullité, avant toute exécution, d'un contrat vicié par le dol, la violence ou l'erreur. Quel serait du reste le résultat du système contraire? Il prolongerait l'incertitude de la propriété dans des cas où des motifs d'ordre public ont fait admettre de courtes prescriptions : en cas de lésion, par exemple.

Mais l'article 1304 parle seulement de l'action, il ne dit mot de l'exception de nullité. Cet argument n'est pas sans réplique, car d'une part, le silence de l'article 1304 peut s'expliquer par l'article 134 de l'ordonnance de 1539, et d'autre part, les paroles très explicites du rapporteur y suppléent. Le rapporteur, dit-on, après avoir distingué l'acte nul de l'acte annulable, s'est exprimé ainsi : « Lorsqu'il s'agit d'un engagement contracté sans cause ou sans objet, ou pour une cause illicite, il est tout simple que celui qui a souscrit l'engagement n'ait pas besoin de recourir à la justice, ou que du moins, à quelque époque qu'il soit poursuivi, il soit toujours admis à répondre qu'il n'y a pas d'obligation. Mais lorsqu'il s'agit d'un mineur ou d'une femme mariée, ne serait-il pas extraordinaire que le temps de la restitution ne fût pas limité ? Dans ce cas, on devait se borner à dire que celui qui avait souscrit l'engagement pourrait s'y soustraire. La nécessité d'un délai était commandée par l'intérêt public, pour que les propriétés ne restassent pas longtemps incertaines. *Pareillement*, le recours que la loi accorde à ceux dont le consentement n'a pas été libre, doit être *invoqué dans un délai fixé. Un laps de temps sans réclamation doit faire présumer la ratification* (1). » Ainsi, quand l'obligé est poursuivi en vertu d'une obligation nulle, l'exception est possible à toute époque ; quand il l'est en vertu d'une obligation annulable, l'exception devra être invoquée dans le délai fixé par l'article 1304 ; tel est le principe qui se dégage des paroles du rapporteur.

Du reste, le mot « action » employé par l'article 1304 a un sens générique qui comprend à la fois l'action et l'exception; car lorsque le défendeur oppose à l'action dirigée contre lui une demande reconventionnelle, il se fait demandeur à son tour : *reus in excipiendo fit actor.* Or, si la nullité proposée par demande reconventionnelle n'était pas comprise, aussi bien que celle proposée par demande principale, dans les articles 1234 et 1304, elle ne se trouverait pas comprise dans les causes qui peuvent éteindre les obligations. On est donc forcé d'admettre que le délai de dix ans fixé par l'article 1304 s'applique à la reconvention comme à la demande principale, à l'exception comme à l'action (2).

Ces motifs, il faut le reconnaître, sont des plus sérieux, et nous avouons même qu'ils nous ont longtemps paru sans réplique. Cependant, après mûre réflexion, nous avons cru devoir rejeter le système qu'ils préconisent, et nous pensons que la maxime *quæ tempo-*

---

(1) Fenet, p. 370 et 371.

(2) Marcadé, sur l'art. 1304, n° 2; Duranton, t. XII, n°ˢ 549 et suiv.; Gand, 2 fév. 1834.

ralia nous régit encore aujourd'hui. Voici quels arguments ont fait naître chez nous cette conviction :

L'ordonnance de 1539, en soumettant l'exception à la prescription de dix ans, avait rencontré de vives critiques : *in hoc iniqua est constitutio*, disait énergiquement Dumoulin. Ce n'était pas du reste un avis isolé ; les jurisconsultes semblaient avoir pris le contrepied de l'article 134 de l'ordonnance de 1539 et la maxime : « tant que dure l'action, tant dure l'exception » était devenue « triviale au Palais », pour nous servir de l'expression de Bretonnier (1). Le législateur de 1804 devait donc se prononcer entre le texte de l'ordonnance de 1539 et l'usage qu'avaient fait admettre les jurisconsultes. Quel parti a-t-il suivi? Le texte de l'article 1304 est formel : il ne parle que de l'action et a, par cela même, rejeté l'ordonnance de 1539 quant à la prescription de dix ans établie pour l'exception ; son silence est du reste confirmé par l'article 2262 qui ne limite que les actions, soit réelles, soit personnelles, à une durée de trente ans. L'opinion d'un rapporteur, quelle que soit son autorité, ne saurait prévaloir contre des textes aussi formels.

Quant à l'argument tiré du rapprochement des articles 1234 et 1304, on y peut répondre par l'article 1312 : cet article s'occupe des restitutions qui seront la conséquence de l'action en rescision de l'article 1304, il suppose donc que la convention a été exécutée, et

(1) En ce sens, Henrys, t. II, p. 961 ; Papon, Imbert, Dunod, p. 206.

ne règle pas par conséquent le cas où la convention est restée sans exécution. On objecte, il est vrai, le sens général du mot action, et on invoque à l'appui la maxime *reus excipiendo fit actor*. Mais cet argument est sans portée, car si le défendeur doit faire la preuve de son exception, il n'en reste pas moins défendeur, et c'est une pétition de principe que de lui appliquer l'article 1304.

La solution que nous proposons est du reste conforme aux principes généraux de la prescription, principes que la théorie adverse affecte d'oublier. La prescription, comme le fait remarquer Toullier, ne peut commencer à courir contre l'exception que quand l'action à laquelle on l'oppose a été intentée, car l'exception ne peut naître qu'après l'action.

Quant au reproche de négligence fait à la partie qui garde ainsi le silence pendant dix ans, quand elle pourrait prévenir l'exécution par une demande en nullité, M. de Savigny y répond victorieusement. Au premier abord, dit-il, on pourrait croire que la cause la plus générale de la prescription, la négligence, se retrouve également ici, car en fait le titulaire pouvait agir et il n'a pas agi; mais cette apparence tombe devant un examen plus attentif. La négligence, qui motive la prescription de l'action, consiste en ce que le titulaire s'abstient d'exercer une action qui lui rendrait la jouissance d'un droit dont il est privé; mais celui dont nous parlons jouit de la partie essentielle de son droit, l'action qu'il laisse prescrire aurait pu mettre cette jouissance sous la protection de

formes plus complètes, mais sans changer essentiellement sa position (1). »

Enfin, et ce sera là notre dernier argument, notre
système, conforme aux traditions historiques, peut
à bon droit invoquer l'équité. Les déchéances n'existent que quand la loi les prononce d'une manière
expresse; on ne doit surtout jamais les induire, quand,
comme dans le cas qui nous occupe, elles auraient
pour effet de consacrer le triomphe de l'erreur, du
dol ou de la violence (2).

Mais pour se prévaloir pendant un temps indéfini,
par voie d'exception, de la nullité d'un contrat, le
défendeur doit naturellement se trouver en état d'exception. Il faut, en d'autres termes, que l'acte dont il
demande la nullité ou la rescision n'ait pas été exécuté,
et qu'il ne demande l'une ou l'autre que pour être
maintenu dans l'état de choses où il se trouve. Si le
contrat ou l'acte est exécuté, il ne peut plus y avoir
lieu à une exception ; et si plus de dix ans utiles se
sont écoulés depuis l'acte, la rescision n'est plus possible, quelle que soit d'ailleurs la façon plus ou moins
habile dont la partie engage l'instance. Vous m'avez,
par dol, extorqué une quittance et dix ans se sont
écoulés depuis la découverte de ce vice. Ne pouvant
plus demander l'annulation de l'acte par voie d'action,

____

(1) Savigny, *Traité du droit romain*, t. V, p. 454 et 455.

(2) Toullier, t. VII, n°ˢ 600 et suiv.; Delvincourt, t. II, p. 597 à
599, notes; Aubry et Rau, t. VIII, § 771, n° 2 ; Larombière, sur
l'article 1304, n°ˢ 36 et 37; Demolombe, *Contrats*, t. VI, n° 137 ;
Cass., 5 avril 1837, 1ᵉʳ déc. 1846.

je vous réclame ce qui m'est dû ; vous m'opposez votre
quittance. Je vous réplique que la quittance est entachée de dol. Vous pourrez me répondre à votre tour
que le délai pendant lequel je pouvais en demander
la nullité est expiré et que toute demande à cet égard
est irrecevable. Vous êtes en effet en possession de
votre libération, et ayant perdu ma créance je ne
demande plus le maintien de l'état de choses actuellement existant, mais le retour à un état de choses
antérieur. Je suis donc en réalité demandeur et n'ai
pas, en conséquence, le droit d'opposer l'exception
de nullité (1).

II. — Point de départ du délai de dix ans.

« Ce temps ne court, dans le cas de violence, que
du jour où elle a cessé ; dans le cas d'erreur ou
de dol, que du jour où ils ont été découverts. » (Art.
1304.)

Aux termes de l'art. 46 de l'ordonnance du 15 juin
1510 toutes rescisions de contrats se prescrivaient par
dix ans continuels « à compter du jour que lesdits
contrats distraits ou autres actes avaient été faits. »
Tel est encore le principe reconnu d'une façon au
moins implicite par l'article 1304, ainsi que le prouve
la négative insérée dans le deuxième alinéa de cet
article. Du principe, nous n'avons point à nous occu-

____

(1) Demolombe, *Contrats*, t. VI, n° 138 ; Aubry et Rau, t. VI,
p. 545 et 546 ; Larombière, sur l'art. 1304, n°s 36 et 38

per ; nous rechercherons seulement quel est, en cas de dol, le point de départ de la prescription de dix ans.

La prescription ne pouvait, en cette hypothèse, courir du jour du contrat sans violer la maxime « *contra non valentem agere, non currit præscriptio.* » C'est aussi la raison donnée par Bigot de Préameneu, dans son exposé des motifs, pour justifier les exceptions à la règle générale énoncées dans l'article 1304 : « Il faut, disait-il, pour que le délai dans lequel l'action doit être formée commence, qu'il ait été possible de l'intenter : ainsi, dans les cas d'erreur ou de dol, ce ne peut être que du jour où ils ont été découverts. »

Celui qui intente une action en nullité ou qui oppose une exception de même nature doit faire la preuve du vice qu'il invoque. Cette preuve faite, reste à fixer le jour à dater duquel aura commencé à courir le délai de dix ans. Ce sera à la partie qui prétend que le délai n'a pas commencé à courir du jour du contrat à en faire la preuve, car elle invoque une dérogation à une règle générale qu'elle doit justifier. Mettre la preuve à la charge du demandeur, comme le veut Chardon (1), ce serait, dit Duranton, le forcer indirectement, dans la plupart des cas du moins, à confesser le vice de l'obligation, vice qu'il nie probablement; car il est évident qu'il ne pourrait prouver que le dol a été découvert à telle époque sans reconnaître par là même qu'il y a eu dol.

(1) T. I, n° 53.

Mais comment la victime pourra-t-elle prouver le jour de la découverte du dol, ou, en d'autres termes, que faut-il entendre par « découverte du dol »?

Cette question, très simple quand il s'agit de violence, présente de graves difficultés lorsqu'il s'agit de dol, c'est-à-dire d'un fait complexe qui suppose un enchaînement de manœuvres frauduleuses. « Le dol, dit très bien M. Larombière, le plus souvent ne se découvre pas tout d'un coup; il apparaît graduellement et se révèle peu à peu, avec une succession de détails qui se complètent les uns les autres. On le sent, avant même de l'entrevoir, et on l'entrevoit avant de pouvoir s'en rendre un compte précis et exact. » On peut donc se demander si le délai courra du jour où l'existence du dol a été connue de la partie, ou bien de celui où elle a découvert toutes les manœuvres employées à son égard, et a été en mesure d'en faire la preuve.

La première solution nous semble préférable : ce serait, croyons-nous, exagérer la portée de l'article 1304 que d'exiger de la partie victime du dol une connaissance exacte, complète, avec preuves à l'appui, des moyens mis en œuvre pour la circonvenir. L'art. 1304 n'emploie du reste que le mot « découverte » du dol; or, qu'est-ce que découvrir le dol? C'est en avoir connaissance, savoir qu'il a existé; mais cette connaissance ne suppose pas nécessairement la possession des preuves des faits dolosifs. Découvrir le dol et en avoir la preuve sont, en d'autres termes, deux choses parfaitement distinctes; or, la loi n'exi-

geant que « la découverte », c'est à partir du moment
où elle aura lieu que courra le délai de dix ans, délai
suffisant pour recueillir les preuves et préparer l'action.

Mais il faut, fait observer M. Larombière, qu'il y
ait découverte et non pas simple soupçon, et que la
partie n'ait pas ignoré quelqu'une des circonstances
caractéristiques du dol, qui étant connue, aurait dû
la décider à agir; ce point doit du reste être laissé à
l'appréciation des juges. C'est ainsi qu'il a été jugé
que l'enfant n'a qualité pour attaquer en rescision,
pour cause de dol, les actes faits par ses père et mère,
que du jour de leur décès. Ce n'est donc qu'à partir
de cette époque que peut courir la prescription de
dix ans.

Sur le point de départ de la prescription de dix
ans, il nous reste une question à examiner : la victime ne découvre le dol que vingt-cinq ans après le
contrat; aux termes de l'art. 1304, elle a dix ans
pour agir à dater de cette découverte.

L'action en rescision sera donc possible trente-cinq
ans après la passation du contrat : comment concilier l'art. 1304 avec l'art. 2262 qui fixe la durée de
toutes les actions tant réelles que personnelles à trente
ans?

Un point certain, c'est qu'il est impossible de concilier les délais accordés par les art. 1304 et 2262 ; l'un
des deux articles doit forcément être violé. Toute la
question est donc de savoir si l'on doit déclarer la

prescription de dix ans distincte de la prescription de trente ans de l'art. 2262, ou l'y faire rentrer.

Un grand nombre d'auteurs, et des plus éminents, d'accord sur ce point avec la jurisprudence, veulent, dans notre hypothèse, appliquer l'art. 2262. La prescription de trente ans, disent-ils, s'applique à toutes les actions formées en justice, quels qu'en puissent être la nature et l'objet. « On ne saurait y soustraire indéfiniment les actions fondées sur le dol, en articulant que les faits qui y donnent naissance auraient été découverts tardivement, condition qui ne 's'applique que limitativement à la prescription de dix ans, établie par l'art. 1304 (1). » On ne voit d'ailleurs nulle exception de ce genre consacrée par l'art. 2262 ; cet article embrassant dans la généralité de ses termes toutes les actions, tant réelles que personnelles, ajoute au contraire expressément que la prescription ainsi établie par sa disposition est acquise, sans qu'on puisse opposer à celui qui l'invoque l'exception déduite de sa mauvaise foi. Ce serait, du reste, aller directement contre l'esprit qui a dicté les dispositions spéciales de l'art. 1304, que d'écarter, d'une manière absolue, en matières d'actions en nullité ou en rescision, l'application de la prescription générale de l'art. 2262. En limitant à dix années le délai pendant lequel ces actions peuvent être utilement intentées, le législateur a clairement manifesté qu'à ses yeux elles méritent moins de faveur que les actions ordinaires qui se

(1) Paris, 22 juillet 1853 ; Sirey, 54, 2, 49.

prescrivent par trente ans. Et si, pour tempérer les conséquences de cette séduction, il a cru devoir exceptionnellement fixer le point de départ de la prescription de dix ans au moment de la découverte du dol, cela n'autorise pas à supposer qu'il ait voulu soustraire ces actions à la prescription de trente ans. « D'ailleurs, ajoutent MM. Aubry et Rau, à qui nous empruntons une partie de ces arguments, il ne faut pas perdre de vue que l'exception de nullité reste indéfiniment ouverte au profit de celui qui n'a pas exécuté l'acte contre lequel il est fondé à revenir, et que l'action en nullité n'est, en définitive, qu'un moyen pour faire admettre une action en répétition ou restitution. Or il serait contraire à l'esprit général de notre législation, et au but final de la prescription de trente ans, qui est de garantir le patrimoine contre toute ultérieure réclamation, d'étendre au delà de ce terme la durée normale d'actions qui ne présentent qu'un intérêt pécuniaire (1). »

Nous ne partageons pas cette manière de voir, et les arguments que nous venons d'exposer sont faciles à réfuter.

A l'article 2262, nous répondons par l'article 2264, article qui soustrait les prescriptions particulières aux règles générales de la prescription, sur les points réglés par les titres qui leur sont propres. Or, la prescription de dix ans est au nombre de ces prescriptions particulières auxquelles l'article 2262 n'est pas appli-

______

(1) Aubry et Rau, t. IV, n⁰ 339, note 42.

cable, et pour lesquelles il faut exclusivement s'en référer aux dispositions des articles 1304 et suivants. Or, aux termes de l'article 1304 : « en cas de dol, ce temps (le délai de dix ans) ne court que du jour de la découverte du dol ;» la victime aura donc toujours dix ans pour agir à partir de ce moment.

Dans le système contraire, on arrive à ce résultat étrange de faire commencer la prescription de l'action en nullité pour dol avant la découverte des manœuvres dolosives. Les partisans de ce système devraient admettre également qu'en cas de violence ou d'erreur, la prescription pourra courir avant la cessation de l'une ou la découverte de l'autre, et qu'en matière de désaveu la prescription est possible avant la découverte de la fraude par le mari; car l'article 2262 peut s'appliquer à tous ces cas.

On objecte que la propriété ne saurait rester trop longtemps incertaine et que c'est la raison qui a porté le législateur à abréger dans l'article 1304 le délai de la prescription. Mais qui dit prescription dit ratification tacite ou négligence; or, en l'absence de la découverte du dol qui vicie la convention, il ne peut y avoir d'abandon tacite de l'action, point de ratification tacite du droit, point de déchéance encourue, car *contra non valentem agere, non currit præscriptio.*

Nous avons écarté l'article 2262; mais remarquons que conclure des derniers mots de cet article qu'il exclut l'action en nullité fondée sur le dol lorsqu'il s'est écoulé trente ans depuis que le contrat annulable a été passé, est l'interpréter faussement. L'article

2262 *in fine* ne parle pas d'une action dirigée contre une convention entachée de dol, mais d'une exception qu'on voudrait opposer au moyen tiré de la prescription, exception déduite de la mauvaise foi de celui qui a prescrit. C'est cette exception déduite de la mauvaise foi que l'article 2262 déclare irrecevable en matière de prescription de trente ans, tandis qu'elle est possible lorsqu'il s'agit de l'acquisition des immeubles par la prescription de dix et vingt ans.

L'article 1304, dit M. Demolombe, accorde, pour l'exercice de l'action en rescision, un délai de dix ans à partir du jour de la découverte du dol; or, selon les paroles de Bigot de Préameneu, ce délai ne serait plus de dix ans s'il commençait plus tôt; il pourrait être d'un an, de six mois, si la découverte du dol n'avait eu lieu qu'un an, six mois, avant l'expiration du délai de trente ans de l'article 2262. Comme on l'a très bien dit, dans un style un peu imagé : « Lorsque la personne avec laquelle nous contractons nous cause un dommage par ses manœuvres, est-il possible d'en demander réparation avant que nos yeux soient ouverts sur la fraude commise? Évidemment nous ne le pouvons pas. Donc une loi qui exigerait le contraire serait aussi absurde que si on demandait à un aveugle, tant qu'il se trouve en cet état, de discerner les couleurs (1) .»

(1) Demolombe, *Contrats*, t. VI, no 165 ; *Consultation* Valette, Sirey, 1854, 2, 49 ; Larombière, t. IV, art. 1304, no 23 ; Seligman, *Revue critique*, 1854, 5, 447.

SECTION DEUXIÈME.

De l'action en dommages-intérêts.

« Tout fait quelconque de l'homme qui cause à autrui un dommage oblige celui par la faute duquel il est arrivé à le réparer » (art. 1382). L'article 1383 ajoute : « Chacun est responsable du dommage qu'il a causé non seulement par son fait, mais encore par sa négligence ou son imprudence. » Tels sont les deux articles sur lesquels repose toute la théorie de l'action en dommages-intérêts pour cause de dol.

Si le dol est principal, avons-nous dit, c'est-à-dire si les manœuvres qui le caractérisent ont été pratiquées par l'une des parties, et s'il est évident que sans ces manœuvres l'autre partie n'aurait pas contracté, le contrat est nul et la victime a pour l'attaquer une action en rescision ou en nullité.

Si les manœuvres n'ont pas déterminé l'autre partie à contracter, mais l'ont fait accepter des conditions que, libre, elle aurait repoussées, ou si les manœuvres ont été pratiquées par un tiers, la victime, qui ne peut alors intenter l'action en rescision, trouvera dans le dol la base d'une action en dommages-intérêts. Les termes et l'esprit des articles 1382 et 1383 permettent en effet de donner à ces textes une interprétation large.

Sous la rubrique « des délits et quasi-délits » le législateur s'occupe des faits, non permis par la loi, qui causent à autrui un dommage. Le mot « fait » est impossible à définir ; disons seulement qu'il peut être positif ou négatif, de commission ou d'omission, *in commitendo vel in omittendo*. Ceci résulte de la généralité des termes employés par les articles 1382 et 1383 : « Tout fait quelconque de l'homme, » dit l'article 1382 ; non seulement son fait, mais encore « sa négligence ou son imprudence, » dit l'article 1383. Mais entendons-nous bien : tout fait positif qui cause à autrui un dommage ne saurait être la base d'une action en dommages-intérêts ; encore faut-il que le dommage causé soit un *damnum injuria datum*. De même, tout fait négatif et dommageable ne tombe pas sous l'application de l'article 1382 ; pour qu'un fait négatif puisse entraîner une responsabilité quelconque, il faut qu'il ait existé envers son auteur quelque obligation légale, en vertu de laquelle il ait été tenu d'accomplir l'acte qu'il a, contrairement à ses devoirs, omis ou négligé. « S'il n'existait par rapport à lui, dit Larombière (1), aucune obligation de cette nature, sa négligence ou son omission pourraient bien constituer une infraction à ses devoirs moraux, mais elles n'engageraient pas légalement sa responsabilité. N'étant pas tenu de faire davantage, il lui était loisible et licite de s'abstenir. »

Tel n'est pas l'avis de Toullier ; selon cet auteur, celui qui, pouvant empêcher une action nuisible, ne l'a pas empêchée est censé l'avoir faite lui-même, et

(1) T. V, p. 688.

tombe sous l'application de l'article 1382. Nous ne pouvons admettre ce sytème : pour qu'un individu qui a laissé faire une action nuisible soit tenu, il ne suffit pas qu'il ait pu l'empêcher, il faut qu'il l'ait dû, et les autorités que cite Toullier à l'appui de sa thèse viennent précisément la contredire.

Il invoque d'abord une loi romaine qui déclare le maître tenu du délit qu'il a laissé commettre à son esclave, alors qu'il eût pu l'empêcher. Il invoque ensuite la loi prussienne ; or cette loi dit : « Celui qui souffre sciemment ce qu'il pouvait et devait empêcher. » Enfin, il invoque Domat, qui dit de même : « Ceux qui pouvant empêcher un dommage que quelque devoir les engageait de prévenir... » et Domat cite l'exemple d'un maître répondant du fait de son domestique (1).

Examinant au début de ce travail la question de savoir si le dol négatif pouvait vicier le consentement et donner naissance à une action en dommages-intérêts, nous avons, contrairement à la majorité des auteurs, répondu négativement. Mais la réticence dolosive, frauduleuse, ne pourra-t-elle pas au moins servir de fondement à une action en dommages-intérêts ? Conséquents avec nous-même, ici encore nous répondons : en principe, non. La réticence dolosive ne peut motiver une action en dommages-intérêts que quand l'une des parties avait l'obligation *légale* de parler et qu'elle a gardé le silence. Si cette obligation fait

____

(1) Toullier, t. XI, nº 117.

défaut, nous dirons, reprenant le mot de Larombière :
n'étant pas tenu de faire d'avantage, il était loisible et
licite à la partie de s'abstenir.

Laissant de côté le dol négatif et la réticence frauduleuse, supposons que le fait portant atteinte au droit
d'autrui, fait illicite et dommageable par conséquent,
a été accompli avec l'intention de causer un préjudice ;
l'auteur a, dans ce cas, agi sciemment, il a commis
un fait illicite et dommageable en parfaite connaissance de cause et avec l'intention d'arriver au résultat
obtenu : nous sommes en présence d'un délit civil,
parfaitement caractérisé, qui tombe sous l'article 1382.

Le délit, suivant M. Colmet de Santerre, est un
fait nuisible et illicite commis avec l'intentoin de nuire ;
le quasi-délit est un fait nuisible et illicite commis sans
intention de nuire. Toute la distinction entre les délits
et les quasi-délits repose donc sur une question d'intention. Le dol, est-il besoin de le dire, supposant toujours l'intention de nuire, constituera dans tous les
cas un délit civil, car le dol n'est-il pas « *omnis calliditas, fallacia, machinatio ad circumveniendum, fallendum, decipiendum alterum adhibita* (1). »

La réparation pécuniaire, à laquelle a droit celui qui
a éprouvé un préjudice par suite d'un dol insuffisant
pour donner lieu à une action en rescision, consiste
dans des dommages-intérêts qu'il demande au tribunal
civil de prononcer Quant à leur quotité elle est laissée
à l'appréciation des juges qui prononcent souveraine-

_____

(1) L. 1, 2, *De dolo malo*.

ment sur ce point ; ils prendront en considération non seulement le préjudice proprement dit éprouvé par la victime, mais encore le gain dont elle a été privée ; *damnum emergens et lucrum cessans*. Le pouvoir des juges du fond est également souverain, nous le savons déjà, pour déclarer l'existence ou la non-existence du fait préjudiciable, du dol dans le cas spécial qui nous occupe. Mais lorsque le fait délictueux est reconnu constant, quand le quantum du dommage est apprécié, la question de savoir si la personne qui se prétend lésée est recevable, comme ayant un intérêt direct et actuel, est une question de droit qui n'est pas exclusivement réservée aux juges du fait. Remarquons enfin que la partie lésée n'agissant que dans son intérêt, ne peut demander ni les juges prononcer des dommages-intérêts au profit d'un autre qu'elle-même, par exemple au profit des pauvres.

Nous avons établi le principe en vertu duquel la victime des manœuvres dolosives a droit à des dommages-intérêts ; nous devons rechercher maintenant quelles sont les conditions exigées pour l'exercice de l'action en dommages-intérêts, et dans quels cas la victime, ayant le choix entre l'action en rescision et l'action de l'article 1382, devra préférer cette dernière.

L'action en dommages-intérêts n'est possible, son nom l'indique suffisamment, que s'il y a eu dommage éprouvé. Donc, si par une autre voie le dommage a été réparé, il n'y a pas lieu d'appliquer l'article 1382. Ceci nous permet de conclure *a priori* qu'il est au

moins deux cas où l'action en dommages-intérêts sera
possible : ce sont les deux hypothèses dans lesquelles
la victime du dol ne peut demander l'annulation de
son obligation.

La solution sera la même, si le dol n'a pas été pratiqué par l'un des contractants, mais par un tiers,
c'est-à-dire par un individu resté étranger au contrat.
Le dol, en ce cas, quelle que soit sa nature, ne peut
servir de base à une action en rescision; mais, si le contrat est maintenu, l'auteur du dol n'en sera pas moins
passible de dommages-intérêts. Cependant, remarquons-le bien, il faut en pareil cas supposer l'absence
de toute complicité chez la partie contractante ; si la
complicité existait, l'article 1116 serait applicable,
pourvu toutefois qu'il fût évident que sans ces manœuvres l'autre partie n'aurait pas contracté.

Il est certaines hypothèses dans lesquelles l'action
en rescision, tout en étant possible en théorie, n'offrirait à la partie trompée qu'un moyen de réparation
illusoire. La victime ayant alors le choix entre l'action
en rescision et l'action en dommages-intérêts, devra
préférer cette dernière. Telle serait notamment l'hypothèse suivante : Je vous ai trompé par vos manœuvres, vendu un cheval pour un prix inférieur à sa
valeur ; postérieurement à la vente, l'animal, par suite
d'un cas fortuit, perd de sa valeur. L'action en rescision est ici possible, mais elle me serait désavanta-
geuse ; j'ai donc tout intérêt à maintenir le contrat et
à demander des dommages-intérêts.

Si l'animal avait péri, l'action en rescision ne se

concevrait même plus en théorie; on ne peut pas en effet remettre les choses dans l'état antérieur; l'une des prestations n'existant plus. Il faudrait donc, dans ce cas encore, agir par l'action en dommages-intérêts et obtenir ainsi réparation du préjudice souffert.

On peut citer encore le cas où le débiteur de la créance cédée par dol devient insolvable après la cession.

Il est une autre hypothèse, souvent citée, dans laquelle l'action en dommages-intérêts nous semble impossible. Trompé par vos manœuvres, j'ai acheté une maison à un prix supérieur à sa valeur réelle. Puis, par suite de circonstances quelconques, le percement d'une rue par exemple, mon immeuble double de valeur. Que l'auteur du dol ne puisse invoquer ses manœuvres pour faire rescinder le contrat, nous le comprenons à merveille, car *nemo auditur turpitudinem suam allegans.* Mais la partie primitivement trompée aura-t-elle droit à des dommages-intérêts? On l'a soutenu; nous ne voyons pas, quant à nous, comment la question peut se poser, car le fondement de l'action en dommages-intérêts, c'est-à-dire le préjudice, fait ici absolument défaut.

Dix ans se sont écoulés depuis la découverte du dol, l'action en rescision n'ayant pas été exercée, est désormais impossible. Mais la partie trompée pourra-t-elle, dans les trente ans à dater du jour du contrat, exercer l'action en dommages-intérêts; en d'autres termes, l'action de l'article 1382 peut-elle survivre à l'action conférée par l'article 1117 et réglementée par l'article 1304 ?

La négative compte des partisans, et les raisons invoquées par eux à l'appui de leur système semblent, de prime abord, assez concluantes : la prescription de dix ans n'étant, disent-ils, qu'une ratification tacite présumée, comment dès lors concevoir une action en dommages-intérêts ? Le contrat avait un vice, vous pouviez le faire annuler ; mais, par votre conduite, vous avez manifesté l'intention de ne pas vous prévaloir de votre droit. Le vice étant désormais purgé, le contrat est désormais à l'abri de toute attaque ; quelle sera donc la base de votre action en dommages-intérêts ?

Nous consentons à suivre nos adversaires sur le terrain sur lequel ils ont placé le débat : la prescription de l'article 1304 n'est autre chose, dites-vous, qu'une ratification tacite, soit ; après dix ans, le vice inhérent au contrat est purgé, nous le reconnaissons. Mais quelle conclusion devrons-nous tirer de ces prémisses ? Qu'après dix ans l'action en rescision est désormais éteinte ; la victime du dol ne pourra plus faire annuler le contrat. Mais de quel droit concluez-vous qu'elle a renoncé à agir en dommages-intérêts ? De son inaction ? Mais les présomptions légales sont de droit étroit et ne peuvent être généralisées. Un dol a été commis, il n'est au pouvoir de personne de faire qu'il n'ait pas été pratiqué. La victime peut, il est vrai, en paralyser les effets ; mais quant à la cause, le dol lui-même, elle subsiste toujours. Cette cause peut

produire deux séries d'effets : la nullité tout d'abord ;
en second lieu, une obligation de réparer le préjudice
causé.

Je puis renoncer à ces deux séries d'effets ; le dol
alors, bien qu'il subsiste en principe, ne produira
aucune conséquence. Mais les effets du dol ne sont
pas indivisibles : je puis renoncer aux uns sans
renoncer aux autres. En restant dix ans sans agir à
partir de la découverte des manœuvres dolosives, j'ai
manifesté tacitement ma volonté de ne pas user de
mon droit de faire annuler le contrat ; mais j'ai conservé le droit d'agir en dommages-intérêts et je ne le
perdrai qu'en restant trente ans sans agir, à dater du
jour du contrat. Du reste, si, quand les conditions de
l'article 1116 font défaut, l'action en dommages-
intérêts dure trente ans, *a fortiori* doit-il en être de
même quand ces conditions sont remplies.

Notre solution n'a rien de contraire à l'esprit qui a
inspiré la disposition de l'article 1304. Le législateur
a limité à dix ans le droit d'agir en nullité parce que
la société est intéressée au maintien du contrat, car
la nullité peut atteindre les tiers ; ce danger n'est plus
à craindre dans l'hypothèse de l'article 1382, et il
importe au contraire à une société bien organisée et
vraiment digne de ce nom que l'auteur du dol échappe
le moins souvent possible à la répression que méritent ses manœuvres.

Ajoutons enfin que la victime des manœuvres dolosives pourra, dans certaines hypothèses, exercer suc-
cessivement l'action en rescision de l'article 1117 et

l'action en dommages-intérêts. L'action en rescision ne lui procurera pas toujours en effet une réparation entière, complète, du préjudice éprouvé. Vous m'avez déterminé par dol à vous vendre ma maison ; au bout de cinq ans je fais prononcer l'annulation du contrat. Mais pendant ce laps de temps j'aurais pu me défaire de ma maison à des prix avantageux ; j'ai forcément laissé échapper ces occasions. L'action en rescision ne me rend donc pas absolument indemne ; l'article 1382 me fournit le moyen d'obtenir une réparation complète. Les dommages-intérêts feront l'objet de conclusions accessoires prises durant l'instance en rescision ou pourront même être demandés dans une nouvelle instance. Bien plus, ces deux actions pourront parfois être dirigées contre deux personnes.

L'hypothèse d'un mandat va nous en fournir un exemple très simple. Des manœuvres frauduleuses pratiquées par un mandataire ont déterminé une personne à contracter ; c'est contre le mandant que celle-ci devra agir en nullité, car le mandataire n'a été qu'un instrument. Les effets du mandat devant se réaliser en la personne du mandant, celui-ci est responsable des moyens employés pour arriver à la conclusion du contrat, sauf toutefois son recours contre le mandataire. Quant à l'action en dommages-intérêts, elle devra être dirigée, non pas contre le mandant, mais contre le mandataire. Il ne s'agit plus ici d'anéantir les conséquences d'un fait, il s'agit de punir le fait lui-même, le dol. Or le dol est l'œuvre personnelle du mandataire, c'est donc à lui à en supporter les conséquences et à payer, sans recours contre le mandant, les dommages-intérêts auxquels il pourra être condamné.

La victime du dol a donc rencontré chez le législateur français une protection bien plus efficace que chez le préteur romain. A Rome, la victime ne pouvait agir *de dolo* qu'en l'absence de tout autre moyen de réparation, elle avait une année pour intenter son action, et une fois les choses remises en l'état, tout était dit. Aujourd'hui, rien de semblable. La victime a presque toujours le choix entre l'action en rescision et l'action en dommages-intérêts ; a-t-elle choisi la première, elle peut, si elle n'a pas obtenu satisfaction complète, intenter la seconde ; enfin dix années lui sont accordées pour agir.

Que conclure de cette comparaison sommaire entre les deux législations ? L'auteur du dol a-t-il rencontré chez le préteur romain une bienveillance, une indulgence tout au moins, que lui a refusée le législateur français ? En aucune façon. Le droit romain, nous le savons, n'est pas l'œuvre d'un jour, plusieurs siècles y ont contribué, il y a eu comme un travail d'alluvion. Le préteur, dans ses réformes, avait à lutter contre le droit civil qu'il n'osait attaquer de front. C'est ce qui explique l'insuffisance des moyens de réparation mis à la disposition de la victime du dol : l'*actio de dolo* était une transaction, un compromis ; comme toute transaction, tout compromis, elle était imparfaite. Le législateur de 1804 n'avait pas les mêmes susceptibililés à ménager : plus libre, il a fait mieux. Nous sommes heureux de le constater, mais, nous souvenant des nombreux emprunts faits par notre Code à la législation romaine, nous nous refusons à jeter la première pierre au préteur romain.

La réparation pécuniaire à laquelle a droit l'individu victime d'un dol sera le plus souvent accordée, nous l'avons déjà fait observer, par les tribunaux civils ; la condamnation aux dommages-intérêts sera cependant dans certains cas prononcée par les tribunaux criminels. Si le fait dolosif tombe sous l'application de la loi pénale, la partie lésée peut saisir le tribunal qui statue correctionnellement de la demande en dommages-intérêts, ou, à son choix, attendre la fin de l'instance correctionnelle et assigner ensuite civilement son adversaire. Le jugement qui a condamné ce dernier pourra alors servir à appuyer la demande de dommages-intérêts.

Sans entrer dans la nomenclature des différences qui séparent le délit civil du délit criminel (1), nous devons cependant signaler deux conséquences importantes de la criminalité du fait :

1° Lorsque le fait dolosif constitue un délit purement civil, le jugement condamnant les auteurs du dol à des dommages-intérêts n'emporte pas de plein

---

(1) On entend par délit, en matière criminelle, toute infraction prévue et punie par la loi pénal; dans une acception plus restreinte, le mot délit signifie l'infraction punie de peines correctionnelles, sans qu'il y ait lieu de distinguer si l'auteur du fait délictueux a eu ou non l'intention de nuire.

droit solidarité entre eux. Le tribunal est libre de l'accorder ou de la refuser ; s'il l'accorde, il en doit faire mention expresse dans le jugement. L'article 55 du Code pénal déclare au contraire que tous les indi-vidus condamnés pour un même crime ou pour un même délit seront tenus solidairement des amendes, des restitutions, des dommages-intérêts et des frais. La solidarité a donc lieu de plein droit, sans qu'il soit nécessaire que les arrêts ou jugements la prononcent expressément. Cette obligation repose sur ce que chacune des personnes qui commet un délit ou y participe en doit la réparation pour le tout, et ne peut arguer de ce que d'autres ont commis un délit comme elle pour n'en être tenue que pour partie ; la culpabilité des autres ne la déchargeant pas des suites de la sienne. Il importe peu, d'ailleurs, que la pour-suite ait lieu devant les tribunaux civils ou devant les tribunaux criminels (1).

2° L'action civile se prescrit par les mêmes délais que l'action publique ; tel est le principe consacré par les articles 627, 628 et 640 C. inst. crim. Il en est ainsi, alors même que l'action civile résultant d'un crime ou d'un délit, est portée devant les tribunaux civils. Cette solution, déjà adoptée par Pothier, est reproduite par l'article 11 de la loi de brumaire an vi. Le législateur de 1808 n'y a pas dérogé ; telle est du moins l'opinion généralement admise par la doctrine et la jurisprudence.

(1) Duranton, t. II, n° 194, Massé et Vergé, sur Zachariæ, t. III, p. 348, n. 5.

On objecte, il est vrai, que cette doctrine a pour conséquence d'établir en principe que la durée de l'action est en raison inverse de la gravité du fait. L'objection est fondée, mais on peut répondre que la société est intéressée à empêcher un examen et une discussion qui peuvent établir la culpabilité d'un individu désormais à l'abri des atteintes de la justice. En ce qui concerne le dol, il faut conclure de cet exposé sommaire que si le fait dolosif est un délit criminel, la durée de l'action civile sera de trois ans et non de trente comme dans le cas de délit civil. Toutefois, ceci ne doit pas s'entendre d'une façon trop absolue : si la victime du fait dommageable peut le présenter dans son exploit d'ajournement de manière à lui enlever son caractère de délit criminel, la prescription trentenaire devient applicable. En vain le défendeur objecterait-il qu'il a commis un véritable délit ; ce mode de défense serait forcément écarté en vertu du principe « *nemo auditur turpitudinem suam allegans.* » Telle est la doctrine consacrée par un arrêt de la Cour de cassation du 17 décembre 1839 dans les termes suivants : « Attendu que le défendeur, pour écarter la demande dirigée contre lui, n'a opposé à ses adversaires que des fins de non-recevoir ; que le tribunal dont le jugement était attaqué, ayant donné des motifs pour rejeter ces fins de non-recevoir, a pu ,au fond, la demande n'étant pas contestée, ordonner, sans donner de motifs particuliers, que les jugements dont était appel sortiraient leur effet.»

CHAPITRE QUATRIÈME

DU DOL DANS LES CONTRATS QUI NE TOMBENT PAS SOUS L'APPLICATION DE L'ARTICLE 1116

SECTION PREMIÈRE.

Des effets du dol dans le mariage.

Aux termes de l'article 1109, « il n'y a point de consentement valable, si le consentement n'a été donné que par erreur, ou s'il a été extorqué par violence, ou surpris par dol. » Article 180 : « Le mariage qui a été contracté sans le consentement libre des deux époux, ou de l'un d'eux, ne peut être attaqué que par les époux, ou par celui des deux dont le consentement n'a pas été libre. Lorsqu'il y a erreur dans la personne, le mariage ne peut être attaqué que par celui des deux époux qui a été induit en erreur. »

Du rapprochement de ces deux articles, il résulte que si le consentement, nécessaire pour tous les contrats, est de l'essence même du mariage, le législateur néanmoins, en matière de mariage, ne reconnaît que deux vices du consentement : la violence et l'erreur.

Le dol pratiqué par l'un des futurs époux envers l'autre pour le déterminer à contracter mariage sera-t-il donc sans effet? En principe, nous devons répondre affirmativement : en mariage, trompe qui peut, disait Loysel, et notre législateur, s'inspirant de cette maxime, a, sinon permis, du moins toléré les manœuvres par lesquelles l'un des futurs époux cherche à surprendre le consentement de l'autre. Cette solution se peut-elle justifier? On l'a prétendu.

Suivant M. Demolombe, le dol n'altère pas à beaucoup près le consentement comme la violence, ni surtout comme l'erreur, car la partie amenée, même par dol, à vouloir et à consentir, a bien et dûment voulu et consenti. Le dol dans les contrats peut, il est vrai, être dans certains cas une cause de nullité, mais la rescision n'est au fond prononcée qu'à titre de dommages-intérêts. En matière de mariage, toute action en dommages-intérêts, c'est-à-dire en réparation pécuniaire, est impossible, donc la rescision, qui n'en serait que l'équivalent, ne saurait avoir lieu. Du reste, ajoute M Demolombe, ce qu'on appelle dol est si difficile à caractériser! La bonne foi complète, la loyauté absolue sont si rares. Il faut donc toujours faire la part d'un certain alliage, du *dolus bonus* comme on dit, toujours et surtout peut-être dans le mariage (1).

Malgré tout notre respect pour l'éminent doyen dé la faculté de Caen, nous nous permettons de né pas

(1) Demolombe, t III, n° 255.

trouver ces raisons décisives. Le dol, nous le reconnaissons, est un vice moins grave que l'erreur ou la violence, mais, et ce point est admis par M. Demolombe, il n'en est pas moins un véritable vice du consentement. Qu'on n'objecte pas que la victime du dol n'est pas à l'abri de tout reproche, car la victime de l'erreur n'a-t-elle pas, elle aussi, commis une faute? Avec plus de prévoyance, elle aurait sans doute pu éviter l'erreur dans laquelle elle est tombée. Mais, dit-on, la personne trompée par suite de manœuvres dolosives a voulu et consenti; n'en est-il pas de même de la victime de la violence, pouvons-nous répondre à notre tour? Plus énergique, elle n'aurait pas cédé; son assentiment même est donc une manifestation de volonté : *qui mavult, vult; coacta voluntas, voluntas est.* Ainsi donc, lorsqu'on examine le caractère rationnel du dol, rien ne peut justifier la solution du législateur, et la différence qu'il a voulu établir entre ce vice du consentement et les deux autres.

Trouverons-nous l'explication de cette solution dans les modes ordinaires de réparation mis à la disposition de la victime? Lorsqu'un dol a été commis dans un contrat ordinaire, la victime peut à son choix, si les conditions de l'article 1116 se trouvent remplies, exercer une action en rescision ou une action en dommages-intérêts. Qu'en matière de mariage il ne puisse être question d'action en dommages-intérêts contre l'autre époux, nous le comprenons à merveille; mais pourquoi l'action en rescision serait-elle impossible? Parce que, répondent tous les auteurs, l'action en rescision n'est, au fond, qu'une simple action en dommages-intérêts. Ceci ne nous semble pas exact : quand la personne trompée ou violentée demande la nullité du mariage pour cause d'erreur ou de violence, soutiendra-t-on aussi que son action est une action en dommages-intérêts? Le but de l'action en dommages-intérêts, c'est une réparation pécuniaire; le but de l'action en rescision, c'est la remise des choses dans l'état antérieur : donc si le résultat des deux actions est souvent le même, il n'en est pas moins vrai qu'en lui-même leur but est profondément distinct. En matière de mariage notamment, l'action en rescision pour dol n'aboutirait pas à une réparation pécuniaire, mais à l'annulation d'un mariage, résultat de manœuvres frauduleuses sans lesquelles l'union n'aurait pas été contractée. Parce que le mariage est un contrat *sui generis*, plus noble que les contrats ordinaires, devait-on tolérer les manœuvres les plus blâmables, les mensonges les plus impudents, pour arriver à sa réalisation ?

M. Demolombe l'a si bien compris qu'il se hâte de demander, en faveur du législateur, le bénéfice des circonstances atténuantes : ce qu'on appelle dol, dit-il, est si difficile à caractériser! mais n'en est-il pas de même lorsqu'il s'agit d'un contrat ordinaire, et cependant cette considération n'a pas empêché le législateur d'écrire l'article 1116. Oui, nous le reconnaissons, la bonne foi absolue, la loyauté complète sont choses rares, mais s'il est un contrat où on les devait exiger, c'est à coup sûr dans le mariage, et au législateur appartenait de faire respecter comme elle le mérite cette institution si attaquée de nos jours.

Dupin, alors procureur général, est venu prêter à la théorie que nous combattons l'appui de son éloquente parole : « Dans les contrats vulgaires, dit-il, dans les contrats qui n'ont pour objet que les intérêts purement matériels, souvent on annule une convention par cela seul qu'un des contractants a ignoré des circonstances ou des désignations que l'autre était tenu de lui faire connaître ; dans les achats et ventes d'animaux, lorsqu'il s'agit d'un cheval ou d'un bœuf il y a des vices rédhibitoires ; mais il n'en est pas ainsi en matière de mariage, la *restitutio in integrum* y est impossible, et cela explique pourquoi, en cette matière, le législateur s'est appliqué à restreindre les causes de nullité. »

Nous ne nous arrêterons pas à réfuter l'argument tiré de l'impossibilité de la *restitutio in integrum*, c'est-à-dire de la remise des choses dans l'état antérieur. La même impossibilité existe en cas de violence et d'erreur, et cependant ces vices du consentement peuvent entraîner la nullité du mariage ; du reste, si quelqu'un doit souffrir de la *restitutio in integrum*, c'est l'auteur du dol, et cette considération n'aurait pu suffire pour justifier la solution du législateur. Mais quand on prétend que le législateur aurait porté atteinte à la dignité du mariage s'il avait permis d'en demander la nullité pour dol, nous protestons. Sera t-elle donc bien digne de respect cette union qui repose, non pas même sur un malentendu, mais sur une tromperie de l'un des époux envers l'autre? Cette tromperie vous semble blâmable lorsqu'il s'agit d'un contrat vulgaire, d'une vente ou d'un achat, vous flétrissez de l'épithète de « malhonnête » l'homme qui y a recours, et lorsqu'elle a lieu dans l'acte le plus grave de la vie, vous la dédaignez, disant : « *De minimis non curat prætor !* »

En résumé, si le doute n'est pas possible, s'il est certain que le législateur n'a pas compris le dol parmi les causes qui peuvent vicier le consentement des parties, nous ne pouvons que déplorer une semblable solution. La thèse que nous soutenons a, il est vrai, rencontré peu de crédit chez les jurisconsultes, et cependant il nous semble, peut-être est-ce de la présomption, que les raisons indiquées par nous ne sont pas absolument dénuées de valeur.

Le dol, disons-nous, en matière de mariage, ne peut vicier le consentement; mais ne produira-t-il aucun effet? Il est deux hypothèses dans lesquelles la question peut se poser : nous voulons parler de la séduction et de l'erreur produite par suite des manœuvres frauduleuses de l'autre partie.

Selon Marcadé (1), la séduction, altérant la liberté du consentement, peut devenir une cause de nullité de mariage : « Un jeune homme de vingt et un ans, qui n'a plus d'ascendants, se laisse séduire par une vile prostituée, une courtisane habile, qui, voulant mettre à profit la passion qu'elle lui inspire, met à

______
(1) Sur l'article 180, n°ˢ 1 et 2.

l'accomplissement des désirs de ce fou une condition qui doit lui faire partager ses richesses, c'est-à-dire un mariage avec elle. Le jeune homme, à qui sa passion a enlevé l'usage de sa raison, y consent. Lorsque ce jeune homme viendra demander à sortir de l'abîme dans lequel l'a jeté son inexpérience, la loi le forcera-t-elle d'y rester, par cela seul qu'il n'y aura pas eu violence ? Sera-t-il défendu aux tribunaux de proclamer d'après les circonstances, que le mariage ne doit pas être maintenu ? »

Marcadé répond négativement, et il invoque à l'appui de son opinion l'autorité de l'ancien droit et les textes du Code civil lui-même. Selon Pothier, « la séduction n'est pas moins contraire que la violence à la liberté du consentement qui est requise pour le mariage. Un consentement surpris par dol est imparfait comme l'est celui extorqué par la violence. » Le Code civil reproduit évidemment les mêmes principes, puisqu'au lieu de restreindre la nullité du mariage au cas de violence, comme le fait l'article 1109, il la permet dans l'art. 180 quand le consentement n'a pas été libre. Cette différence entre les articles 180 et 1109 est écrite de nouveau dans les articles 181 et 1304, dont le dernier fait courir le délai de l'action du jour où la violence a cessé, tandis que le premier la fait courir du jour où l'époux a acquis sa pleine liberté.

Nous ne pouvons, à notre grand regret, admettre le système de Marcadé. L'argument tiré de l'ancien droit ne prouve rien ou tout au moins est peu concluant, car si la séduction était alors considérée comme un empêchement dirimant, c'était surtout « quand il s'agissait du mariage de personnes de l'un et de l'autre sexe qui étaient en minorité, lorsque le mariage s'était fait sans le consentement de leurs père, mère, tuteur ou curateur (1). » Or aujourd'hui, en pareil cas, il n'est pas besoin d'invoquer la séduction ; la nullité fondée sur le défaut de consentement des ascendants ou de la famille du mineur suffit (art. 182).

Mais s'il s'agit d'un majeur de 21 ans sans ascendants ? En pareil cas, un danger existe, nous sommes les premiers à le reconnaître, et sur ce point la loi est défectueuse. Mais, nous l'avons déjà dit, à tort ou à raison, à tort selon nous, le législateur ne veut pas voir dans le dol un vice du consentement suffisant pour faire prononcer la nullité du mariage. Or la séduction est un véritable dol ; tel était l'avis de Pothier, et telle est en effet la réalité. « La séduction, dit M. Demolombe, persuade, fascine, et la personne séduite, loin de subir une contrainte et de ne pas être libre, a souvent une liberté trop pleine d'ardeur et d'emportement. La séduction et ses artifices peuvent bien égarer sa raison, troubler et pervertir son jugement, mais sa liberté même, elle la lui laisse tout autant que l'erreur et le dol. La séduction n'est en effet qu'une espèce de dol (2). »

« Lorsqu'il y a erreur dans la personne, dit l'article 180, le mariage ne peut être attaqué que par

<hr>

(1) Merlin, Répert., *Empêchement*, § 4, art. 7.

(2) Demolombe, t. II, n° 250 ; Locré, *législ. civ*, t. IV, p. 323 ; Aubry et Rau, t. V, p. 65 ; Glasson, n° 135.

celui des deux époux qui a été induit en erreur. » Nous touchons à une question célèbre qui divise encore aujourd hui les commentateurs du Code. Nous nous bornerons à indiquer brièvement la controverse, sans entrer dans une discussion étrangère à notre sujet.

Trois systèmes sont en présence :

Selon un premier système, l'article 180 ne vise et ne règle que l'erreur sur la personne physique, car dès l'instant où on a vu l'individu, la personne physique que l'on voulait épouser, il ne peut plus y avoir erreur dans la personne. Le mariage qui est infecté de cette sorte d'erreur n'est qu'annulable : la personne trompée peut donc seule en demander la nullité et pendant un certain temps seulement (1).

L'article 180, dit un second système, prévoit : 1° l'erreur sur la personne physique; 2° l'erreur sur la personne sociale, c'est-à-dire sur cet ensemble de qualités qui individualise et personnifie chacun de nous aux yeux de la loi, de la famille et de la société. Dans l'un et l'autre cas, le mariage n'est qu'annulable.

Pour un troisième système, l'erreur sur l'individu ou sur la personne physique et l'erreur sur la personne civile, c'est-à-dire sur les qualités qui rendent l'individu habile au mariage, qui en font, en un mot, une personne mariable (2), sont distinctes et ne doivent pas être confondues. La première rentre dans l'appli-

____

(1) Portalis, disc.; Zachariæ, édit. Massé et Vergé, t. I, p. 2v4-206 ; Delv., t. I, p· 73, note 3.

(2) Définition de Demante, t. I, n° 262 bis, acceptée et reproduite par M. Demolombe.

cation de l'article 146, elle rend le mariage nul ; la nullité peut être demandée en tout temps et par toute personne intéressée, par celle-là même qui a trompé l'autre.

La seconde est régie par les articles 180 et 181. Elle n'empêche pas le mariage de se former, mais elle le rend annulable. La nullité n'en peut donc être demandée que pendant un certain temps et seulement par l'époux induit en erreur. La question de savoir dans quels cas l'erreur sur les qualités peut entraîner la nullité du mariage est abandonnée à la sagesse des tribunaux qui jugent, suivant les circonstances, si elle a essentiellement altéré le consentement de la partie qui l'a subie. C'est là une pure question de fait. Tel serait le système de M. Demolombe, si nous avons bien saisi la pensée de l'éminent auteur : « Ce serait donc, dit-il, en dernier résultat, ainsi que le proposait M. Regnier au Conseil d'Etat, une question de fait, et telle est, en ce qui me concerne, l'interprétation qui me paraît la plus logique et la meilleure. » Tel est aussi le système que nous croyons devoir adopter.

Quoi qu'il en soit, on peut, dans les derniers systèmes, se demander si l'erreur simple suffit pour rendre le mariage annulable, ou s'il faut, suivant l'expression de M. Demolombe, « que l'erreur soit le résultat de manœuvres frauduleuses de la partie sur l'état social de laquelle l'autre partie s'est trompée ? »

On chercherait en vain une réponse à cette question dans les articles du Code civil, et cependant les rédacteurs du Code s'en étaient préoccupés. C'est ce que

prouve ce passage des procès-verbaux du Conseil
d'Etat, passage que nous croyons devoir reproduire :

« Le mariage, dit le Premier Consul, ne doit être
» nul que lorsque la femme est complice de la fraude.
» Si c'est une aventurière, la loi ne peut la protéger ;
» mais la loi serait immorale si elle abandonnait une
» épouse innocente qui partageait l'erreur de son
» époux.

» M. Réal suppose qu'une femme mariée comme
» appartenant à telle famille et avec le consentement
» de cette famille soit, après le mariage, déclarée
» illégitime : il pense que le mariage serait valable
» soit que la femme ait partagé ou n'ait pas partagé
» l'erreur.

» Le Premier Consul dit que l'intérêt des mœurs
» exige qu'on l'abandonne, si elle a été complice.

» M. Cretet dit qu'il est presque impossible que cette
» complicité n'existe pas. Le Premier Consul répond
» que l'exemple cité par M. Réal prouve que la bonne
» foi de la femme est possible (1). »

Nous pourrions multiplier ces citations ; nous verrions le Premier Consul insister pendant toute la discussion pour qu'à l'erreur vînt s'ajouter le dol, et dire
même « que la bonne foi de la femme doit aller jusqu'à valider le mariage. » Et cependant, en présence
du silence gardé par le Code, on est forcé d'admettre
que l'opinion du Premier Consul n'a pas prévalu : le
Code, qui ne veut pas voir dans le dol un vice suffi-

(1) Locré, t. IV, p. 440 et 441.

sant pour altérer le consentement, voit dans l'erreur
dans la personne une cause d'annulation du mariage,
sans prendre en considération la bonne foi possible
de l'époux ! Etrange système, en vérité.

« Il est indifférent, disent MM. Aubry et Rau, que
l'erreur de l'un des conjoints ait été ou non la suite
du dol de l'autre. L'erreur qui tombe sur la personne,
physique ou civile, vicie par elle-même le consentement, quand même elle n'aurait pas été produite par,
des manœuvres frauduleuses. Et réciproquement
l'erreur sur les qualités ne suffit pas pour invalider le
consentement, quand même elle aurait été le résultat
de manœuvres frauduleuses pratiquées par l'un des
conjoints envers l'autre (1). »

MM. Aubry et Rau, abstraction faite de ce que leur
théorie a de contraire au système que nous avons
admis relativement à l'erreur, nous semblent exagérer
encore la pensée déjà trop absolue du législateur. Il
n'est pas, croyons-nous, absolument « indifférent que
l'erreur de l'un des conjoints ait été ou non la suite
du dol de l'autre. » Sans doute l'erreur, indépendamment de toute manœuvre dolosive, pourra être
une cause de nullité de mariage (et c'est sur ce point
que tout à l'heure portait notre critique), mais, lorsqu'à l'erreur dans la personne viendra se joindre le
dol, il y aura là un élément dont les magistrats devront tenir compte et qui aura sans doute sur leur
jugement une influence considérable (2).

(1) Aubry et Rau, t. V, p. 69 au texte et n. 14.
(2) Demolombe, t. III, n° 252.

A propos des effets que peut produire le dol en matière de mariage, il nous reste une dernière question à examiner. Nous savons qu'un système dont les représentants les plus autorisés sont MM. Aubry et Rau ne veut pas voir dans l'erreur sur les qualités une cause de nullité de mariage. Ainsi, par exemple, une femme qui aurait épousé un ci-devant moine profès, qu'elle ignorait être engagé par des vœux religieux, ne pourrait pour ce motif demander la nullité de son mariage. Il en serait de même de la femme qui aurait épousé par erreur un forçat libéré.

C'est ainsi encore, toujours d'après les mêmes auteurs, que le refus du mari de faire bénir son union par l'Eglise n'autoriserait pas la femme à demander l'annulation du mariage, sous prétexte d'erreur sur les sentiments religieux de son conjoint (1).

Mais, dans toutes ces hypothèses, le dol dont il a été victime ne constitue-t-il pas pour l'époux trompé une injure grave lui permettant de demander la séparation de corps?

En pareils cas, nous l'avons dit, l'époux trompé a, selon nous, le droit de demander la nullité du mariage, car il y a eu erreur sur les qualités ; aussi lui accorderons-nous *a fortiori* le droit de demander la séparation de corps.

Lorsque l'un des époux refuse de procéder à la célébration religieuse du mariage, la jurisprudence et la

_____

(1) Dans cette dernière hypothèse, M. Demolombe se range à l'avis de MM. Aubry et Rau, mais *contra* Bessolles, *Revue de législ.*, 1846, 2, p. 149 ; Marcadé, même revue, 1846, 3, p. 342.

grande majorité des auteurs voient dans ce refus une
injure grave de nature à motiver une demande en séparation de corps. Tel n'est pas l'avis de M. Batbie :
« A moins que les termes n'aient perdu leur sens
naturel, je ne vois rien d'injurieux dans ce refus, si
le conjoint qui refuse ne l'a pas accompagné de faits
propres à lui donner ce caractère ; or ce refus pourrait
être fait dela manière la plus respectueuse. Supposons
que le mari dise en refusant : « J'avais trop présumé
de mes forces, et le désir d'être uni à vous m'avait
décidé à passer sur toutes les exigences de la religion ;
mais aujourd'hui j'ai réfléchi, et il m'est impossible
de procéder à une cérémonie que mon incrédulité
profanerait. » Comment voir une injure dans un refus
qui serait motivé en ces termes (1)? »

Mais, répondrons-nous avec M. Duverger, peu importe la forme plus ou moins courtoise, plus ou moins
polie, sous laquelle le mari déguisera son refus; le
refus seul est à considérer, car *sermo rei, non res ser-
moni subjicitur.* Or, nous prétendons que l'alternative
imposée par le mari à la femme (de demeurer séparés
de fait ou de se réunir sans qu'il y ait eu bénédiction
nuptiale) constitue pour celle-ci une injure grave, et la
démonstration nous en sera facile si nous reprenons
chacun des termes de cette alternative.

Demeurer séparés de fait, c'est refuser de consom-
mer le mariage, ce qui, de l'aveu de tous, constitue
une injure grave; se réunir contre la volonté de la

(1) Batbie, Mémoire sur la revision du Code. *Revue critique,*
t. XXVIII, p. 131.

femme, sans qu'il y ait eu bénédiction nuptiale, c'est l'offenser d'autant plus gravement que la célébration religieuse est considérée par l'Eglise comme un sacrement, et que ses lois punissent d'anathème le mépris de ce sacrement (1). Qu'on ne dise pas que nous contraignons le mari à sacrifier ses convictions. Nous prétendons seulement qu'il n'a pas le droit de contraindre la femme à sacrifier les siennes, et qu'il lui fait injure en cherchant à l'y contraindre. Donc, concluons-nous, le refus dolosif de la part de l'un des époux de procéder à la célébration religieuse, constitue une injure grave de nature à entraîner la séparation de corps (2).

Une condamnation antérieure au mariage pourrait-elle être une cause de séparation de corps, si cette condamnation avait été dissimulée au conjoint du condamné? Il y a sur ce point divergence entre les auteurs. MM. Aubry et Rau enseignent la négative, car, disent-ils, l'article 232 ne parle que de la condamnation de l'un des époux, termes qui indiquent une condamnation postérieure au mariage. Du reste, ajoutent-ils, la distinction entre le cas où le conjoint du condamné ignorait l'état de ce dernier et celui où il le connaissait peut-être équitable, mais elle est complètement arbitraire. L'article 232 n'en dit pas un mot, et son silence à cet égard est décisif (3).

(1) Concile de Trente, session 24, canon 1.
(2) Trêves, 18:5, Sirey, 47, 2, 240 ; Angers, 1859, Sirey, 59, 2, 77; Demolombe, t. IV, n° 390 ; Aubry et Rau, t. V, p. 176.
(3) Marcadé sur l'art. 306, n° 4 ; Aubry et Rau, t. V, n° 176, n. 26.

Nous pensons, comme les auteurs dont nous venons de citer l'opinion, que le conjoint ne peut demander la séparation de corps en se fondant sur l'article 232. Mais s'il invoque l'article 231, et s'il présente comme une injure grave le silence gardé par son conjoint sur la condamnation dont il a été frappé, si en outre le conjoint a dissimulé sa véritable condition à l'aide de manœuvres frauduleuses, nous croyons que les juges pourront voir dans cet ensemble de faits une injure grave de nature à motiver une demande en séparation de corps. « L'injure, dit M. Demolombe, est dans votre réticence, dans votre odieuse et coupable dissimulation au moment même de la célébration du mariage (1). » Ce sera, en somme, une question de fait : les juges devront prendre en considération la position sociale de la personne trompée, et ils pourront voir, selon nous, dans la cohabitation continuée pendant six mois après la découverte de la condamnation, une sorte de ratification : « Celui qui aurait vécu pendant plus de six mois dans l'atmosphère de honte ou de contrainte dont il se plaindrait, serait-il bien venu à parler de sa tardive susceptibilité (2). »

Si les manœuvres dolosives, au lieu de porter sur les qualités morales, avaient eu pour effet de tromper sur la fortune, la position sociale, le nom, le rang de l'époux, nous ne verrions pas en principe dans ces divers faits une injure grave susceptible d'entraîner la séparation de corps. Nous disons *en principe*, car ici

(1) Demolombe, t. IV, n° 391.
(2) Bédarride, *Traité du dol et de la fraude*, t. I, n° 355.

encore le juge aurait une certaine latitude d'appréciation, et il est en effet impossible de tracer *a priori* des règles à cet égard : c'est donc à l'arbitrage souverain du magistrat que cette solution doit être laissée.

Nous n'avons pas à nous occuper ici du dol pratiqué à l'occasion des conventions matrimoniales, car nous ne pourrions que répéter ce que nous avons dit à propos du dol commis dans les contrats ordinaires. L'époux qui n'aura consenti telle ou telle clause du contrat que sous l'empire du dol pourra, dans les dix ans à dater de la découverte des manœuvres, en demander l'annulation. M. Bédarride fait observer à cette occasion que la rescision est possible, l'époux contre lequel elle est demandée fût-il resté personnellement étranger au contrat. Il doit, dit-il, en subir les conséquences, car : 1° le dol imputable au père de l'époux serait assimilé au dol du tuteur et du mandataire ; 2° tous ceux qui, sans avoir participé au dol, en ont reçu un avantage à titre purement gratuit et lucratif doivent restituer ce bénéfice illégitime, car *nemo debet ex damno alterius lucrari* (1).

Le second motif nous paraît fort équitable : quant au premier, nous croyons ne devoir l'accepter que sous réserves, car assimiler le père d'un enfant, même majeur, au mandataire légal ou conventionnel nous semble quelque peu arbitraire.

(1) Bédarride, t. I, n° 356.

Section deuxième.

Des effets du dol dans les actes à titre gratuit.

Nous n'avons pas l'intention, à l'occasion des actes à titre gratuit, de revenir sur des principes déjà exposés ; mais, pour être complet, il nous a semblé nécessaire de rechercher, brièvement du reste, quel peut être l'effet du dol sur des actes qui, par leur nature, semblent échapper à l'application de l'article 1116.

« Pour disposer de ses biens à titre gratuit il faut, aux termes de l'article 901, « être sain d'esprit. » Ces termes si vagues n'ont pas été employés sans intention par les rédacteurs du Code, car leur élasticité devait avoir pour conséquence d'attribuer aux tribunaux un large pouvoir d'appréciation. Le Code ne pouvait avoir la prétention d'énumérer limitativement toutes les causes qui peuvent altérer la raison de l'homme au point de le rendre incapable de disposer de sa fortune à titre gratuit : il a posé un principe général, laissant aux magistrats le soin d'en faire l'application. Usant de cette latitude, la doctrine et la jurisprudence n'ont pas hésité à étendre non seulement aux donations, qui sont de véritables contrats, mais même aux testaments, les causes d'annulation des conventions, et elles ont décidé bue les testaments pourraient être annulés pour cause d'erreur, de dol, de fraude ou de violence. Cette solution s'imposait du reste, car si le consentement est l'une des conditions essentielles des conventions, la liberté absolue d'esprit devait être exigée lorsqu'il s'agit d'actes à titre gratuit, c'est-à-dire d'actes intéressant au plus haut point la famille et la société.

De l'erreur et de la violence, nous ne dirons rien; le dol seul sera l'objet de quelques explications.

Pour que le dol puisse être une cause de nullité des donations ou des testaments, il faut qu'il soit évident que sans les manœuvres dolosives la libéralité n'aurait pas été faite. Cette condition est nécessaire, mais suffisante : tout se réduit en somme à une question de fait, la décision des juges du fond est, à cet égard, souveraine.

Lorsqu'il s'agit de donations ou de testaments, le dol prend souvent le nom de suggestion ou de captation. La suggestion, suivant la définition de M. Dalloz, consiste à user de l'influence que l'on a sur l'esprit d'une personne pour lui inspirer des résolutions qu'elle n'aurait pas prises elle-même; la captation consiste à s'attirer la bienveillance d'une personne, et, après y être parvenu, à obtenir d'elle des avantages dont la cause unique est dans l'attachement qu'on a su lui inspirer (1).

La suggestion et la captation peuvent donc être loyales, mais elles sont le plus souvent le résultat de manœuvres frauduleuses et dolosives.

Frappé de cette considération dont le passage suivant de Sénèque nous fournit la preuve : « *Cum dici-*

_____

(1) Dalloz, *Disp. entre vifs et test.*, n° 247.

mus beneficium repeti non oportere, non ex toto repeti-
tionem tollimus ; sæpe enim est opus malis exactore,
etiam bonis admonitore. Quid ergo, occasionem ignoranti
non ostendam, necessitates illi meas non detegam quare
nescisse se aut mentiatur aut doleat ? Interveniat ali-
quando admonitio, sed verecunda, quæ non poscat nec
in jus vocat. Socrates, amicis audientibus : omissem,
inquit, pallium si nummos haberem, neminem proposcit,
omnes admonuit ; a quo acciperet ambitus fuit (1) » le
droit romain avait décidé que la captation et la suggestion ne seraient des causes de nullité qu'autant
qu'elles auraient été accompagnées de manœuvres
dolosives.

Notre ancien droit n'avait pas imité cette sage ré-
serve, et l'article 47 de l'ordonnance de 1735 ne fait
aucune distinction : « Toutes les dispositions de la présente ordonnance qui concernent la date et la forme
des testaments, des codicilles, ou autres actes de dernière volonté, et les qualités des témoins, seront exécutées à peine de nullité, sans préjudice des autres
moyens tirés des dispositions des lois ou des coutumes,
ou de la suggestion ou captation des dits actes... »
En vain Furgole rappelait-il que « la captation et la
suggession ne sont pas des moyens propres et particuliers pour annuler les dispositions testamentaires,
qu'ils sont seulement une branche et une dépendance
du dol qui doit leur servir de fondement (2), » sa pro-
testation n'était pas écoutée, et de tous côtés on voyait

(1) Sénèque, *De beneficiis*, lib. vii, n° 24.
(2) Furgole, ch. v, sect. iii, n° 3.

surgir une foule de procès scandaleux, dans lesquels les héritiers et les légataires échangeaient les allégations les plus odieuses, et outrageaient la mémoire du testateur pour satisfaire leur cupidité.

Rien de semblable n'est aujourd'hui possible : les suggestions par elles-mêmes et par elles seules ne constituent plus des causes de nullité des dispositions à titre gratuit, mais elles le deviennent lorsqu'elles sont accompagnées de dol ; tel est le principe désormais consacré par la doctrine et la jurisprudence (1). « Il est permis, dit M. Maleville, de se procurer des libéralités par des caresses, des services, des prières, des présents ; il n'y a que les moyens frauduleux, les calomnies contre les héritiers naturels qui soient repoussés par la justice et la morale (2). »

Mais comment connaître l'existence de ces moyens frauduleux ? Plusieurs arrêts ont vu une preuve de captation : 1° dans l'existence de dispositions faites par l'institué au testateur, à la même date et dans les mêmes termes que le testament de ce dernier, surtout si l'institué n'avait pas de fortune tandis que celle du testateur était considérable (3) ; 2° lorsque le testament n'a pas été le fruit de la volonté libre du testateur, mais de l'obsession, ou lorsque le légataire a inspiré à la testatrice, atteinte de maladie, le désir de l'épou-

______

(1) Toullier, t. V, n° 705 ; Vazeilles, sur l'art. 901, n° 12 ; Marcadé sur l'art. 901, n° 4 ; Demolombe, t. XVIII, n° 358.

(2) Paris, 3 mai 1872, Sirey, 1873, 2, p. 51 ; Caen, 22 juill. 1873, Sirey, 1874, 2, 139.

(3) Paris, 31 juillet 1814.

ser, soit en s'annonçant à elle faussement comme appartenant à une famille des plus considérables, soit en lui remettant un testament portant une institution universelle, alors qu'il savait bien qu'en raison de la santé de la testatrice il n'aurait jamais d'effet (1).

M. Demolombe signale comme symptômes habituels de captation « l'éloignement des héritiers présomptifs et de la famille ; la séquestration de la personne trompée qui n'entend plus, qui ne voit plus que celui qui la trompe ; l'intronisation de ce dernier dans la maison dont il devient le directeur et comme l'oracle, enfin et surtout l'emploi de la calomnie contre les parents du disposant, l'articulation de faits précis et diffamatoires (2). »

Mais la suggestion, la captation, lorsqu'elles présentent un caractère dolosif, sont-elles des causes de nullité alors même que le donataire ou le légataire y sont restés étrangers, quand, en un mot, elles ont été pratiquées par un tiers ?

L'ancien droit répondait affirmativement, c'est du moins ce qui semble résulter d'un passage de Pothier : « Une disposition est captatoire et nulle, dit-il, non seulement lorsque je la fais dans la vue de capter pour moi les biens de celui à qui je la fais, mais encore lorsque je la lui fais dans la vue de capter ses biens pour un autre à qui je m'intéresse (3). »

Telle n'est plus, a-t-on dit, la solution du Code, car

(1) Req., 15 nov. 1831.
(2) Demolombe, t. 18, n° 386.
(3) *Dispositions testamentaires*, ch. ii, art. 6, p. 2.

le dol, aux termes de l'article 1116, n'est une cause de nullité de la convention que si les manœuvres ont été pratiquées par l'une des parties ; le dol ne sera donc une cause de nullité de la donation ou du testament, qu'autant qu'il sera l'œuvre du donataire ou du légataire, car il n'est pas de motif pour écarter ici l'application de l'article 1116. Cette solution, ajoute-t-on, est conforme à l'équité, car de quel droit rendre un légataire responsable de faits, blâmables il est vrai, mais auxquels il est resté complètement étranger ? Pour annuler, en pareille hypothèse, la donation ou le testament, il faudrait un texte, et ce texte n'existe pas, ou plutôt il en existe un, l'article 1116, qui consacre formellement la théorie opposée.

Ce système n'a pas prévalu ; la majorité des auteurs et la jurisprudence enseignent qu'en matière de donations ou de testaments le dol devient une cause de nullité de la disposition, soit qu'il ait été pratiqué par le donataire ou le légataire, soit qu'il l'ait été par un tiers sans la complicité et à l'insu de celui-ci. On ne saurait appliquer ici les principes relatifs aux conventions, d'après lesquels on tient pour règle que le dol, pratiqué par un tiers au profit de l'une des parties contractantes, mais sans collusion avec elle, ne vicie pas le contrat : si dans ce cas le contrat doit être maintenu, c'est qu'on ne peut pas, à raison d'un fait qui lui est étranger, priver la partie qui a contracté de bonne foi de l'avantage qu'elle se proposait en contractant et qu'elle s'est légitimement acquis. Mais il n'en est pas de même d'une libéralité, d'un legs ou

d'une donation, qui doivent toujours avoir un motif
impulsif dans la pensée du donateur. Si ce motif vient
à manquer, si par exemple le testateur a cru, sur les
rapports mensongers d'un tiers, récompenser des services, des actes de dévouement qui n'étaient que chimériques, alors il y a eu dol, suggestion ou captation
pratiqués contre lui ; sa volonté n'a pas été libre et
spontanée, la libéralité manque de son caractère essentiel, elle doit être annulée. On objecte : mais sur
quel texte vous appuyez-vous pour annuler en pareil
cas la donation ou le testament ? Sur quel texte, mais
sur l'article 901, cet article qui exige à bon droit,
chez celui qui veut disposer à titre gratuit, une liberté
d'esprit plus complète que celle ordinairement requise (1).

« Considérant, dit un arrêt de la cour de Dijon, que
le législateur, après avoir tracé les principes généraux
des obligations, a placé en tête du contrat qui régit
l'association conjugale les principes des contrats onéreux, qu'il devait en être ainsi puisque cet acte important et solennel règle les conventions faites, soit
par les époux, soit par les tiers, à l'occasion du mariage ; qu'il renferme le vœu des familles qui s'allient,
et qu'il fixe le sort présent et l'avenir de celle qui doit
surgir de cette union ; qu'ainsi la nullité des engagements réciproques ne peut être prononcée qu'en se
conformant au principe posé dans l'article 1116, c'est-

(1) Demolombe, t. XVIII, n° 383 ; Troplong, II, n° 488 ; Aubry
et Rau, t. VII, p. 68 ; Cass., 25 mai 1825, Dalloz, 25, 1, 324 ;
Besançon, 26 nov. 1856, Sir.-y, 57, 2, 244.

à-dire à l'égard des contractants qui auraient pratiqué les manœuvres frauduleuses, ou vis-à-vis de ceux qui auraient coopéré au dol qui a amené la stipulation attaquée... » Ainsi, d'après cet arrêt, lorsqu'il s'agit de donations faites par contrat de mariage, l'article 1116 serait seul applicable. Cette distinction n'a pas prévalu, et les auteurs sont unanimes pour étendre aux donations faites par contrat de mariage le principe que nous venons d'appliquer aux actes à titre gratuit en général.

SECTION TROISIÈME.

Du dol dans les acceptations de communautés ou de successions et dans les renonciations.

L'acceptation d'une succession est, par sa nature, irrévocable et ne peut être rétractée par le successible : *qui semel heres, semper heres*. Cette disposition a été empruntée au droit romain : le majeur qui avait fait acte ou pris la qualité d'héritier n'était plus admis à répudier la succession ; elle était généralement admise dans notre ancien droit (1), sauf dans le ressort du parlement de Bordeaux, et a été reproduite par notre Code.

L'article 783 prévoit exceptionnellement deux causes de révocation de l'acceptation : le dol et la lésion. Cet article ne parle ni de l'erreur, ni de la vio-

(1) Ordonnance de 1667.

lence; on admet cependant que ces deux vices du consentement autorisent la révocation de l'acceptation : l'erreur, car elle se confond avec la lésion qui résulte de la découverte d'un testament postérieur ; la violence, car elle rentre dans le dol pris *lato sensu*.

Suivant Delvincourt (1), si le dol a été pratiqué par un tiers, le successible ne peut demander la restitution de l'acceptation ; il a seulement droit à des dommages-intérêts qu'il demandera à l'auteur du dol. Si, au contraire, l'auteur du dol est un héritier, un créancier ou un légataire, le successible peut alors demander l'annulation, quand bien même tous les créanciers et les légataires n'auraient pas coopéré au dol.

Nous ne pouvons pas accepter ce système qui, selon nous, repose sur une fausse conception de la nature de l'acceptation. L'article 1116 a été rédigé en vue des contrats et des quasi-contrats; or, l'acceptation ne peut être considérée en droit français comme un quasi-contrat; c'est un fait purement volontaire de l'homme, un fait licite, dont il résulte un engagement envers les tiers, l'article 1116 ne lui est donc pas applicable.

Du reste, la distinction proposée par Delvincourt est la condamnation même de son système. Selon cet auteur, l'acceptation est absolument rescindable lorsque le dol a été commis par un cohéritier, un légataire, un créancier, rescindable même à l'égard des cohéritiers, légataires ou créanciers restés étrangers aux manœuvres. Mais, fait remarquer avec beaucoup

(1) T. II, p. 83.

de raison M. Duranton, comment concilier cette solution avec celle adoptée quand le dol a été commis par
un tiers? N'est-il pas évident que le créancier ou le
légataire auteur du dol n'est une *partie* que dans ses
rapports avec l'héritier trompé par lui, qu'il est absolument un tiers à l'égard des autres créanciers ou
légataires? L'héritier devrait donc, si Delvincourt
était logique, pouvoir se faire relever de son acceptation par rapport à celui qui l'a trompé; mais il ne devrait pas pouvoir le faire par rapport aux autres qui,
étant étrangers au dol, ne peuvent pas être considérés
comme parties dans le sens de l'article 1116. Et cependant, Delvincourt lui-même n'ose pas aller jusque-là.

Nous rejetons donc absolument la distinction proposée par Delvincourt (1) et acceptée par Chabot (2);
selon nous, l'acceptation est toujours rescindable,
quel que soit l'auteur du dol. L'article 783 est conçu
en effet dans des termes généraux : le majeur peut
attaquer l'acceptation expresse ou tacite qu'il a faite
d'une succession, lorsqu'elle a été la suite d'un dol
pratiqué envers lui. La disposition, nous le répétons,
est absolue, sans aucune distinction ni limitation, et
ce serait violer l'article 783 que de vouloir distinguer
là où loi ne distingue pas.

La différence qui existe entre le contrat et l'acceptation de succession justifie du reste pleinement la
contradiction qui existe entre l'article 783 et l'article

(1) Delvincourt, t. II, p. 83.
(2) Chabot, t. II, p. 504.

1116. « Dans un contrat, œuvre de tous les contractants, on comprend, dit M. Demolombe, que l'action
en nullité pour cause de dol ne soit pas opposable à la
partie qui n'a point participé aux manœuvres dolosives,
et que l'autre partie, qui est en faute d'avoir mal à
propos donné sa confiance à des tiers, n'ait qu'une
action personnelle en indemnité contre ces tiers. » Il
ne saurait en être de même en matière d'acceptation.
Quel que soit l'auteur du dol, l'acceptation est nécessairement vicieuse du moment où il y a eu dol, car le
consentement de l'héritier à devenir héritier n'existe
point, ou du moins il n'existe pas tel que le voulait la
loi, libre et pur. Or, les légataires et les créanciers de
la succession n'ayant point contracté avec l'héritier,
n'ayant pas compté sur sa fortune personnelle, ne
sont pas dans la position favorable d'un contractant
qui ne s'est obligé qu'en comptant sur l'exécution de
l'engagement qu'on prenait envers lui; ils ne peuvent
invoquer que le consentement donné par l'héritier à
l'acceptation. Du moment où ce consentement n'existe
pas ou n'existe que vicié, l'héritier doit avoir le droit
de leur opposer l'inexistence ou les causes de nullité
du consentement qu'ils invoquent. Telle est du reste
la solution généralement admise.

L'article 783 ne parle que *du majeur*, mais le mineur
qui n'aurait accepté une succession que par suite du
dol pratiqué envers lui, le pourrait certainement
invoquer. Si cet article ne parle que du majeur, c'est

(1) Duranton, t. VI, n° 454 ; Demolombe, t. XIV, n° 526 ; Aubry
et Rau, t. VI, p. 380 ; Req., 5 déc. 1838.

que lui seul, pour être relevé de l'acceptation d'une succession, est tenu de prouver que cette acceptation est le résultat d'un dol ; d'après l'article 1305 en effet, la simple lésion donne lieu en faveur du mineur à la rescision contre toutes sortes de conventions. Or si la rescision est admise en faveur du mineur dans tous les cas où il y a lésion, elle doit l'être nécessairement et à plus forte raison dans le cas prévu par l'article 783, c'est-à-dire lorsque la lésion est la suite de manœuvres dolosives (1).

L'hypothèse se présentera du reste rarement, car une succession échue à un mineur ne pouvant être acceptée que sous bénéfice d'inventaire, ne lui causera d'ordinaire aucun préjudice. Le cas peut cependant arriver : une acceptation même bénéficiaire peut causer un préjudice considérable, par suite du rapport auquel reste soumis l'héritier qui a accepté sous bénéfice d'inventaire.

Dans quel délai l'héritier autorisé à se faire restituer devra-t-il demander la restitution de son acceptation?

Quelques auteurs ont voulu écarter ici l'application de l'article 1304. Cet article, dit-on, est spécial aux conventions et déroge au principe général de l'article 2262; or, les exceptions étant de droit étroit, on ne peut

____

(1) Cet argument n'est pas admis par tous les auteurs, M. Vazeilles enseigne que l'article 1305 est restreint aux conventions, et qu'on ne saurait l'étendre aux acceptations d'hérédité sans jeter le trouble et l'incertitude dans les rapports de l'héritier mineur avec ses cohéritiers et les tiers. Ces raisons ne nous ont pas paru décisives.

appliquer le délai de dix ans à l'action en rescision de l'acceptation : l'héritier aura donc trente ans pour agir, mais le point de départ de ce délai sera, comme dans l'article 1304, le jour de la découverte du dol.

Quelle que soit la valeur de ce raisonnement, nous croyons devoir appliquer ici l'article 1304 ; l'héritier, selon nous, aura dix ans pour agir à compter de la découverte des manœuvres dolosives. Cette solution est conforme aux précédents historiques. La prescription de dix ans, on le sait, a été introduite en France par l'ordonnance de 1510 dont l'article 46 porte « que toutes rescisions de contrats, distracts, ou d'autres actes quelconques, fondés sur dol, fraude, circonvention, crainte, violence ou déception d'outre moitié du juste prix se prescriront d'oresnavant tant en nos païs coustumiers que de droit escrit, par le laps de dix ans continuels. » L'ordonnance de 1535 reproduisit les mêmes dispositions, et Thévenot commentant l'une et l'autre faisait observer que « ce mot distracts s'entend des obligations qui résultent non seulement *ex contractu, sed etiam quasi ex contractu,* comme renonciation à l'hérédité et par la femme à la communauté (1). « L'article 1304 n'a sans doute pas voulu déroger aux traditions de notre ancien droit, du moins rien ne nous autorise à le croire.

Pour le soutenir on invoque, il est vrai, le mot « conventions » employé par l'article 1304 ; mais cet argument de mot est sans valeur, car le même article

(1) Thévenot, l. 2, t. XXII, p. 373, cité par Demolombe, n° 555.

emploie l'expression « actes » qui est générale. Négligeant la lettre de l'article 1304 pour nous en tenir à son esprit, nous avons droit d'appliquer cet article à l'hypothèse qui nous occupe, car laisser pendant trente ans dans l'incertitude tous ceux que peut intéresser la renonciation de l'héritier trompé nous paraît impossible. Cette solution irait en effet directement contre le but du législateur qui a établi le délai de dix ans « afin que les domaines et propriétés des choses ne soient incertains et sans sûreté es-mains des possesseurs d'icelles, si longuement qu'elles ont été ci-devant et que la preuve des parties ne périsse et ne soit rendue difficile par le laps de temps (1). »

Est-il nécessaire d'ajouter que l'héritier ne serait pas recevable à demander la rescision de son acceptation si, depuis la découverte des manœuvres dolosives, il avait fait acte d'héritier.

Quant aux effets de la révocation de l'acceptation, nous n'avons pas à les rechercher ici. Disons seulement que l'héritier qui la fait prononcer conserve ou plutôt recouvre la faculté d'accepter sous bénéfice d'inventaire ou de renoncer. Renonce-t-il, sa part, selon nous, accroît à ses cohéritiers en vertu du principe que l'héritier qui renonce est réputé n'avoir jamais été héritier (1).

---

(1) Ordonnance de 1510, art. 46.

(2) Telle n'était pas la solution romaine (l. 64 et 98 *De acq. vel amit hered.*). La part de l'héritier renonçant n'accroissait pas à ses héritiers en vertu de la maxime : *Semel heres, semper heres.* Sans admettre cette théorie absolue, Delvincourt et Duranton distinguent : la part n'accroîtra qu'aux héritiers qui ignoraient

Nous nous sommes surtout occupé jusqu'ici du dol pratiqué dans l'acceptation d'une succession, mais la solution serait la même si le dol avait eu pour but de déterminer la femme commune à accepter la communauté. L'acceptation de la communauté par la femme est, en principe, irrévocable, mais l'article 1455 la déclare par exception annulable « s'il y a eu dol de la part des héritiers du mari. »

L'intérêt que peuvent avoir les héritiers du mari à provoquer l'acceptation de la femme est facile à saisir : la femme peut avoir, par contrat de mariage, stipulé la reprise de son apport en cas de renonciation (art. 1514). Elle a, par exemple, fait un apport de 50,000 fr. dont elle a stipulé la reprise pour le cas où elle renoncerait à la communauté. Au jour de la dissolution l'actif et le passif se balancent : 100,000 fr. d'actif et 100,000 fr. de dettes. Les héritiers du mari ont intérêt à voir la femme accepter la communauté, car ils sont alors certains de pouvoir payer intégralement les créanciers avec les deniers de la communauté ; si la femme renonce, elle prélève les 50,000 fr. dont elle a stipulé la reprise, laissant la communauté réduite à 50,000 fr. pour payer 100,000 fr. de dettes. Les héritiers du mari, s'ils ont accepté purement et simplement la succession de leur auteur, seront alors tenus sur leurs biens personnels.

Si, pour éviter ce résultat, ils ont recours à des

---

l'acceptation du restitué et non à ceux qui ont accepté la connaissant, car sans cela ces derniers se trouveraient obligés au delà de leurs prévisions, ce qui serait contraire à l'équité.

manœuvres dolosives afin de déterminer l'acceptation de la femme, celle-ci peut faire annuler son acceptation, quel que soit l'auteur du dol. Nous étendrons donc le principe posé par l'article 1455 au cas où le dol aurait été pratiqué par les créanciers de la communauté et à l'hypothèse où, en cas de séparation de corps ou de biens, le dol aurait été pratiqué par le mari lui-même.

La Cour de cassation a consacré plusieurs fois cette solution, et a jugé même que le défaut d'inventaire de la part de l'héritier ou de la veuve commune, qui ont accepté par suite de dol, ne peut être opposé comme formant obstacle à leur renonciation ultérieure, même par les créanciers étrangers au dol, et que, quand l'acceptation vient à être annulée, tout ce qui a été payé aux créanciers par l'héritier ou la veuve, de ses deniers propres, est sujet à répétition (1).

L'article 783 et l'article 1455 autorisent formellement, nous venons de le voir, la victime du dol à se faire restituer contre l'acceptation soit d'une succession, soit de la communauté ; mais ils ne parlent pas de la renonciation. Sera-t-il donc impossible de faire annuler celle-ci lorsqu'elle aura été le résultat de manœuvres dolosives ?

La logique et l'équité exigent qu'on permette à l'héritier et à la femme de demander l'annulation de leur renonciation, lorsqu'elle a été provoquée par dol, car les motifs qui ont fait admettre cette solution en cas

____

(1) Req., 5 déc. 1838, Sirey, 1838, 1, 945.

d'acceptation se retrouvent ici et n'ont rien perdu de leur énergie. Telle était du reste la théorie admise par notre ancienne jurisprudence. Nous en trouvons la preuve dans le passage suivant de Furgole. Cet auteur, après avoir posé en principe l'irrévocabilité de la renonciation, ajoute que cette règle souffre exception « si la répudiation a été faite par crainte ou par dol, ainsi que nous l'avons remarqué ci-dessus par rapport à l'adition ; car la répudiation qui est son contraire, doit se régler par les mêmes maximes « *contrariorum est eadem disciplina* (1). »

Lebrun partageait cette opinion: « Il faut se contenter de dire que l'on peut être relevé dans notre droit d'une renonciation exigée par dol et fraude, et en ce cas j'estime que l'on peut venir à restitution, non seulement dans les trois ans, mais encore dans les dix ans, parce que c'est une maxime que toutes les prescriptions du droit romain qui ne sont pas établies par une ordonnance ou une coutume, ne s'observent point parmi nous (2). » D'Argentré, sur l'article 415 de la Coutume de Bretagne, résume ainsi les faits dolosifs permettant de restituer une veuve contre sa renonciation : « *Sed et interdum evenit ut adversus renunciationes restituantur, cum se pellectas suasionibus heredum quæruntur, et celatas sibi tabulas, et instrumenta creditorum et debitorum dicunt, et deterritas ostentatione æris alieni, quod postea emolutum constitisset.* »

____

(1) Furgole, *Traité des testaments*, t. IV, chap. X, sect. II, n° 18.

(2) Lebrun, *Traité des success* , l. III, ch. VIII, sect. II, n° 56.

Le dol, sous notre Code civil, doit être encore, selon nous, une cause de nullité de la renonciation, quel qu'en soit l'auteur. Nous repoussons donc la distinction proposée par Marcadé ; selon cet auteur, le dol ne serait une cause d'annulation de la renonciation qu'autant qu'il aurait été l'œuvre de celui là même qui a profité de la renonciation et contre lequel l'annulation est demandée, cohéritier ou parent du degré subséquent (1).

Cette distinction, contraire au texte de l'article 783, nous semble purement arbitraire (2). Remarquons toutefois que l'hypothèse d'une femme se faisant restituer contre sa renonciation à la communauté, se présentera assez rarement en pratique, car la femme connaîtra d'ordinaire par l'inventaire la situation vraie de la communauté. Le cas n'est cependant pas impossible, car la femme peut ne pas habiter avec le mari et, lorsqu'elle veut faire procéder à l'inventaire, les héritiers du mari peuvent dissimuler une partie de l'actif, ou présenter comme dues des obligations déjà éteintes ou des dettes qui n'ont jamais existé. Dans ces conditions, l'équité exige qu'on permette à la femme de revenir sur une résolution inspirée par de semblables manœuvres.

(1) Marcadé sur l'art. 790, p. 4.
(2) Demante, t. III, n° 108 bis, 4 ; Aubry et Rau, t. VI, p. 415.

SECTION QUATRIÈME.

Du dol dans les reconnaissances d'enfants naturels.

La reconnaissance d'un enfant naturel peut-elle être annulée pour cause de dol?

Le Code est muet, mais la jurisprudence a eu plusieurs fois l'occasion de se prononcer sur cette intéressante question. Par un arrêt du 14 décembre 1833, rapporté par Sirey 1834, II, 7, la Cour d'appel de Paris a admis l'affirmative, décidant en même temps qu'il n'était pas nécessaire que le dol eût été pratiqué par l'enfant. Cette solution nous semble inattaquable. La reconnaissance d'un enfant naturel n'est pas un contrat, mais la déclaration d'un fait préexistant, celui de la paternité. Si le fait de la paternité n'est pas vrai, la reconnaissance doit être annulée ; si celui qui s'est reconnu père prouve qu'il a cédé soit à la crainte, soit à la séduction, soit à l'empire des passions, s'il est démontré que l'enfant ne lui appartient pas et ne peut lui appartenir, par quel principe de droit ou de morale repousserait-on sa réclamation contre cette prétendue reconnaissance? Sera-ce en vertu de l'article 339, sous prétexte que cet article n'accorde formellement qu'aux tiers le droit de contester la reconnaissance ? Mais ce serait attribuer à cet article une portée qu'il n'a pas. Si l'article 339 concède expressément aux tiers le droit d'attaquer la reconnaissance, c'est que ce droit aurait pu leur être contesté. On aurait pu dire : les auteurs de la reconnaissance ne la contestant pas, où puisez-vous le droit de l'attaquer ? A l'égard des auteurs de la reconnaissance, il était inutile de s'expliquer en termes exprès, car le doute n'était pas possible. D'après le droit commun, on peut en effet revenir sur une déclaration contraire à la vérité, et le législateur n'ayant pas dérogé pour lui à ce principe, l'auteur de la reconnaissance y reste soumis.

Dans l'espèce sur laquelle la cour de Paris a eu à se prononcer, la mère de l'enfant avait exigé la reconnaissance comme prix de ses bontés, et le jeune homme avait eu la faiblesse d'y consentir. « Supposons, disait l'avocat du demandeur, que la femme, au lieu d'obtenir la reconnaissance, ait obtenu par les mêmes moyens la signature d'un engagement pécuniaire dont il serait démontré qu'elle n'aurait pas fourni la valeur, ne devrait-on pas prononcer la nullité de cet engagement comme étant le résultat du dol et de la séduction et comme ayant une cause illicite ? Les motifs qui donneraient lieu à l'annulation d'un contrat doivent à bien plus forte raison déterminer celle de la reconnaissance d'un enfant naturel, car la reconnaissance est un acte unilatéral qui ne forme pas de lien entre son auteur et l'enfant qui en est l'objet (1), et il est toujours plus facile d'anéantir un acte unilatéral qu'un contrat. » Il en est, en un mot, de l'action en nullité d'une reconnaissance comme de l'action en nullité d'un testament pour suggestion ou captation : les moyens

(1) Rouen, 15 mars 1826 ; Sirey, 26, 2, 211.

qui seraient suffisants contre le second de ces actes doivent l'être contre le premier, car dans les deux cas il faut une volonté libre, une spontanéité incontestable.

Objectera-t-on qu'on ne peut, à l'aide d'une preuve testimoniale, détruire ni même altérer un acte authentique volontairement souscrit ? Nous répondrons, avec la cour de Rouen, que l'acte de reconnaissance, quand il est contesté, est loin de pouvoir être mis au rang des preuves positives, puisqu'il est l'œuvre isolée de celui qui veut s'en servir et qu'on ne peut se créer un titre à soi-même. L'acte de reconnaissance doit être seulement regardé comme une présomption de la classe des présomptions simples qui peuvent se détruire par des présomptions de même nature.

Pour toutes ces raisons, nous croyons que l'auteur d'une reconnaissance d'enfant naturel peut en demander l'annulation, quel que soit l'auteur des manœuvres dolosives (1).

Section cinquième.

Du dol en matière d'adoption.

La question ne nous semble pas très pratique, aussi ne lui consacrerons-nous que quelques courts développements.

(1) Demolombe, t. V, n° 340 ; Aubry et Rau, VI, 159 et 160; Rouen, 18 mars 1845, Sirey, 45, 2, 30 ; Paris, 14 déc. 1833, Sirey, 1834, 2, 6; Douai, 6 mars 1840, Sirey, 1840, 2,255.

Le dol peut-il être une cause de nullité de l'adoption ? Telle est la première question que nous devons
résoudre ; mais cette question rentre elle-même dans
une hypothèse plus générale et qu'on peut formuler
ainsi : l'adoption une fois prononcée peut-elle être
annulée ? n'est-elle pas plutôt un acte irréformable
dont la loi n'accorde à personne le droit de demander
la nullité ?

L'affirmative a rencontré dans la personne de
M. Dupin un défenseur convaincu : selon lui l'adoption, par sa nature même, ne saurait être un acte
éphémère et réformable. L'adoption, dit-il, est l'œuvre de la puissance publique ; à Rome elle avait lieu
par une loi, et ce mode étant aujourd'hui impraticable,
elle est, sous notre Code, prononcée par l'autorité judiciaire qui exerce en cette circonstance une vraie délé-
gation de la puissance publique. La décision de la
cour, l'arrêt qui dira qu'il y a lieu ou qu'il n'y a pas
lieu à l'adoption, ne sera pas un de ces arrêts qui
jugent seulement entre parties, et dont on peut dire
relativement à d'autres que c'est *res inter alios acta*,
ce sera un examen fait, une résolution prise dans
l'intérêt général de la société, ce sera *res solemniter
per magistratus celebrata*. La décision qui prononce
l'adoption est donc, par nature, irrévocable.

Les travaux préparatoires fournissent du reste un
argument en faveur de cette opinion ; la question fut
soulevée au Conseil d'État dans la séance du 4 nivôse
an x, et le premier consul semblait résumer le senti-
ment de la majorité dans cette formule bien expressive

dans sa brièveté : « Adoption et révocabilité sont deux termes qu'on ne rapprochera jamais. » Le silence gardé par le Code viendrait du reste, toujours d'après les partisans de l'opinion que nous exposons, trancher la controverse, si elle pouvait exister. Une filiation légitime, un mariage peuvent bien, disent-ils, être argués de nullité, mais la loi dans ces matières, en ouvrant des actions, les a définies, limitées, circonscrites, elle a semé comme à plaisir les fins de non-recevoir et les déchéances sur les pas des agresseurs. En matière d'adoption, nous ne voyons rien de semblable. Les causes d'attaque, le mode, les personnes, les délais, rien n'a été réglé, et ce silence prouve bien, chez les rédacteurs du Code, l'intention de déclarer irrévocable l'adoption une fois prononcée.

Pour résumer en deux mots cette théorie : l'adoption peut, en certains cas, être nulle, elle n'est jamais annulable (1).

La enrisprudence et la majorité des auteurs sont d'un avis contraire. L'adoption avait bien à Rome un caractère législatif, mais rien ne prouve qu'elle l'ait conservé en droit français. L'article 353 est même formel en sens contraire : il parle d'homologation, de jugement, d'arrêt, c'est assez dire qu'en matière d'adoption le pouvoir des magistrats est tout judiciaire et n'a rien de législatif.

On parle des travaux préparatoires, mais on n'y saurait, à cause de leur obscurité, puiser dans notre

______

(1) Dupin, *Réquisitoire*, 28 avril 1841, Sirey, 1841, 1, 274; Duverger, *Revue du droit franç. et étrang.*, 1846, p. 26.

hypothèse **un argument** sérieux. Quant aux paroles précitées du premier consul, elles s'appliquent à un tout autre ordre d'idées : le ministre de la justice proposait que tout individu donné en adoption pût, à sa majorité, rompre des liens qu'il n'avait pas consenti à former, et c'est cette idée que combattait le premier consul. Déclarer l'adoption irrévocable serait sacrifier les droits des familles et des collatéraux, et comment admettre que ce que les rédacteurs du Code n'ont pas fait pour le mariage, ils l'aient fait pour un contrat aussi exceptionnel que l'adoption ?

Selon nous, l'adoption est donc susceptible d'annulation, et parmi les causes de nullité relative de ce contrat, nous croyons devoir ranger le dol. La nullité résultant du dol sera, disons-nous, une nullité relative; celui des deux contractants dont le consentement aura été surpris par des manœuvres dolosives, aura donc seul le droit de demander la nullité. Quant aux conditions de l'action en nullité, nous pensons que cette action ne sera possible que s'il est évident que sans les manœuvres l'adoption n'aurait pas eu lieu; peu importe du reste par qui les manœuvres ont été pratiquées : il suffit que le consentement n'ait pas été libre. C'est assez dire que nous ne croyons pas l'article 1116 applicable à notre hypothèse, et que l'article 353 nous paraît devoir être seul invoqué.

MM. Aubry et Rau estiment que, dans le cas où l'adoption est attaquée à cause des vices du consentement de l'adoptant ou de l'adopté, l'action en nullité se prescrit par trente ans. En vain leur oppose-t-on la disposition du premier alinéa de l'article 1304; cet article, répondent-ils, ne s'applique qu'aux demandes en nullité dirigées contre des conventions ordinaires, et non à celles qui sont intentées contre des conventions qui constituent en même temps des actes de l'état civil.

Cette proposition nous semble au moins contestable, et nous ne pouvons qu'exprimer le regret que MM. Aubry et Rau n'aient pas cru devoir donner quelques raisons à l'appui de leur affirmation. Quant à nous, nous pensons avec M. Demolombe que l'article 1304 est ici applicable, car nous sommes précisément en présence d'un cas où « l'action en nullité n'est pas limitée à un moindre temps par une loi particulière. » La partie dont le consentement aura été surpris aura donc dix ans pour agir à partir de la découverte du dol; ce délai passé, elle ne sera plus recevable.

CHAPITRE CINQUIÈME

DU DOL DANS LES JUGEMENTS.

Ce sujet, disons-le de suite, ne rentre pas absolument dans le cadre que nous nous étions primitivement tracé. Mais son importance pratique est telle qu'il nous a semblé impossible de ne pas l'étudier d'une façon au moins sommaire.

« *Hic unus inter humanas procellas portus; quem si homines fervida voluntate præterierint, in undosis semper jurgiis errabunt,* » a-t-on dit de la prescription ; ces paroles pourraient s'appliquer à la chose jugée, car ce principe est lui aussi un abri salutaire que la loi offre aux citoyens contre les prétentions qui viendraient incessamment troubler leur repos, et remettre en question leur fortune et leur honneur. Nous n'avons pas à insister ici sur la nécessité qui s'impose, à toute société bien organisée, de mettre à l'abri des récriminations des parties, en le considérant comme vérité légale et irréfragable, ce qui a été définitivement jugé entre elles ; mais nous croyons devoir faire remarquer que pour justifier le principe « *Res judicata pro veritate habetur,* » il n'est pas besoin de faire appel « à ce droit supérieur de l'Etat » dont on abuse un peu trop aujourd'hui. L'effet de la chose jugée peut être considéré, selon nous, comme le résultat d'un quasi-contrat intervenu entre les parties : celles-ci, en soumettant leur différend à la justice, s'engagent tacitement à reconnaître comme vraie la décision qui interviendra, et leur imposer le respect de cette décision, c'est en somme se conformer à l'intention qu'elles-mêmes ont manifestée.

Mais si chacune des parties s'engage par avance à respecter la décision de la justice et à s'y soumettre quand elle deviendra définitive, c'est à condition que cette décision sera ce qu'elle doit être : la déclaration de ce qui est vrai et juste sur les points contestés.

Si, loin de revêtir ce caractère, la décision a été le résultat de manœuvres coupables, la partie qu'elle lèse devait avoir le droit de poursuivre la révocation d'une sentence judiciaire viciée dans ses éléments constitutifs, comme elle a, dans certains cas, l'action en restitution contre les contrats. Ce droit, notre législateur le lui a accordé, suivant sur ce point l'exemple de la législation romaine : quand un jugement aura été obtenu par dol, la partie lésée en pourra demander la rétractation. Mais les effets du dol, quant aux jugements, seront différents suivant que le dol sera imputable à la partie ou au juge ; la requête civile est seule possible dans le premier cas, la prise à partie dans le second. Nous étudierons séparément ces deux modes de recours.

Section première.

De la requête civile.

« Les jugements contradictoires rendus en dernier ressort par les tribunaux de première instance ou d'appel, et les jugements par défaut rendus aussi en dernier ressort et qui ne sont plus susceptibles d'opposition, pourront être rétractés, sur la requête de ceux qui y auront été parties ou dûment appelés, pour les causes ci-après :

1° S'il y a eu dol personnel ;

9° Si l'on a jugé sur pièces reconnues ou déclarées fausses depuis le jugement ;

10° Si, depuis le jugement, il a été recouvré des pièces décisives qui avaient été retenues par le fait de la partie (art. 480 Pr. c.). »

L'article 480 Pr. civ. contient dix alinéas ; nous ne retenons que les trois que nous venons de reproduire car seuls ils rentrent dans notre sujet.

I° La requête civile est possible lorsqu'il y a eu dol personnel.

Est-il nécessaire après nos précédentes explications de rappeler ce que la loi entend ici par dol personnel ? Le législateur a voulu exprimer que, dans les jugements, pour autoriser la requête civile, le dol devait émaner de la partie même au profit de laquelle le jugement a été rendu. S'il est l'œuvre d'un tiers, la requête civile est impossible. Il est facile en matière

de jugements de citer des exemples de dol personnel; on peut supposer, par exemple, que la partie
au profit de laquelle le jugement a été rendu a
séduit, corrompu l'huissier ou l'avoué de son adversaire, ou encore, que par un désistement simulé de la
poursuite dirigée contre moi, mon adversaire m'a empêché de prendre à temps les mesures nécessaires
pour arrêter l'effet de ces poursuites.

Il ne faudrait cependant pas prendre trop à la
lettre le principe que le dol personnel autorise seul la
requête civile: supposons qu'un dol ait été commis
par l'avocat ou l'avoué de votre adversaire (cas heu-
reusement fort rare, mais qui s'est présenté), dira-
t-on que le jugement ne peut pas être rétracté, car le
dol n'est pas l'œuvre personnelle de votre adversaire?
Nous ne le pensons pas : tout mandant est censé avoir
fait par lui-même ce qu'il a fait par son mandataire,
or l'avocat est le mandataire de la partie quant à la
défense à l'audience, car la défense suppose toujours
une autorisation, un pouvoir. Du reste, la partie qui
ne désavoue pas les faits avancés par son défenseur,
et tire au contraire avantage du jugement qui a été la
conséquence de l'erreur coupable dans laquelle il a
induit les juges, ratifie tacitement tout ce qui a été
dit et fait en son nom et s'approprie le dol de son
avocat, dol qui lui devient ainsi personnel. Sans cela,
comme on l'a fort bien fait remarquer, il faudrait sup-
primer le dol comme moyen de requête civile, car
jamais plaideur ne viendra l'employer en personne à
la barre de la Cour. C'était déjà la solution romaine :

Si per dolum sciens falso aliquid allegavit, et hoc modo consecutum eum sententia prætoris liquido fuerit adprobatum, existimo debere judicem quærelam rei admittere (1).

Parmi les faits pouvant constituer un dol personnel et par conséquent autoriser la requête civile, on doit citer la subornation des témoins et le faux serment. De la subornation des témoins nous avons peu de choses à dire : si elle est prouvée, c'est-à-dire s'il y a eu jugement de condamnation au criminel, la requête civile est possible. Quant au faux serment, une distinction est nécessaire. S'agit-il d'un serment décisoire, c'est-à-dire d'un serment déféré à l'une des parties par l'autre et prêté mensongèrement par celle-ci, ce mensonge, quoique ayant déterminé le jugement rendu en faveur de la partie parjure, ne sera pas un moyen de requête civile. La délation du serment, offerte par l'une des parties et acceptée par l'autre, constitue une véritable transaction que l'adversaire ne peut plus désormais attaquer (art. 1363 C. civ.). Il n'en est pas de même du serment déféré, non pas par l'une des parties à l'autre, mais d'office par le juge à l'une des parties de la cause, dans les cas où les articles 1366 et suivants du Code civil le lui permettent. Si la prestation du serment a été mensongère, on ne saurait alors opposer les mêmes motifs contre l'action en requête civile, car il n'y a pas eu de transaction volontairement intervenue entre les parties.

(1) L. 75 *De judiciis*, Mollot, *Régles sur la profession d'avocat*, p. 70 note; Bruxelles, 23 juillet 1840 ; Sirey, 40, 2, 312.

Dans ce cas, si le préjudice vient à être prouvé après le jugement, la partie sans le consentement de laquelle le serment supplétoire a été déféré, peut attaquer le jugement par la requête civile, comme étant le résultat d'un dol personnel (1).

De simples allégations ou dénégations de faits, sans emploi de manœuvres capables d'empêcher la partie ou le juge de connaître la vérité, peuvent-elles offrir le caractère d'un dol personnel; faut-il, en d'autres termes, pour autoriser la requête civile, outre l'affirmation d'un fait faux ou la négation d'un fait vrai, qu'il y ait eu dissimulation des pièces pouvant faire découvrir le faux?

La question est controversée : la cour de Besançon, par un arrêt du 10 septembre 1840, a décidé que la simple allégation d'un fait dont la fausseté a été depuis démontrée ne peut jamais constituer un dol, si elle n'est accompagnée de manœuvres qui aient réduit la partie adverse et le juge à l'impossibilité d'établir et de discerner la vérité. Les motifs invoqués par la cour de Besançon méritent d'être cités : que le dol doive être caractérisé pour donner lieu à la requête civile, c'est ce qui résulte de la loi 75-1 *De judiciis* qui exige la réunion du dol à l'allégation, et de l'article 480 Pr.civ. p. 10, portant que l'on peut se pourvoir par requête civile si depuis le jugement il a été recouvré des pièces qui avaient été retenues par le fait de la partie. Ce dernier argument est décisif, car le résultat d'une

______

(1) Carré et Chauveau, sur l'art. 480, nº 1742; Boitard, nº 731.

requête civile basée sur cette disposition devant être nécessairement l'établissement d'un fait contesté par la partie adverse, ou celui de la fausseté des faits par elle avancés, le législateur, en imposant de telles conditions, n'a pu vouloir dans le paragraphe 1er que ces mêmes dénégations, que ces mêmes allégations constituassent seules une ouverture de requête civile.

Cette opinion est généralement repoussée. Sans remonter au droit romain qui consacrait une doctrine absolument contraire à celle de la cour de Besançon (1), on peut invoquer l'ordonnance de 1667. Cette ordonnance, à côté du dol personnel, plaçait la rétention de pièces comme autorisant la requête civile, et cependant aucun auteur ne songeait à voir dans cette disposition une restriction à celle relative au dol personnel (2).

Les rédacteurs du Code ont-ils eu sur ce point l'intention d'innover ? Les travaux préparatoires nous permettent de répondre négativement : « Il restera positivement établi, disait l'orateur du gouvernement, qu'un jugement surpris à la justice, par des attestations fausses et mensongères, est considéré comme le produit de ce dol qui met toute décision judiciaire en opposition avec ce qui est juste et vrai, et par conséquent autorise contre elle la requête civile. »

Quant à l'argument tiré du paragraphe 10 de l'article 480, il est facile à réfuter : « La loi, dit

(1) L. 75 *De judiciis*, Voët, sur le Digeste, l. 42, t. I, p. 28.
(2) Pothier, *Traité de proc. civ.*, p. 3, sect. III, art. 1er, p. 2.

M. Pigeau (1), n'a pas commis une répétition ou une dérogation inutile dans le même article; elle n'a fait que préciser un cas spécial, où le dol ne sera suffisamment caractérisé qu'autant que les circonstances prévues se trouvent réunies, ce qui n'empêche pas que la partie, qui s'est rendue coupable d'un véritable dol par d'autres moyens qu'en retenant des pièces, ne puisse toujours être attaquée en vertu du premier alinéa de l'article 480. » Qu'on n'objecte pas qu'en matière de contrats le dol n'est une cause d'annulation que si la partie a été dans l'impossibilité de découvrir la vérité, car il serait trop facile de répondre qu'il n'y a pas d'analogie entre le contrat et le jugement. Dans un contrat, chacun des contractants doit se défier de l'autre, vérifier ses allégations. S'il le croit sur parole, il est coupable d'imprévoyance ; aussi la loi a-t-elle pu se montrer sévère pour les conditions de l'action en rescision. Mais quand un fait faux est affirmé devant la justice, le temps et les moyens de vérifier l'allégation manquent à la fois à la partie et aux juges ; et voilà pourquoi, selon nous, toute allégation mensongère, grâce à laquelle une partie surprend la religion du magistrat et obtient gain de cause, quand elle devait perdre son procès, constitue un dol véritable dans le sens du paragraphe 1ᵉʳ de l'article 480.

Du reste, et ce sera là notre dernier argument, poser en principe que la simple allégation d'un fait que l'on sait faux ne peut constituer un dol, c'est

(1) Pigeau, t. II, p. 85.

encourager le mensonge. Il importe peu que la partie et le juge n'aient pas été dans l'impossibilité absolue de découvrir la fausseté de l'allégation ; ce n'est pas d'après l'habileté de la partie ou le discernement du juge que doit se décider la question de savoir si le dol existe ou non, il faut, selon l'expression si juste de M. Chauveau, que chacun porte la responsabilité de ses œuvres et que la moralité d'une action soit examinée en elle-même (1).

Nous savons maintenant ce qu'il faut entendre par dol personnel quand il s'agit de jugements ; il nous reste à rechercher à quelles conditions cette espèce de dol pourra être une cause de requête civile.

De ces conditions nous en connaissons déjà une sur laquelle nous ne reviendrons pas : il faut, avons-nous dit, que le dol soit le fait personnel de la partie en faveur de laquelle le jugement a été rendu.

Il faut en outre que la preuve du dol soit acquise au moment où la requête civile est formulée, ceci résulte implicitement des termes du premier alinéa de l'article 480. Il ne suffirait donc pas d'alléguer des manœuvres dolosives et d'en offrir la preuve ; il faut que le dol, pour donner ouverture à la requête civile, ait été légalement reconnu ou prouvé avant la présentation de la requête. « Où en serait-on, disaient dans une consultation célèbre Ph. Dupin et Cochin, si pour balancer l'autorité d'une décision souveraine et le respect inviolable qu'elle commande, il suffisait

(1) Cass., 8 août 1842, Sirey, 42, 1, 847 ; Orléans, 10 août 1849, Sirey, 49, 2, 586.

de la dénoncer comme entachée de dol et de fraude, et de balbutier, à l'appui de l'accusation, quelques faits plus ou moins controuvés, plus ou moins spécieux? On comprend sans effort qu'il n'y a pas de plaideur obstiné qui n'eût sous la main un moyen tout prêt pour se ménager la ressource de la requête civile; les tribunaux ne seraient journellement occupés qu'à se réviser, les contestations n'auraient pas de terme (1). » On peut invoquer en faveur de cette opinion l'article 488 C. pr. civ. Cet article, en cas de dol, ne fait courir le délai pour attaquer le jugement par la voie de la requête civile que du jour où le dol aura été découvert. N'est-ce pas dire implicitement que le dol doit être légalement reconnu ou prouvé avant la présentation de la requête? La jurisprudence cependant est en sens contraire; elle autorise la partie qui se pourvoit contre une décision par requête civile, pour dol personnel, à articuler les faits constitutifs du dol et à en rapporter la preuve par témoins ou par présomptions. C'est ce qui résulte notamment d'un arrêt de la cour de Toulouse du 1er février 1864 (2) et d'un arrêt de la chambre des requêtes du 27 février 1867. En matière de dol, a-t-on dit, en faveur de ce système, le droit commun autorise toutes sortes de preuves; or les dispositions du Code de procédure relatives à la requête civile dérogent-elles

***

(1) Consultation à l'appui du système consacré par la Cour de Paris condamnant le roi Charles X à payer une somme de cinq cent mille francs au comte de Pfaffenhoffen.

(2) Dalloz P. 64, 2, 54.

aux principes du droit commun en matière de dol personnel? Nullement. L'article 480 se borne à dire que le dol personnel donne ouverture à la requête civile, et se réfère pour le surplus à l'article 1116 du Code civil. L'article 488 ne s'occupe que du point de départ des délais de la requête civile ; il déclare que ces délais ne courront que du jour où le dol aura été reconnu, pourvu qu'il y ait preuve écrite du jour. L'exigence de la preuve écrite ne concerne donc que le point de départ du délai ou de la déchéance. C'est une faveur de plus donnée à la requête civile ; faire tourner contre cette voie de réparation une prescription légitime qui tend à la protéger, c'est se mettre en contradiction avec la pensée du législateur (1).

Nous venons de parler de l'article 488 : remarquons à cet égard que, d'après la jurisprudence, la preuve par écrit du jour où a été découvert le dol personnel, invoqué comme moyen de requête civile, n'est exigée par cet article que pour la détermination du point de départ du délai ; dès lors elle n'est pas nécessaire quand la demande en rétractation a été formée dans les délais ordinaires de recours contre les décisions judiciaires, et notamment dans les deux mois de la signification de l'arrêt frappé de requête civile (2). »

Nous avons vu que pour que le dol soit une cause de rescision d'un contrat il faut qu'il soit évident que sans les manœuvres dolosives le contrat n'aurait pas

(1) Req., 27 fév. 1867 ; D. P. 67, 1, 51 ; *Contrà*, Paris, 11 mars 1836, Sirey, 36, 2, 221 et Bédarride, t. I, n° 430.
(2) Cass., 27 fév. 1867.

existé. En fait de requête civile le principe est le même. Il ne suffit pas d'établir qu'il y a eu dol, intrigues, manœuvres frauduleuses de la part de l'adversaire, il faut encore prouver que ces manœuvres ont exercé sur la sentence une influence déterminante.

Ces trois conditions remplies, la requête civile est admissible, mais réussira-t-elle? Les juges du fond jouissent à cet égard d'un pouvoir souverain, et, comme l'a décidé un arrêt de la chambre des requêtes du 5 juin 1839, il leur appartient de décider que les faits allégués comme constituant un dol personnel, présenté comme ouverture de requête civile, ont ou n'ont pas ce caractère. Déclarent-ils, par exemple, que telle pièce dont le caractère dolosif est invoqué à l'appui de la requête civile a été sans influence sur le jugement, cette déclaration ne tombe pas sous le contrôle de la Cour de cassation. Cependant il a été jugé que l'appréciation des faits constitutifs du dol n'appartient pas exclusivement aux juges du fond, lorsque les faits à l'aide desquels les juges entendent établir ou exclure le dol personnel sont puisés dans des actes judiciaires ou dans des errements de procédure. Ces faits rentrent, comme caractérisant un moyen de droit et une voie extraordinaire de recours contre les jugements et arrêts en dernier ressort, dans les attributions de la Cour de cassation (1).

II. Il y a lieu à requête civile, si l'on a jugé sur

(1) 31 mars 1856, Sirey, 1856, 1, 646.

pièces reconnues ou déclarées fausses depuis le jugement.

Cette hypothèse semble, à première vue, se confondre avec la précédente, car faire usage de pièces
fausses, et, grâce à elles, obtenir un jugement en sa
faveur n'est-ce pas se rendre coupable de dol ? Il y a
cependant entre l'hypothèse prévue par le premier
alinéa de l'article 480 et celle visée par le neuvième,
une différence notable qu'il importe de mettre en relief. Dans le premier alinéa, le législateur suppose
nécessairement la mauvaise foi chez l'une des parties
puisqu'il exige un dol personnel; dans le cas prévu
par le 9ᵉ alinéa, la partie qui a fait usage de pièces
fausses peut au contraire avoir ignoré leur fausseté
et cependant, nonobstant sa bonne foi, la requête civile n'en sera pas moins possible.

Quant aux conditions exigées pour que les pièces
fausses puissent donner lieu à la requête civile, elles
sont au nombre de deux; il faut :

1° Que les pièces fausses aient réellement servi de
base au jugement. Le seul fait qu'il a été fait usage
dans l'instance de pièces fausses ne suffirait pas,
fût-il établi, pour faire admettre la requête civile.
Bien plus : si des pièces fausses avaient en première
instance servi de base à un jugement confirmé ensuite
en appel, mais par d'autres motifs, la requête civile
ne serait pas possible.

2° Il faut que ces pièces aient été reconnues ou
déclarées fausses depuis le jugement. « Reconnues
fausses » l'hypothèse sera assez rare, car le législa-

teur suppose qu'une partie, après avoir fait usage, de bonne foi il est vrai, de pièces qu'elle croyait vraies et qui étaient fausses, ayant ensuite découvert son erreur, en donnera volontairement la preuve écrite à son adversaire. « Ou déclarées telles » : la déclaration à laquelle fait ici allusion l'art. 480 est une déclaration judiciaire. Elle peut résulter d'un jugement rendu soit au civil, sur une poursuite de faux incident, soit au criminel, sur une poursuite en faux principal. Mais est-il nécessaire, pour admettre la requête civile, que la fausseté des pièces sur laquelle on la fonde ait été déclarée par un jugement, ou suffit-il qu'elle soit reconnue par le juge?

L'art. 34 du titre 35 de l'ordonnance de 1667 portait simplement que la requête civile était possible « si l'on avait jugé sur pièces fausses, » aussi décidait-on sous l'empire de cette ordonnance que la requête civile était possible avant la reconnaissance ou la déclaration juridique du faux (1). Mais aujourd'hui, en présence de l'art. 480 qui exige « que les pièces aient été reconnues ou déclarées fausses », il nous semble impossible que le juge saisi de la requête puisse être en même temps saisi de la question de faux, car ce changement dans la rédaction de notre neuvième alinéa dénote chez notre législateur l'intention de déroger à l'ordonnance de 1667. On peut, en ce sens, invoquer l'art. 488. Cet article, après avoir mis sur la même ligne le faux, le dol et la découverte

(1) Arrêt du 12 pluviôse an IX.

des pièces fausses, veut qu'il y ait preuve écrite pour les deux derniers cas seulement. C'est que cette prescription, quant au faux eût été inutile, la loi ayant déjà exigé dans l'art. 480 qu'il y eût en ce cas reconnaissance ou jugement.

M. Pigeau, tout en admettant en principe le système que nous venons d'exposer, croit devoir faire une distinction : si, dit-il, l'acte ne peut être déclaré faux que sur une inscription, c'est-à-dire s'il est authentique, il faut un jugement préalable; mais, si la pièce est privée, dans ce cas les juges peuvent, après l'avoir examinée et reconnue fausse, la déclarer telle et admettre la requête civile par le même jugement (1). Cette distinction a été repoussée par la jurisprudence, et avec raison selon nous, car elle repose sur une interprétation arbitraire du § 9 de l'art. 480.

Les mots « reconnues fausses, » nous croyons l'avoir démontré, ne peuvent s'entendre que de l'aveu de la partie; il suffirait du reste pour s'en convaincre de consulter le sens ordinaire de ces expressions et de rapprocher les art. 448 et 488 de l'art. 480 (2).

III° La requête civile est enfin autorisée si, depuis le jugement, il a été recouvré des pièces décisives qui avaient été retenues par le fait de la partie.

Trois conditions sont exigées pour que la rétention des pièces puisse être une cause de restitution contre la chose jugée, il faut :

(1) Pigeau, *Comm.*, t. II, p. 76.
(2) En ce sens, Ch. req., 9 avril 1835, Sirey, 35, 1, 759; Cour d'Aix, 8 fév. 1839, Sirey, 39, 2, 307; Orléans, 28 avril 1859.

1° Que les pièces aient été découvertes depuis le jugement. La requête civile ne serait donc pas possible si, lors de l'instance, la partie avait eu connaissance des pièces, mais avait négligé de les produire. Il y a eu de sa part une imprudence dont elle doit seule supporter les conséquences. Le demandeur aura trois mois pour se pourvoir en requête civile à dater du jour de la découverte des pièces retenues, mais il devra rapporter une preuve écrite de la découverte (art. 488). Cette disposition, peut-être un peu sévère, a pour but d'éviter toute incertitude sur le point de départ du délai. Elle n'est du reste que là reproduction des termes de l'art. 12 de l'ordonnance de 1667, titre 35.

2° Que l'absence de ces pièces ait exercé une influence décisive sur le jugement contre lequel la partie veut se pourvoir. La requête civile ne sera donc pas possible, s'il est évident que la production de la pièce n'aurait en rien modifié la décision du tribunal. Du reste, la question de savoir si telle pièce retenue par l'adversaire aurait exercé une influence décisive sur le jugement est une question de fait, abandonnée à l'appréciation souveraine des juges du fond. C'est ainsi, par exemple, qu'on a considéré comme pouvant autoriser une requête civile, le cas où, une partie aurait été condamnée au payement d'une obligation, faute de pouvoir représenter une quittance qui se trouvait accidentellement entre les mains de l'adversaire. On pourrait encore citer le cas où le demandeur, en exécution d'une vente, d'un bail ou de tout autre contrat dénié par la partie adverse, aurait été débouté de ses prétentions parce qu'il se serait trouvé dans l'impossibilité, par le fait de celle-ci, de produire le titre qui aurait justifié sa demande.

3° « Que les pièces aient été retenues par le fait de la partie. »

De ce simple intitulé nous pouvons *a priori* tirer deux conséquences : tout d'abord la requête civile ne sera pas possible si les pièces ont été retenues par tout autre personne que l'adversaire ou ses représentants (avocat, avoué, huissier). C'est une nouvelle application de l'art. 1116, aux termes duquel le dol n'est une cause de nullité que si les manœuvres ont été pratiquées par la partie. Mais si la rétention est le fait d'un tiers, la partie qui lui devra la perte de son procès pourra évidemment l'actionner en dommages-intérêts, en se fondant sur l'art. 1382. Il faut, en outre, que la rétention ait été *le fait* de l'adversaire. Il a été décidé, par exemple, que la requête civile n'est pas admissible lorsque les pièces sur lesquelles on la fonde n'ont pas été retenues par la partie adverse, mais étaient consignées dans des registres publics dont il était au pouvoir du demandeur de prendre connaissance (1). Cette solution est inattaquable : il n'y a pas en effet dans ce cas une véritable rétention.

Mais la Cour de cassation a été plus loin; par un arrêt du 20 novembre 1832, elle a jugé, et avec rai-

(1) Trib. d'appel de Paris, 28 flor. au XII, Delv., 1er vol., 2, 192.

son, qu'on ne peut fonder un moyen de requête civile sur la rétention de pièces décisives, dont l'existence était connue au moment du jugement, si on a négligé alors d'en demander communication (1). Quant à la simple dissimulation de pièces décisives, dans tous les cas où elle ne serait pas suffisante pour constituer une rétention proprement dite, elle pourra toujours être considérée comme un dol personnel autorisant, aux termes du premier alinéa de l'art. 480, la requête civile.

Supposons l'hypothèse inverse : les pièces n'ont pas été frauduleusement retenues, elles l'ont été par ignorance par une partie qui ne savait pas les avoir en sa possession, y aura-t-il lieu à la requête civile?

M. Chauveau, sur l'article 480, question 1763, enseigne la négative : L'alinéa 10 de l'art. 480, dit-il, aussi bien que l'alinéa 1, prévoit un cas de dol et ne diffère de ce dernier que par une précision spéciale; or, dans notre hypothèse, il n'y a pas dol, car le dol suppose l'intention de nuire; la requête civile ne sera donc pas possible.

Nous croyons devoir admettre l'affirmative avec Pigeau, mais par d'autres motifs que ceux invoqués par cet auteur. L'argumentation de M. Chauveau serait décisive s'il était vrai que c'est bien un cas de dol qui est prévu par le dixième alinéa de l'art. 480, mais c'est précisément ce que nous contestons. Si

(2) Wilson contre Wilson, Sirey, 1833, 1, 474.

l'art. 480, 10e alinéa, prévoyait un cas de dol, cet alinéa serait inutile, le premier suffirait.

A quoi bon la précision spéciale de ce dixième alinéa, si on pouvait toujours y échapper en invoquant les termes beaucoup plus larges du premier, et en soutenant qu'il y a eu de la part de l'adversaire dol personnel? Selon nous, l'alinéa 10 a eu précisément pour but l'hypothèse où la partie par ignorance a retenu des pièces. Cette ignorance constitue une faute de sa part, et c'est cette faute que le législateur a voulu punir, ce que n'aurait pas permis l'article 480 § 1. Du reste, où le juge irait-il puiser les éléments de sa conviction, comment pourrait-il déterminer si la rétention a été coupable ou irréfléchie? M. Chauveau dit bien : « Nous entendons que le juge devra se montrer très scrupuleux dans ce cas, et n'avoir pas le moindre doute sur la sincérité d'intention de la partie adverse, de la partie qui alléguera n'avoir retenu les pièces que par ignorance, » mais qui ne voit que c'est ouvrir la porte grande à l'arbitraire?

L'ignorance, selon nous, n'excuserait donc pas la partie et ne saurait empêcher la requête civile (1).

(1) *Contrà*, Colmar, 5 mars 1815 et Cass. 14 déc. 1852.

Section deuxième.

De la prise à partie.

En France, dans les premiers temps de la féodalité, la prise à partie qui, en fait, se confondait avec l'appel, consistait à appeler le juge au combat, et celui-ci devait soutenir l'épée à la main la validité de sa sentence. « Une nation guerrière, dit Montesquieu, uniquement gouvernée par le point d'honneur, ne connaissait pas cette forme de procéder (faire réformer par un tribunal supérieur le jugement d'un autre) et, suivant toujours le même esprit, elle prenait contre les juges les voies qu'elle aurait pu employer contre les parties. L'appel chez cette nation était un défi au combat par armes, qui devait se terminer par le sang, et non par cette invitation à une querelle de plume qu'on ne connut qu'après (1). »

La provocation était conçue en termes énergiques qui nous sont parvenus : « Vous avez fet jugement faux et mauvès, comme mauvès que vous estes, » disait le plaideur mécontent ; cette provocation devait suivre immédiatement le prononcé du jugement « il ne convient pas que cil qui apéle de faus jugement mète délai en son apel, ains doit apeler sitost comme li jugement est prononciés ; car s'il n'apèle tantost, il

____

(1) *Esprit des lois*, liv. XXVIII, ch. XXVII.

convient que li jugements soit tenus pour bons, quin qu'il soit (1). »

L'appel, du reste, n'était pas sans danger : si on attendait pour en appeler que le jugement eût été prononcé, on était obligé de combattre tous les juges « qui offraient de faire le jugement bon »; si l'on appelait avant que tous les juges eussent donné leur avis, « il fallait combattre tous ceux qui étaient convenus du même avis ». « Pour éviter ce danger, dit Montesquieu, on suppliait le seigneur d'ordonner que chaque pair dit tout haut son avis et, lorsque le premier avait prononcé, et que le second allait en faire de même, ou lui disait qu'il était faux, méchant et calomniateur, et ce n'était plus que contre lui qu'on devait se battre. » La provocation faite, l'appelant donnait des gages de bataille, le juge n'en livrait pas, mais il était obligé de soutenir l'appel ou de payer au seigneur une amende de soixante livres. Vainqueur, l'appelant avait gagné son procès, mais les juges ne devaient perdre ni la vie ni les membres ; vaincu, l'appelant était pendu lorsque l'affaire était capitale (2).

Cette procédure barbare ne pouvait durer longtemps; Philippe-Auguste, en instituant dans les provinces des baillis qui s'arrogèrent le droit de connaître des dénis de justice, en prépara l'abolition. Saint Louis alla plus loin : par l'ordonnance de 1250 et le règlement de 1270 connu sous le nom d'Établissements de saint

(1) Beaumanoir, ch. 61, n° 38.
(2) Consulter Beaumanoir, ch. LXI et LXVII, Défontaines ch. XXI et XXII, Assises de Jérusalem.

Louis, il proscrivit le combat judiciaire, et ordonna que tous les appels de faux jugements fussent portés devant sa cour.

Mais cette abolition n'était pas absolue, excepté dans le cas d'appel de faux jugement, car, dit Beaumanoir : « Il est en la volonté du comte de remettre en se cort, dans il li plera, les gages por muebles et por heritages, car quant li rois Lois les osta de se cort, il ne les osta pas des cours de ses barons (1). »

Philippe le Bel, par son ordonnance de 1303, mit définitivement fin à cet état de choses, mais pendant longtemps encore l'appel des jugements n'en continua pas moins d'être dirigé contre le juge lui-même, et si celui-ci n'était plus obligé de défendre son jugement l'épée à la main, il devait débattre vis-à-vis de l'appelant, devant le juge supérieur, le mérite de ses décisions.

Les inconvénients de cette manière de procéder ne tardèrent pas à se faire sentir ; François Ier les fit cesser en déclarant que l'appel devrait être désormais dirigé, non pas contre le juge, mais contre la partie qui avait obtenu gain de cause. Par l'ordonnance de 1540, relative à l'administration de la justice en Normandie, ce roi défend de prendre le juge à partie, « sinon qu'on maintienne par relief qu'il y ait dol ou fraude, ou concussion, ou erreur évidente en fait ou en droit, et qu'il en soit fait expresse mention par ledit relief en cas d'appel. » Henri III, dans l'ordonnance de Blois de

(1) Ch. LXI, p. 380.

1579 étendit ce principe aux autres provinces, et
Louis XIV le confirma dans l'ordonnance de 1667, en
déclarant les juges « responsables des dommages-
intérêts des parties » en cas de violation des édits ou
ordonnances. Un arrêt du parlement de Paris du
4 juin 1699 décida qu'aucun juge ne pourrait être pris
à partie sans l'autorisation de la cour supérieure dont
il ressortait. Cette jurisprudence fut suivie par presque
tous les parlements de France.

Les articles 505 et suivants C. proc. civ. ont réglé à
leur tour les causes de prise à partie et la procédure à
suivre. « Si dans le Code, disait M. Bigot de Préameneu
dans son exposé des motifs, on avait pu se décider par
les sentiments de respect qu'inspirent en France, plus
que dans toute autre partie de l'Europe, l'impartialité,
l'exactitude et l'extrême délicatesse des magistrats, on
n'y aurait même pas prévu qu'il pût s'en trouver dans
le cas d'être pris à partie (1) ; mais ne suffit-il pas
que des exemples, quelque rares qu'ils soient, puissent
se présenter pour que la magistrature entière doive
désirer qu'il y ait une loi sévère, sous l'égide de
laquelle les parties lésées obtiendront des dommages-
intérêts ou feront même, suivant les circonstances,
prononcer des peines plus graves. »

Aux termes de l'article 505 C. proc. civ. : « Les juges
peuvent être pris à partie dans les cas suivants : 1° s'il
y a dol, fraude ou concussion, qu'on prétendrait avoir

____

(1) Aujourd'hui, en présence des attaques dirigées contre la
magistrature soit dans la presse, soit dans les réunions publiques,
soit même dans les assemblées parlementaires, ces paroles sem-

été commis soit dans le cours de l'instruction, soit lors des jugements ; 2° si la prise à partie est expressément prononcée par la loi ; 3° si la loi déclare les juges responsables à peine de dommages-intérêts ; 4° s'il y a déni de justice. »

Les termes de cet article sont limitatifs : on ne peut les étendre à d'autres hypothèses que celles qui sont expressément prévues. Des quatre alinéas de l'article 505, deux seulement, le premier et le dernier, rentrent dans l'objet de cette étude ; ce seront les seuls dont nous nous occuperons.

Le Code, dans l'article 505, met sur la même ligne le dol et la fraude : nous pensons contrairement à l'opinion de M. Bédarride, qu'il n'y a pas lieu de distinguer entre ces deux causes de prise à partie ; ce qui caractérise la fraude comme le dol c'est l'intention de nuire, et c'est cette intention que le législateur dans l'article 505 a voulu punir chez le juge.

M. Dalloz cite plusieurs exemples du dol dont un juge peut se rendre coupable, tel est le cas où le juge altère sciemment la réponse d'une partie, la déposition d'un témoin, le sens ou la portée d'un titre dont il est chargé de faire le rapport ; tel serait encore celui où il prendrait part à un acte ayant pour but de tromper la religion de ses collègues ; disons d'une façon plus

blent empreintes d'une amère ironie, et cependant jamais la magistrature n'a été plus digne des éloges que lui adressait Bigot de Préameneu. Peut-être, il est vrai, faut-il voir « dans l'impartialité, l'exactitude et l'extrême délicatesse des magistrats » le ccret des attaques auxquelles ils sont en butte.

générale que le juge se rendra coupable de dol quand il jugera ou contribuera à faire juger contre la justice par haine ou par affection pour l'une des parties.

L'article 505 assimile la concussion au dol et à la fraude ; il y a concussion d'après l'article 174 C. proc. civ. si le juge exige ou reçoit de la partie des droits, taxes ou émoluments qu'il sait n'être pas dus. Aujourd'hui, les juges ne recevant plus de salaires des parties, l'hypothèse de la concussion sera bien rare. On pourrait cependant citer le cas où le juge commis à une descente sur les lieux mentionnerait sur son procès-verbal plus de jours de transport, séjour ou retour qu'il n'en a été employé (art. 298 C. pr.).

L'ordonnance de 1667 (1) considérait comme cas de dol autorisant la prise à partie le fait pour un juge de retenir une affaire qu'il savait n'être pas de sa compétence. Pour comprendre cette disposition il faut se rappeler que les juges recevaient alors des épices et avaient dès lors intérêt à juger. Les épices ont aujourd'hui disparu, et cette espèce de dol n'est plus à redouter.

La faute lourde, *culpa lata*, commise par un magistrat donnerait-elle lieu à la prise à partie ? On a soutenu l'affirmative : à Rome, a-t-on dit, la faute lourde était considérée comme un dol, *culpa lata dolo œquiparatur*. Ce principe avait été reproduit par l'ordonnance de Blois qui autorisait la prise à partie dans tous les cas où il y aurait de la part du juge une faute

(1) Titre IV, art. 1, 2, 3.

manifeste, et par l'ordonnance de 1667 qui rendait le juge responsable de toute violation des lois ou ordonnances, et rien n'annonce chez notre législateur l'intention de déroger à ces précédents historiques. Sans doute, ajoutent les partisans de ce système, la faute grossière, la faute lourde ne devront jamais être admises à la légère, mais il peut exister des fautes tellement grossières qu'il soit impossible de ne pas les considérer comme un véritable dol. La morale publique et la justice exigent dès lors une réparation ; la morale, car cette réparation venge la magistrature en flétrissant celui de ses membres que son ignorance rend indigne de siéger; la justice, parce que la loi recounaît elle-même que tout fait quelconque de l'homme qui cause à autrui un dommage oblige celui par la faute duquel il est arrivé à le réparer (art. 1382) (1).

Nous ne pouvons adopter ce système. Tout d'abord le droit romain se retourne ici contre ceux qui l'invoquent, car, en notre matière, la faute lourde n'était assimilée au dol que si le magistrat avait agi avec une intention dolosive, *si evidens arguatur ejus vel gracia, vel inimicitia, vel etiam sordes* (2). L'argument tiré des dispositions de l'ordonnance de 1667 et de 1579 n'a pas plus de valeur puisque le Code, en supprimant ces dispositions, a expressément manifesté l'intention d'y déroger. Reste l'article 1382; mais appliquer ici cet

(1) Chauveau, sur l'art. 505 ; Merlin, *Répert.*, t. IX, p. 782, 787; Toullier, t. XI, p. 283.
(2) L. 15, 1, 6, Dig. et l. 2, Code, 7, 49.

article c'est retomber dans cet arbitraire qu'a eu pour but de proscrire l'article 505 en énumérant limitativement les cas de prise à partie. Du reste, fait remarquer avec beaucoup de raison M. Dalloz, combien ne serait pas périlleuse et cruelle la fonction du juge qui aurait à répondre des erreurs de son intelligence. Quelle ne serait pas la position du magistrat qui ne trouverait, à la suite de ses travaux, que les attaques d'un plaideur inspiré par la haine et la vengeance, et vis-à-vis duquel il serait responsable des erreurs de son jugement et de sa raison (1).

La jurisprudence semble désormais fixée en ce sens; c'est ainsi qu'il a été jugé que la faute même grossière, mais non accompagnée de dol et de fraude, ne donne pas lieu à la prise à partie contre le juge qui l'a commise (2). Un arrêt de la Cour de Bordeaux est venu confirmer cette théorie en décidant qu'il n'y a pas lieu à prise à partie contre le juge qui, par simple négligence, a qualifié de contradictoire un jugement rendu par défaut (3).

Cependant, tout en admettant en principe que le mal jugé ne donne pas lieu à la prise à partie, quelques auteurs et entre autres Carré croient devoir faire une exception pour le cas où il est la suite d'une erreur tellement grave qu'on ne puisse supposer qu'un juge impartial y soit tombé autrement que par prévention. Nous ne croyons pas cette restriction fondée : elle nous

(1) Req., 18 juillet 1832 et 31 août 1853.
(2) Req., 18 juillet 1832, Sirey, 32, 1, 483.
(3) Bordeaux, 31 août 1853 ; D. P. 54, 5, 601.

paraît arbitraire et de nature à détruire le principe posé par ses auteurs, car quel sera leur critérium quand il s'agira de distinguer la faute excusable de celle impliquant nécessairement dol de la part du magistrat?

On s'est demandé si on serait fondé à prendre à partie un tribunal à raison d'un jugement qui contiendrait contre l'une des parties des articulations injurieuses ou diffamatoires ! En principe il faut répondre affirmativement, car ces articulations constituent un dol, le dol consistant ici dans toute lésion faite avec intention de nuire. Les juges ne peuvent du reste avoir reçu de la loi le droit de tout dire impunément dans les motifs d'un jugement, ils ne peuvent être à raison de ces motifs à l'abri de toute responsabilité. Donner à des hommes le droit de tout dire dans des actes qu'ils peuvent rendre publics et revêtir de l'autorité de la chose jugée, ce serait livrer à leur discrétion et l'ordre public et l'honneur des citoyens.

Mais suivant la remarque de M. Dalloz, les termes d'un jugement ne peuvent constituer un délit de diffamation qu'autant qu'ils portent sur des faits étrangers à la cause; si ce fait constitue un des éléments du procès, le tribunal est autorisé à le discuter, à l'apprécier et à consigner dans les motifs de son arrêt, en termes plus ou moins sévères, l'opinion qu'il s'est formée (1).

2° Il y a lieu à prise à partie « s'il y a déni de justice ».

(1) Cass., 22 fév. 1825, Sirey, 25, 1, 53.

Article 506 : « Il y a déni de justice lorsque les juges refusent de répondre aux requêtes, ou négligent de juger les affaires en état et en tour d'être jugées. » Aux deux cas de déni de justice indiqués par l'article 506, il faut ajouter un troisième cas prévu par l'article 4 du Code civil : le refus de juger sous prétexte de silence, de l'obscurité ou de l'insuffisance de la loi.

« Ne pas rendre la justice quand elle est due, dit Guyot, c'est en quelque façon commettre une injustice ; c'est du moins trahir un de ses devoirs les plus essentiels, c'est manquer à ses concitoyens et tromper la bonne foi du souverain qui se repose sur ses juges de la portion la plus noble de son autorité, qui est celle de la justice. » Aussi le législateur n'a-t-il pas hésité à assimiler le déni de justice au dol, il en a fait une cause de prise à partie et, dans le Code pénal, le punit d'une peine disciplinaire des plus sévères : d'une amende de 200 à 500 francs, et de l'interdiction de l'exercice des fonctions publiques depuis cinq ans jusqu'à vingt ans (art. 158 C. p.).

Mais cette sévérité elle-même imposait au législateur l'obligation de ne pas admettre à la légère l'accusation de déni de justice, car une plainte, même reconnue non fondée, ne laisse pas moins planer un soupçon sur le juge contre lequel elle a été dirigée ; aussi, avant d'autoriser la prise à partie, l'art. 507 C. pr. civ. exige-t-il que le refus du juge soit constaté par deux réquisitions préalables. Ces deux réquisitions permettent de se passer de la preuve testimoniale qui offrirait ici de nombreux inconvénients, et on ne peut leur reprocher de prolonger indéfiniment l'état dont se plaignent les parties, car elles doivent être faites à des intervalles très rapprochés.

Les deux réquisitions faites, la prise à partie n'est pas encore admissible *de plano* : il faut encore obtenir la permission préalable du tribunal devant lequel l'action doit être portée, c'est-à-dire, en général, de la cour d'appel du ressort. Cette permission doit se demander par requête ; sur cette requête interviendra un jugement accordant ou refusant l'autorisation de poursuivre la prise à partie.

Nous avons dit qu'en général la prise à partie doit être portée devant la cour d'appel, il suffit sur ce point de citer l'art. 509 C. pr. civ. : « La prise à partie contre les juges de paix, contre les tribunaux de commerce ou de première instance, ou contre quelqu'un de leurs membres, et la prise à partie contre un conseiller à la cour d'appel ou à une cour d'assises seront portées à la cour d'appel du ressort. La prise à partie contre les cours d'assises, contre les cours d'appel ou contre l'une de leurs sections, sera portée à la haute cour impériale conformément à l'art. 101 du 18 mai 1804. » La haute cour mentionnée dans l'art. 509 n'a jamais existé, la Cour de cassation qui, d'après l'art. 60 de la loi du 27 ventôse an VIII, connaissait de toutes les prises à partie, est donc restée compétente pour juger les cas de prise à partie qui devaient être soumis à cette haute Cour.

Quant aux effets de la prise à partie, il faut distinguer :

L'admission de la requête a pour conséquence de dépouiller le magistrat de sa qualité de juge. Il devra désormais s'abstenir de la connaissance du différend, et s'abstenir même jusqu'au jugement définitif de la prise à partie, de toutes les causes que la partie, ou ses parents en ligne directe, ou son conjoint, peuvent avoir dans son tribunal, à peine de nullité des jugements (art. 514).

Le jugement définitif, s'il est prononcé contre le juge pris à partie, devra condamner celui-ci à des dommages-intérêts correspondant au préjudice souffert par le demandeur (art. 1382). Si c'est au contraire la partie qui succombe, elle sera condamnée à une amende de 300 francs au moins et, en outre, à des dommages envers le juge, s'il y a lieu (art. 516).

On s'est demandé si la sentence rendue par dol, fraude ou concussion, à l'occasion de laquelle le juge aura été déclaré bien pris à partie subsistera ou si elle pourra être réformée. Nous n'hésitons pas pour notre part à adopter cette dernière opinion, et l'article 514 nous fournit un argument *a fortiori*. La prise à partie est d'ailleurs classée sous la rubrique générale « des voies extraordinaires pour attaquer les jugements », ce qui pouve que la prise à partie reconnue fondée doit avoir un effet sur la décision du juge pris à partie.

Cette décision est généralement admise, même pour le cas où la partie qui a obtenu le jugement attaqué n'est pas complice du dol du juge. Mais les auteurs ne sont pas d'accord sur les moyens que devra employer le demandeur pour faire tomber le jugement. Celui qui a triomphé dans la prise à partie devra, selon un premier système, attaquer le jugement entaché de dol, de fraude ou de concussion par la voie de l'appel, s'il est en premier ressort, par la requête civile s'il est en dernier ressort.

Un second système enseigné par Berryat-Saint-Prix considère le dol du juge comme un cas de forfaiture et en conclut que le demandeur doit s'adresser à la Cour de cassation qui, en prononçant les peines de la forfaiture, a le pouvoir d'annuler les actes qui en seraient le résultat.

Un troisième système, proposé par Boitard, qui nous paraît à la fois plus simple et plus conforme à l'esprit de la loi, accorde au tribunal qui statue sur la prise à partie le droit de prononcer directement la nullité du jugement fondé sur le dol du juge.

POSITIONS

DROIT ROMAIN

I. Avant la création de *l'actio doli* la victime du dol devait, en principe, en supporter toutes les conséquences.

II. Dans l'ordre chronologique l'action de dol est antérieure à la *restitutio ob dolum*.

III. L'action *de dolo* était subsidiaire.

IV. La *restitutio in integrum ob dolum* avait un domaine propre, son existence peut donc se concilier avec le caractère subsidiaire de l'action de dol.

V. L'usufruit ne peut pas être établi par pactes et stipulations.

VI. L'exécution du *jussus judicis manu militari* était admise même à la fin de l'époque classique.

VII. La *cautio* énonçant la dette d'une somme qui n'avait pas été effectivement versée constituait au Bas-Empire une obligation littérale.

VIII. Dans l'action négatoire le demandeur devait toujours prouver l'existence de la servitude.

DROIT FRANÇAIS

DROIT CIVIL.

I. Lorsque les comparants déclarent le nom de la mère naturelle, l'officierde l'état civil doit en faire mention dans l'acte de naissance.

II. L'engagement dans les ordres sacrés constitue un empêchement prohibitif au mariage.

III. L'erreur sur la personne civile ou sociale tombe seule sous l'application de l'art. 180 et rend le mariage annulable.

IV. La possession d'état, indépendamment d'un commencement de preuve écrite, prouve la filiation naturelle tant à l'égard du père qu'à l'égard de la mère.

V. L'enfant naturel peut être adopté par celui de ses parents qui l'a reconnu.

VI. Lorsqu'un contrat est rescindé pour cause de dol les effets de la rescision sont opposables aux tiers.

VII. L'article 1304 établit une véritable prescription et non un délai préfixe et invariable.

VIII. La maxime *quæ temporalia ad agendum perpetua sunt ad excipiendum* n'a pas été abrogée.

IX. L'article 1304 établit une prescription distincte de la prescription générale de trente ans de l'art. 2262.

X. Lorsque dix ans se sont écoulés depuis la découverte du dol la partie lésée peut encore agir en vertu de l'article 1382.

XI. Les tribunaux français appelés à déclarer exécutoire un jugement d'un tribunal étranger, ne peuvent le reviser que s'il a été rendu contre un Français.

DROIT COMMERCIAL.

I. Les actes passés par une femme mariée marchande publique sont, jusqu'à preuve contraire, réputés relatifs à son commerce.

II. La justice ne peut autoriser une femme mariée à faire le commerce.

III. L'acteur, quoique ne faisant pas acte de commerce, peut être soumis à la compétence commerciale pour ses contestations avec son directeur.

PROCÉDURE CIVILE.

I. L'essai de conciliation sur les actions en rescision ou en garantie d'un partage doit être porté devant le juge de paix du défendeur et non devant celui du lieu où la succession est ouverte.

II. La partie qui refuse de prêter le serment décisoire déféré au bureau de conciliation n'est passible d'aucune des conséquences prévues par l'article 1361 du Code civil.

III. L'exception tirée de la caution *judicatum solvi* doit être proposée avant celle d'incompétence.

IV. La caution *judicatum solvi* ne peut être exigée de l'étranger demandeur par le défendeur étranger.

ÉCONOMIE POLITIQUE.

I. Les deux propositions connues sous la dénomination de loi de Malthus ne sont fondées ni en théorie ni en pratique.

II. Le luxe en lui-même, au point de vue économique, ne saurait être considéré comme un mal.

DROIT COUTUMIER.

A aucune époque le droit du seigneur, en tant que droit, n'a été reconnu par la législation française.

Vu :

Le Président de la thèse,

Ed. VILLEY.

Vu par le Doyen,

C. DEMOLOMBE.

Permis d'imprimer :

Le Recteur,

L. LIART.

TABLE DES MATIÈRES

DROIT ROMAIN

Pages.